世界哲學家叢書

章太炎

姜義華著

1991

東大圖書公司印行

國立中央圖書館出版品預行編目資料

章太炎／姜義華著.--初版.--臺北市
：東大出版：三民總經銷，民80
面；　公分--（世界哲學家叢書）
參考書目：面
含索引
ISBN 957-19-1275-1（精裝）
ISBN 957-19-1276-X（平裝）

1.章炳麟-傳記

782.882　　79001562

著　者　姜義華
發行人　劉仲文
出版者　東大圖書股份有限公司
總經銷　三民書局股份有限公司
印刷所　東大圖書股份有限公司
地址／臺北市重慶南路一段六十一號二樓
郵撥／〇一〇七一七五一〇號
初　版　中華民國八十年三月
編　號　E 12068①
基本定價　伍元伍角陸分
行政院新聞局登記證局版臺業字第〇一九七號

ISBN 957-19-1275-1（精裝）

《世界哲學家叢書》總序

本叢書的出版計劃原先出於三民書局董事長劉振強先生多年來的構想，曾先向政通提出，並希望我們兩人共同負責主編工作。一九八四年二月底，偉勳應邀訪問香港中文大學哲學系，三月中旬順道來臺，即與政通拜訪劉先生，在三民書局二樓辦公室商談有關叢書出版的初步計劃。我們十分贊同劉先生的構想，認爲此套叢書（預計百册以上）如能順利完成，當是學術文化出版事業的一大創擧與突破，也就當場答應劉先生的誠懇邀請，共同擔任叢書主編。兩人私下也爲叢書的計劃討論多次，擬定了「撰稿細則」，以求各書可循的統一規格，尤其在內容上特別要求各書必須包括 (1) 原哲學思想家的生平；(2) 時代背景與社會環境；(3) 思想傳承與改造；(4) 思想特徵及其獨創性；(5) 歷史地位；(6) 對後世的影響（包括歷代對他的評價），以及 (7) 思想的現代意義。

作爲叢書主編，我們都了解到，以目前極有限的財源、人力與時間，要去完成多達三、四百册的大規模而齊全的叢書，根本是不可能的事。光就人力一點來說，少數教授學者由於個人的某些困響（如筆債太多之類），不克參加；因此我們曾對較有餘力的簽約作者，暗示過繼續邀請他們多撰一兩本書的可能性。遺憾的是，此刻在政治上整個中國仍然處於「一分爲二」的艱苦狀態，加上馬列教條的種種限制，我們不可能邀請大陸學者參與撰寫工作。不過到目前爲止，我們已經獲得八十位以上海內外的學者精英全力支持，包括臺灣、香港、新加坡、澳洲、美國、西德與加拿大七個地區；難得的是，更包括了日本與大韓民國好多位名流學者加入叢書作者的陣容，增加不少叢書的國際光彩。韓國的國際退溪學會也在定期月刊《退溪學界消息》鄭重推薦叢書兩次，我們藉此機會表示謝意。

原則上，本叢書應該包括古今中外所有著名的哲學思想家，但是除了財源問題之外也有人才不足的實際困難。就西方哲學來說，一大半作者的專長與興趣都集中在現代哲學部門，反映著我們在近代哲學的專門人才不太充足。再就東方哲學而言，印度哲學部門很難找到適當的專家與作者；至於貫穿整個亞洲思想文化的佛教部門，在中、韓兩國的佛教思想家方面雖有十位左右的作者參加，日本佛教與印度佛教方面卻仍近乎空白。人才與作者最多的是在儒家思想家這個部門，包括中、韓、日三國的儒學發展在內，最能令人滿意。總之，我們尋找叢書作者所遭遇到的這些困難，對於我們有一學術研究的重要啟示（或不如說是警號）：我們在印度思想、日本佛教以及西方哲學方面至今仍無高度的研究成果，我們必須早日設法彌補這些方面的人才缺失，以便提高我們的學術水平。相比之下，鄰邦日本一百多年來已造就了東西方哲學幾乎每一部門的專家學者，足資借鏡，有待我們迎頭趕上。

以儒、道、佛三家爲主的中國哲學，可以說是傳說中國思想與文化的本有根基，有待我們經過一番批判的繼承與創造的發展，重新提高它在世界哲學應有的地位。爲了解決此一時代課題，我們實有必要重新比較中國哲學與（包括西方與日、韓、印等東方國家在內的）外國哲學的優劣長短，從中設法開闢一條合乎未來中國所需求的哲學理路。我們衷心盼望，本叢書將有助於讀者對此時代課題的深切關注與反思，且有助於中外哲學之間更進一步的交流與會通。

最後，我們應該強調，中國目前雖仍處於「一分爲二」的政治局面，但是海峽兩岸的每一知識份子都應具有「文化中國」的共識共認，爲了祖國傳統思想與文化的繼往開來承擔一份責任，這也是我們主編《世界哲學家叢書》的一大旨趣。

傅偉勳　韋政通

一九八六年五月四日

自　序

在十九世紀最後那幾年和二十世紀最初二十年中，在中國，可以說，沒有其他任何一個人曾像章太炎這樣重視哲學，曾像他這樣對衆多的重大哲學問題作了深入的探究，對哲學領域內中外各學派一一作了平議。他的以認識論爲中心，追踪康德而利用莊子與唯識法相學語言建立起來的哲學架構及其主要內容，實是他所生活的那個時代所固有的各種矛盾，他所捕捉到的那個時代的時代精神在哲學上的昇華。他深邃的見解和卓然不羣的學識，標誌着中國哲學發展的近代階段、和世界哲學發展相貫通的階段已經開始。

可是，對於這樣一位在哲學發展中作出了里程碑式貢獻的人物，長期來研究却遠遠不够。章太炎生前已感歎他的哲學缺乏知音與傳人。胡適首先注意到他研析先秦諸子哲學的卓越成就，在1919年2月出版的《中國哲學史大綱》上册〈導論〉中高度評價他的〈原名〉、〈明見〉、〈齊物論釋〉「為空前的著作」，並指出：「今細看這三篇，所以能如此精到，正因為太炎精於佛學，先有佛家的因明學、心理學、純粹哲學，作為比較印證的材料，故能融會貫通，於墨翟、莊周、惠施、荀卿的學說裏面，尋出一個條理。」雖然着眼點在章太炎古代哲學研究的成績，但胡適已經强烈地感受到章太炎本人紮實的哲學素養。稍後，蔡元培在1923年12月發表的〈五十年來中國之哲學〉中扼要地介紹了章氏的哲學觀點，以他為國學大家而又「認真研究哲學」並「得到一個標準，來批評各家哲學」的代表。其後，將近二十五年，對章氏哲學學術界、思想界幾乎一直保持着沉默。

直至1947年，賀麟《當代中國哲學》和侯外廬《中國近代思想學説史》出版，章氏哲學的成就方才首次較為全面地被介紹於世人之前。賀麟評介章太炎是「當時革命黨唯一的哲學代言人，而且可以認作民國八年以來新思想運動的先驅」，稱許「他不但反對傳統的中國思想，他同樣的反對西方的新思想，其勇於懷疑，與康有為之破除九界、譚嗣同之衝決網羅，有同等甚或較大的思想解放、超出束縛的效力」。侯外廬以〈反映十九世紀末葉社會全貌底太炎哲學思想〉為題列了專章，逐一分析了章太炎哲學的各個側面。下述一段論述，代表了他的基本認識：

> 具體言之，在一般哲學上，章氏所談到的，計有哲學定義問題，宇宙根源問題，名實（思維與存在）問題，時空問題，有無問題，質量問題，高級形態與低級形態問題，本質與現象問題，是非（真理與謬誤）問題，感覺與思維問題，因果問題，差別與同一問題，有神與無神問題等。在中國哲學史上，章氏則上自老莊孔墨荀韓諸子，中經漢魏六朝唐宋明清各家，下抵公羊學派的康有為與譚嗣同，以及嚴幾道等，均有評判。關於西洋哲學，在古代則談及希臘的埃里亞學派、斯多噶學派，以及蘇格拉底、柏拉圖、亞里士多德、伊壁鳩魯等，在近代則舉凡康德、費希特、黑格爾、叔本華、尼采、培根、休謨、巴克萊、萊布尼

茲、穆勒、達爾文、黑胥黎、斯賓塞爾、笛加爾、以及斯賓諾沙等人的著作，幾於無不稱引。關於印度哲學，則吠檀多、婆羅門、勝論、數論各宗，法華、華嚴、涅般、瑜珈諸經，均隨文引入，對世親、無著之書，尤為贊佩。這種運用古今中外的學術，揉合而成一家言的哲學體系，在近世他是第一個博學深思的人。

作者認為章氏對於哲學的歷史使命有高度的自覺，「他對於極大極微的宇宙、人生、社會問題，表現出自我横衡的獨行孤見，在中國思想史上這樣有人格性的創造，實在數不上幾人」。作者評定「太炎的哲學方法最為鋭利，批判的方法尤其刻辣」，但是又「放棄新的一切『安排』之遠計，而似於托爾斯泰式的慰藉，把歷史的前景放任」，所以，「太炎成為十九世紀末葉中國社會的一面鏡子」。這是章太炎致力於哲學近半個世紀以後獲得的真正的知音。

在這之後，大陸哲學界對章太炎哲學的研究在將近三十年時間中，因其濃厚的唯心論色彩而未能在侯外廬、賀麟等基礎上繼續前進，只在他早期《訄書》唯物主義傾向方面有所强調。此時，在東瀛，却對章太炎哲學產生了很高的興趣。荒木見悟專門作了《齊物論釋訓註》，於1970年至1972年間發表於九州大學文學部哲學研究會的《哲學年報》。1984年，學習院大學教授高田淳出版了長達380頁的專著《辛亥革命和章炳麟的齊物哲學》，以章太炎與佛學、章太炎的道家論、《齊物論釋》的思想、《齊物論釋》以後，辛亥革命和齊物哲學為序，對章太炎的哲學作了深入的分析，其成就引人注目。

我從六十年代初開始從事章太炎思想研究，到現在已經整整三十年。我們這一代人坎坷的經歷，一個半世紀來中華民族坎坷的經歷，都已告訴我們，哲學思維對我們這個民族、這個時代是多麼重要。我們對於整個社會、整個人類、整個世界、整個宇宙沒有一個本質的正確的認識，對於我們自身的認知方式、思維過程沒有一個清醒的檢討，中華民族從傳統的小農文明走向現代文明的歷程就免不了要步履艱難、命運多舛。新的思維方式的創立，新的宇宙觀、人生觀的形成，都必須以前人所已取得的成就為其基礎。而章太炎在近代中國在如是之廣大的哲學領域提出了如是之多尖銳的問題，正足以發人深省，去探求，去追尋究竟。三十年來，思想史研究興味越來越濃，章太炎哲學與中外其他先行者哲學研究成為我所致力的中心課題，原因恐卽在此。

1985年上海人民出版社出版了我以二十多年之力撰寫的《章太炎思想研究》一書，感謝海內外許多同道給予熱情鼓勵與嘉許。1988年韋政通先生來滬訪問，邀約為《世界哲學家叢書》提供章太炎一冊之稿。1989年初，叢書另一位主編傅偉勳先生偕星雲法師來滬訪問，再次確定這一計劃。由於篇幅所限，本書未能較《章太炎思想研究》作進一步展開，但是，較之該書內容相對集中，並對該書未專門論述的章氏在新史學的開拓、傳統思想的甄微抉奥、經濟轉型的擘畫、建立宗教與道德重整以及發展教育方面的貢獻，以專節加以說明，對許多問題的評析也概括了我最近幾年來的心得。

傅、韋二先生所主持的是一件很有意義的工作。近兩三年來，我和兩位先生歡晤數次，一見如故。他們的著作其實早已讀到。他們慨然邀請大陸學者參加叢書的撰寫，尤能表現出他們對事業執著的追求和他們的膽識。本書得以撰成，應首先感謝他們兩位。東大圖書公司副總編輯黄國鐘先生，也熱情關心此書，於此一併表示感謝之忱。

姜義華

一九九〇年十月二十八日於滬上

章太炎　目次

第一章　社會大變革中的搏擊

——生平與著作

一、童年與青年

章太炎，清同治七年戊辰十一月三十日卽1869年1月12日生於浙江省杭州府餘杭縣東鄉倉前鎭。初名學乘，改名炳麟，字枚叔，太炎是他的別號。他所使用的筆名、別名、別號還有膏蘭室主人、章絳、西狩、臺灣旅客、窮荒孤客、葑漢閣主等二十多個。

章太炎出生之時，正値「同治中興」。清王朝在傾其全力平定太平天國與捻軍之後，藉助興辦「洋務」，使統治秩序漸次恢復。十多年戰亂，使全國人口從四億三千多萬銳減至二億五千多萬。其中江浙皖三省人口減少尤劇，浙江 1851 年人口三千萬，1867年僅餘六百四十萬；江蘇1851年四千四百餘萬，至1874年方規復至二千萬不足；安徽1851年三千七百餘萬，至1910年方規復至一千六百餘萬。人口銳減，大量土地荒蕪，急待招徠戶口開墾，人口膨脹與耕地有限的矛盾得到暫時緩和；小農的普遍增加，永佃制在江南的推行，爲農業和農村的復甦提供了契機。結果，清王朝深重的經濟危機、政治危機、社會危機的總爆發被延緩了三十多年。章太炎正是在這樣的環境中度過了他的童年、少年和青年。

章太炎的家庭，乾隆、嘉慶年間曾一度顯於鄉里。太平天國戰亂期間，家道急遽中落。他的父親章濬曾做過杭州府知府譚鍾麟的幕僚，後返回餘杭任縣學訓導。因捲入倉前鎮轟動一時的楊乃武與小白菜案，被革職，即閒居在家。仕途不利，章濬恬淡之中，常常又夾雜有一絲鬱鬱不得志的情緒。章太炎生活在這樣的家庭中，能够較爲安定地接受教育，而同清王朝及當時炙手可熱的湘淮軍統治集團保持了相當一段距離。

章太炎四歲就傅識字，七歲後從外祖父朱有虔那裏接受了非常嚴格的樸學基礎教育和基本訓練。樸學，又稱漢學，俗稱考據學，有清以來作爲緣詞生訓、空談性理的宋明理學的對立物盛極一時。樸學治學力主實事求是、無徵不信，以爲說經必須先考字義，再通文理，由聲音、文字以求訓詁，由訓詁以求義理，說史及諸子亦應以佚書闕文的輯集、僞書異文的辨證、文字名物的考訂爲入室門徑。朱有虔出身於海鹽漢學世家，本人對漢學也很有修養，課讀小外孫，非常盡心，使章太炎童稚時代便受到了樸學的正規啟蒙。

十一歲時外祖父返回海鹽，章太炎由父親親自督教。章濬課以律詩及科舉文字，三年後即命他赴縣城參加童子試。章太炎因患癲癇症未能終場。其後便廢制義不爲，專心研究文字音韻諸學。擔任縣學訓導不久又中舉的長兄章炳森對他的學業非常關心，指導他刻苦攻讀許愼的《說文解字》、段玉裁的《說文解字注》、顧炎武的《音學五書》、郝懿行的《爾雅義疏》等一批文字音韻學方面的權威性著作；並通過仔細研讀王引之的《經義述聞》等著作，得識如何充分運用文字音韻學知識詮釋經文、疏解經義。在這一札實的基礎上，章太炎通讀了彙集清代經學研究之大成的《學海堂經解》與《南菁書院經解》，共兩千八百餘卷，對清代樸學研究的成果有了比較全面的了解。

1890年，章濬去世。章太炎離家至杭州進了由俞樾主持的著名學府詁經精舍，在這裏埋首苦讀近八年。俞樾是晚清負有盛名的大學者，所著《羣經平議》、《諸子平議》，刻意追踪《經義述聞》與王念孫的《讀書雜志》，頗多創獲。章太炎師事俞樾，培養了研治羣經和諸子的濃厚興趣。他在精舍期間，還虛心向譚獻、黃以周、高學治等一批卓然成家的學者問學，在他們的影響下，從專門模擬秦漢文風轉向崇尙魏晉文章，從隻言片語的考訂轉向注重古今各種典章制度及其沿革的研究。

就思想淵源而論，章太炎在這一時期最爲重視的是傳統的史學與子學。《春秋左氏傳》、杜佑的《通典》、司馬光的《資治通鑑》及老子、莊子、荀子、韓非的著作，對他影響極深。這時，他已接觸到西方若干學說。從譯成中文的歐幾里得《幾何原本》、侯失勒《談天》、雷俠爾《地學淺說》等書中，他接觸到近代西方天體演化學說、生物進化學說、細胞學說、物質構成的元素與粒子學說。從其他譯書與刊物中，他還接觸到外國歷史與西方哲學、社會學。傳統思想與西方這些學說推動了章太炎自具特色的學說見解的形成。

章太炎在詁經精舍期間撰寫的第一部著作是《膏蘭室札記》。原稿分裝四册，以密密厤厤的蠅頭小楷寫成，以他讀書著述的一方斗室名稱題名。這是一部仿效《讀書雜志》、《諸子平議》的著作，以詮釋考辨諸子著作爲主，兼及經、史，一個重要特色，是運用了不少他當時所知的西學知識。

《春秋左氏讀》是章太炎精舍期間用力最勤撰成的一部長達五十萬字的著作，原題《春秋左傳雜記》，共有九百條，分作九卷，解釋《左傳》中文字、典章、名物，疏證《左傳》體例、論旨，辨明《左傳》作者、撰著與傳授的過程。有清一代，專門研究《左傳》的宏篇巨著極少，章太炎運用自己廣泛的知識和熟練的方法，塡補了這方面的空白。

正當章太炎潛心著述之時，邊陲警報迭起，民族危機日漸深重。當甲午海戰的隆隆炮聲響起的時候，西子湖畔的寧靜書齋便再也平靜不下去了，章太炎的生活歷程開始了新的一頁。

二、從革政到革命

甲午戰爭失敗，大片土地被割讓，大筆賠款要支付，「洋務」竟不堪一擊，「中興」重新爲危機所取代。章太炎深深感到，這是一個「大羣之將渙」的時代，他儘管只是一名「越之賤民」，生又羸弱，「目睹其肢體骨肉之裂而不忍，去之而不可，則惟強力忍詬以圖之。」❶他針對現實重讀史著與諸子著作，「獨於荀卿、韓非所說，謂不可易。」❷荀子法後王，尊荀也就必然注重研治西學。爲此，他同主張尊崇孟子及法先王的老師俞樾產生了分歧。

---

❶　章太炎：〈明獨〉，見《訄書》初刻本。
❷　章太炎：《菿漢微言》，見浙江圖書館刊《章氏叢書》本第72頁。

1895年11月，康有為在上海發起建立上海強學會，團結南北之通人志士講求新學。章太炎見到章程後，立即報名入會並捐款支持，這是他首次表示同發動公車上書、積極鼓吹維新變法的康有為站在同一戰線上。

隨着維新運動漸次開展，章太炎越來越不甘於「終日枯坐，與蟫魚相對。」❸1897年初春，他欣然接受了上海《時務報》經理汪康年的邀請，不顧俞樾的勸阻，離開了詁經精舍，到這家維新變法最重要的宣傳中心參加編撰工作。發表了〈論學會有大益於黃人亟宜保護〉等文，被譚嗣同稱譽為「眞巨子也。」❹但為時未久，他就因為不願附和康有為尊孔設教的主張，同主持報館工作的康門弟子梁啟超、麥孟華等發生衝突，被梁啟超的學生梁作霖當眾羞辱毆打。章太炎不願因思想學術上的分歧導致政治上的分裂，為避免事態擴大，主動離開了時務報館。

章太炎返回杭州，但沒有返回詁經精舍。他起先着手撰寫〈《新學偽經考》駁議〉，後來考慮到這樣做會因康有為威望受損而削弱共同致力的維新政治運動，他接受了孫詒讓的勸告，中止了這部書的寫作。

為推動浙江維新變法運動，1897年6月，他同宋恕、陳虬等人聯名發起成立了興浙會，要求以浙江歷史上五位著名英雄劉基、于謙、王守仁、黃宗羲、張煌言為楷模，振興浙江，進而振興中國與亞洲。他企圖將興浙會辦成一個政治性團體，特別標榜奮勇抗擊異族統治、積極規復華夏故鼎的歷史人物，表明他已隱

---

❸ 章太炎：〈致譚獻書〉（光緒二十二年七月十日），上海圖書館收藏。

❹ 譚嗣同：〈致汪康年、梁啟超書〉，《譚嗣同全集》第三七一頁。

隱將振興中國與維護清廷統治區別開來。〈興浙會章程〉要求根據荀子法後王精神研究西方格致、政法諸學，對傳統思想，以研治周禮、漢唐歷史及管子、墨子之學爲主，反映了章太炎這一時期治學的基本傾向。

興浙會籌組未久，1897年8月初，章太炎又與宋恕、陳虬等創辦了《經世報》，並試圖使之成爲興浙會的機關刊物。在創刊號上，他發表了〈變法箴言〉一文，比較系統地正面闡述了他對維新變法的見解。章太炎認爲，應當同時反對兩種錯誤傾向，一是醉生夢死，無視國家深重危機，繼續抱殘守缺，騖心於教派之爭，二是看改革之業過於輕易，「見西法之效，以爲馳騁上下，無曲折可以徑行也」。他指出，前一種傾向將會使士氣愈委靡，民志愈渙散，國家「求再亡、三亡而不可得」；而後一種傾向，以爲借一紙法令，中國就能够立即開議院、立民主，那只能導致無政府狀態泛濫，甚至域內搶攘、流血漂鹵。就建立民主政治而言，他強調：「學堂未建，不可以設議院；議院未設，不可以立民主。」爲此，中國維新變法必須具有「趣死不顧」的決心，而又認眞注意民眾覺悟程度和新舊力量對比的實際狀況，準備走一條曲折之路。「憔悴竭思，斟酌西法，則而行之」。爲促使民眾覺悟，他主張在維新宣傳與教育中「必合中西之言以喻之」，分別不同對象，或重在「道今」，或「委蛇以道古」。這篇文章，比較全面地顯示了章太炎維新變法運動中的基本立場。

章太炎對清王朝率直的批評，特別是他經常流露出來的反滿民族情緒，使興浙會中許多成員感到不安。他們要求修改興浙會章程，改變興浙會傾向，《經世報》一部分同仁也支持他們的要求。章太炎憤而退出興浙會，並辭去《經世報》總撰述職務。

根據針對不同對象或倡導復興故物，或徑直介紹新知的方針，章太炎1897年8月與王仁俊一道創辦了《實學報》，11月與惲積勳、董康等一同組織了譯書公會，創辦了《譯書公會報》。在《實學報》上，章太炎發表了〈後聖〉、〈儒道〉、〈儒兵〉、〈儒法〉、〈儒墨〉、〈儒俠〉、〈異術〉等一批比較儒學與諸子學短長的文章，用以論證諸子學說可以糾正儒學的偏頗，補充儒學的不足，引導治舊學者脫出儒學樊籬。譯書公會的任務則是專門購求和譯介歐美日本「凡有關政治、學校、律例、天文、輿地、光化電汽諸學、礦務、商務、農學、軍制」等切用書籍，章太炎作爲專任主筆，負責確定會報的宗旨、選題、譯文潤色。

1897年冬，德軍強占膠州城，沙皇俄國軍艦闖進旅順港，一場以劃分在華勢力範圍，進而肢解中國爲目標的瓜分狂潮席捲而來。爲了挫敗德、俄等國侵略陰謀，章太炎致書總理各國事務衙門大臣李鴻章，建議外交上採取主動行動，利用將威海衛租借給日本，以及廣泛聘用日本學者和各類工程技術人員來中國，與日結成聯盟，藉日本之力抵制德、俄、英、法勢力的擴張。「瓜分之形，皦如泰山」，如果繼續消極應付，那就會束手待斃❺。章太炎在信中還介紹了自己的學歷、志向，期望得到李鴻章的器重，但上書以後，如石沉大海，李鴻章對他的建議未予置理。

1898年初，湖廣總督張之洞致電章太炎，邀請他赴武昌擔任即將創辦的《正學報》主筆，並派幕僚錢恂至滬迎接。4月初，章太炎到達武昌，發現主持《正學報》創辦事宜的是張之洞的親

---

❺ 章太炎：〈上李太傅伯相書〉，上海圖書館收藏。

信梁鼎芬；他們企圖利用章太炎反對建立孔教，把《正學報》辦成一個反對康有爲的刊物。正在這時，張之洞鼓吹「中學爲體，西學爲用」的代表作《勸學篇》由兩湖書院刊刻問世，內篇鼓吹保國保教保種，外篇討論引進西學西制，全書中心是效忠清廷。這一切，使章太炎深爲失望。他爲此同梁鼎芬等人發生多次正面衝突，在武昌只待了一個月，便買舟東下。

章太炎返滬不久，光緒發布「明定國是」詔書，開始了「百日維新」。7月26日，《時務報》奉旨改爲官辦，汪康年乘機改刊名爲《昌言報》，並聘章太炎爲主筆。章太炎密切關注着京中政局的發展。結局很快就出現了：慈禧發動軍事政變，光緒被軟禁，康有爲、梁啟超倉皇外逃，譚嗣同等「六君子」慘遭屠戮，腥風血雨籠罩了中國大地。章太炎對清王朝統治集團自我變革是否可能由來已久的懷疑得到了證實。他悲憤地撰寫了〈祭維新六賢文〉，痛斥以慈禧太后爲首的反動勢力；他還以「日本西狩祝予」的假名在《昌言報》上發表了〈書漢以來革政之獄〉，對漢唐以來多次改革運動失敗的原因作了總結；並暗示康有爲、譚嗣同等儘管給強加了各種罪名，眞相終將大白於天下，「其事雖不獲平反於當時，而未嘗不平反於後世。」

不久，章太炎被列名通緝。他在上海已立足不住，經亞東時報館日本人安藤陽洲等介紹，1898年12月到了日本占領下的臺灣。

先前，章太炎儘管對清王朝深爲不滿，還是希望能够通過較爲和平的「革政」來達到改革的目標，避免採用激烈的革命手段。面對慈禧太后所發動的軍事政變和「六君子」的慘遭殺戮，他自白「至此亦悟無兵仿者之不能變政矣。」❻但是，對於是否只有革命一途，他心中尚存疑慮。在臺北，他應聘擔任《臺灣日日新報》特約撰述，在該報發表了數十篇文章，揭露發動政變的元凶那拉氏及助紂爲虐的袁世凱、張之洞等人的罪惡，對逃避在日本的康有爲、梁啟超表示積極聲援。康、梁的政治見解這時對他仍有相當影響，特別是革命將引發內亂，導致列強干涉和瓜分危機的論點，成了他走向革命的嚴重障礙。正是處於這樣一種矛盾徨遽的狀態下，他提出了「客帝」與「分鎮」兩項主張。

客帝一語，脫胎於古之客卿。章太炎認爲，憑清王朝統治的種種罪惡，進行反滿鬪爭的正義性是無可懷疑的。但一面有「逐加於滿人，而地割於白人」的外部威脅，另一面又有光緒皇帝椎胸嚳臂以悔二百五十年之過，並決心變革故法以禦白人之侮的內在因素，不攘逐滿人又是必要的與可能的。這互相衝突的兩種政治方略怎樣才能統一起來呢？一個折衷的方案就是光緒皇帝「引咎降名，以方伯自處」，主持實際政務，身份猶如向國外聘來佐理政務的客卿，而虛尊孔子爲「支那之共主。」❼這樣，至尊的帝號歸之於漢人，但又非實體；光緒皇帝可以變法，但他又只是一名權力較大的長官；反滿與不攘逐滿人兩種要求便都可得到滿足。

分鎮，是在中央政治制度沒有改變的情況下，將全國分成六個大區，燕、齊、晉、汴及東三省爲王畿，由朝廷直接統轄，關

---

❻　章太炎：〈致汪康年〉（己亥正月初七日），上海圖書館收藏。

❼　〈客帝論〉，見1899年3月12日《臺灣日日新報》；《淸議報》第十五册（1899年5月20日出版）。又見《訄書》初刻本〈客帝〉；《訄書》修訂本〈客帝匡繆〉。

隴並附以新疆、楚蜀並附以西藏、滇黔桂、閩粵、江浙等各以其督撫治理，行政署吏惟其所令，每年上交朝廷數十萬貢銀。「若是，則外人不得挾政府以制九域，冀少假歲月以修內政，人人親其大吏，爭爲效命，而天下少安矣。」❽

然而，中國政治局勢的發展很快便粉碎了他所精心設計的這兩個方案，並使他對康有爲等從期待轉爲深深的失望。對日本朝野較爲深入的了解，也使他認識到先前寄期望於日本，支持中國抗擊西方各國是多麼幼稚。

臺灣處於日本殖民主義統治之下，章太炎在這裏首先較爲直接地嘗到了亡國之民的滋味；因此，對於日本治臺政策經常猛加抨擊。他終於無法在臺繼續待下去，決定赴日遊歷與考察一個短時期後即秘密回國。1899年6月，他到達日本，會見了梁啟超，並第一次見到孫中山。在這裏，他看到許多高唱維新的流亡者竟熱衷於爭名逐利，非常氣憤，怒斥他們「蛣蜣思轉丸，茅鴟惟啖肉；新耶復舊耶，等此一丘貉！」❾

1899年8月底，章太炎秘密返回上海，後爲逃避清廷耳目，又潛回浙江。他一面將自己論學論政的第一部綜合性著作《訄書》編定付梓，一面尋找機會將自己提出的客帝與分鎮方案付諸實施。1900年1月，慈禧太后宣布立端王載漪之子溥儁爲「大阿哥」，準備廢黜光緒皇帝，立溥儁爲帝。這一計劃雖因各國駐華公使拒絕給予支持而擱淺，卻將光緒的懦弱與毫無實力裸露於世。依靠這樣的客帝來進行改革、抵禦列強顯然很荒唐。1900年夏，義和團控制北京，慈禧太后決定對列強宣戰，列強組成八國聯軍進

---

❽ 章太炎：〈分鎮〉，《訄書》初刻本。
❾ 章太炎：〈西歸留別中東諸君子〉，《清議報》第二十八册。

津京地區，南方各省督撫爲安定列強之心，宣布「東南互保」。章太炎以爲實施分鎭方案時機已到，寫信給兩廣總督李鴻章與兩江總督劉坤一，要他們「明絕僞詔，更建政府，養賢致民，以全半壁。」⑩但是，李鴻章卻北上接任直隸總督兼北洋大臣，劉坤一也繼續效忠淸廷。章太炎在《訄書》刻本上寫下一段自責的批語，說上述客帝、分鎭等主張都是「棄本崇教，其流使人相食。」⑪隨即，他又分別寫了〈客帝匡繆〉與〈分鎭匡繆〉；說明「滿洲弗逐，欲士之愛國，民之敵愾，不可得也，浸微浸削，亦終爲歐美之陪隸已矣」；分鎭屬「借權之謀」，但事實已證明，「今督撫色厲中乾，諸少年意氣盛壯，而新用事者其葸畏又過大耋舊臣」，這就表明：「夫提挈方夏在新聖，不沾沾可以媮取。」⑫

正在這時，嚴復、容閎、唐才常等人聯絡在滬各方面人士於1900年7月26日在上海愚園正式建立中國議會。確定宗旨爲「不認通匪矯詔之僞政府」、「平內亂」、「保全中國自主」、「推廣支那未來文明之進化。」⑬章太炎參加了成立會，對於唐才常等所堅持的起兵「勤王」的主張極爲不滿，爲此，給中國議會專門寫了一份說帖，強調「本會爲拯救支那，不爲拯救建虜；爲振起漢族，不爲振起東胡；爲保全兆民，不爲保全孤僨。……若模稜兩可，陰有所覬，徒托鬪智鬪力之辭，坐忘畏首畏尾之害，則國非吾國，民非吾民，雖保安全壤，仍與曾、胡之徒同符共軌」，

⑩ 章太炎：〈庚子拳變與粵督書〉，《甲寅周刊》第一卷第四二號。
⑪ 《訄書》（木刻本）章太炎手批本，上海圖書館藏。
⑫ 〈客帝匡繆〉、〈分鎭匡繆〉俱見《訄書》東京翔鸞社1904年4月版「前錄」。
⑬ 孫寶瑄：《日益齋日記》庚子七月初一日，上海圖書館藏，

並明確表示自己斷然退出，以示抗議⑭。隨即，8月3日，他又毅然剪去作爲忠於清王朝標誌的長辮，不再穿清朝服裝。他並揮筆寫了〈解辮髮說〉，公開宣布同清王朝完全決裂；致書孫中山，表達了對他無限仰慕的情感和自己堅定不移的革命信念。他終於克服了所有疑慮，走上了革命道路。

三、七被追捕，三年禁獄

章太炎第一次被通緝追捕，是在戊戌政變之後；第二次被追捕，是因爲慈禧太后立溥儁爲大阿哥時，上海電報局總辦經元善聯合各省寓滬紳商一千二百多人急電北京反對逼迫光緒退位，章太炎也被經元善列名其中，慈禧太后惱羞成怒，下令緝捕經元善與其他列名者，章太炎不得不走避。1900年8月唐才常發動自立軍起事失敗，清廷懸賞緝拿列名於中國議會與自立會的成員，章太炎第三次成爲被指名追捕的要犯。相隔數月之後，事態有所緩和，他返回餘杭鄉里度歲。農曆正月初一，他獲悉追捕者即將到達，原來他又因《訄書》初刻本問世而第四次被緝拿。他在一座寺院中躲避了十多天，潛回上海，借住在朋友吳保初家中。

這時，章太炎越來越強烈地感到康有爲、梁啟超等人所持的保皇主義，只反對慈禧太后而不反對整個清朝統治者，將中國革新強盛的希望寄托於光緒皇帝重新執掌朝政，已經成爲妨礙人們走向反清革命的重要障礙。爲了擊破人們對光緒皇帝的幻想，章太炎撰寫了〈正仇滿論〉，發表於在東京出版的《國民報》第四

---

⑭　〈請嚴拒滿蒙人入國會狀〉及下述〈解辮髮說〉、〈來書（致孫中山書）〉俱見《中國旬報》第十九期。

期，論證包括光緒本人在內的整個滿族統治者決不可能放棄他們的權力、地位與既得利益，他們所有作爲，「無一事不足以喪吾大陸」，只有經過革命，推翻清朝統治者，中國才能眞正變法，取得成功。這是近代中國公開正面批判保皇主義的第一篇論文。章太炎旗幟鮮明的反清革命宣傳，使許多人感到驚駭，也使他面臨第五次被緝捕的威脅。

爲避開清廷耳目，章太炎經吳保初推薦，於1901年8月赴蘇州到美國傳教士所創辦的東吳大學任教。在課堂上，章太炎照樣抨擊清朝內外政策，宣傳反清革命。當時，俞樾已離開詁經精舍，移居蘇州，章太炎特地去拜謁自己的老師。不料，俞樾竟給他一頓怒斥：「今入異域，背父母陵墓，不孝；訟言索虜之禍，毒敷諸夏；與人書，指斥乘輿，不忠；不孝不忠，非人類也。小子鳴鼓而攻之可也。」⑮章太炎非常難過，因爲老師竟如此不理解他，但他並沒有就此喪氣，相反，寫下了〈謝本師〉，嚴詞拒絕了俞樾加於他的罪名，表達了堅定不移的革命決心。

1902年年初，湖廣總督張之洞、湖北巡撫端方、兩江總督劉坤一、江蘇巡撫恩壽、署浙江巡撫任道鎔等封疆大吏函電交錯，密謀逮捕章太炎。章太炎雖然只不過是一介書生，卻使統治者爲之驚恐不已。又是一個農曆正月初一，章太炎得到急電，知這一次追捕更急，在蘇州、杭州、上海都已待不下去。2月下旬他再次流亡日本。

這時，留日學生已從上次來日時數十人增至六百人。章太炎抵日之後，即同《國民報》的創辦者秦力山等人每日聚會，討論

---

⑮〈謝本師〉，《民報》第九號。

革命排滿諸問題。他聽說孫中山旅居橫濱，即和秦力山專程往訪，孫中山也每月數次來東京同他們討論與革命相關的一些重大問題，使留學生與孫中山所致力的革命運動溝通起來。

1902年4月26日，是明末崇禎皇帝在煤山吊死二百四十二年。爲了喚起人們仇恨清王朝的民族情緒，章太炎與秦力山等發起是日舉行紀念會。清朝駐日公使要求日本當局制止，日本警吏驅散了趕來與會的數百名留學生。孫中山隨即邀集章太炎、秦力山等於當天下午到橫濱，使紀念會得以舉行。孫中山任主席，章太炎宣讀紀念詞，這是一次將正在興起的革命浪潮集中到「排滿」這個簡明目標上來的政治示威。

這次在日本逗留了三個月。一有空，他就去書店，購買有關哲學、社會學、文化人類學、語言文字學等方面新近出版的各種著作，熱心了解各派觀點，用以提高自己的學理水準。他深切地感到，極有必要從思想上、理論上對舊的認識作一番清理，對新的認識作一番總結。爲此，在得知追捕他的風聲稍微減弱以後，便潛行歸國，著手修訂《訄書》。

訄，《說文》：「迫也。」段玉裁注：「今俗謂逼迫人有所爲曰訄。」章太炎於書首有一段識語：「幼慕獨行，壯丁患難，吾行卻曲，廢不中權，逑鞠迫言，庶自完於皇漢。」這是對書名的自我詮釋，表明這是一部充滿了憂患意識在各方進行探索與窮究的著作。

《訄書》初刻本五十篇，重印時增加附錄兩篇〈學隱〉與〈辨氏〉，大體包含以下幾個方面的內容：一、評論古代各家學說，如〈尊荀〉、〈儒墨〉、〈儒道〉等；二、研究古今思維方式，如〈公言〉、〈原變〉、〈訂實知〉等；三、專門闡述民族問題，如〈原人〉、〈族制〉、〈辨氏〉等；四、討論社會結構的變革，如〈平等難〉、〈明羣〉、〈明獨〉等；五、規劃政治制度的變革，如〈客帝〉、〈分鎭〉、〈官統〉等；六、分析經濟發展方針，如〈喩侈靡〉、〈不加賦難〉、〈明農〉、〈製幣〉等；七、考察立法與司法改革，如〈商鞅〉、〈正葛〉、〈刑官〉、〈定律〉等；八、探究教育、宗教等問題，如〈改學〉、〈爭教〉、〈憂教〉等；九、剖析國際關係與別國變革經驗，如〈東方盛衰〉、〈東鑒〉、〈弭兵難〉等。

在《訄書》之前，題材、體例與它相類似的著作並不算少。僅以十九世紀九十年代而論，陸續刊刻問世的就有湯震《危言》、宋恕《六齋卑議》、陳熾《庸書》、鄭觀應《盛世危言》、陳虬《治平通議》、馬建忠《適可齋記言記行》、何啟與胡禮垣《新政眞詮》等。和這些著作相比，《訄書》具有一系列鮮明特徵：堅持用進化論觀點觀察人類起源與社會發展；激烈批判封建神道設教和陳規陋習；要求更爲全面的變革，尤其重視政治制度的變革；擁護維新變法與反滿言論雜糅並存，等等。

章太炎從革政轉向革命，就已著手修訂《訄書》。這次從日本返國後，更集中全力做這一工作。對初刻本最爲不滿的，一是在「尊荀」的名義下仍然承認孔子至高無上的地位，甚至將荀子的「法後王」解釋成爲師法孔子，無助於人們從傳統思想，特別是傳統儒學下解放出來；二是其中有不少繼續散布對清王朝抱有幻想的文字，影響有待消除。此外，隨著對國內外情況較多的了解和國內外政治經濟局勢自身的演變，有大量新的認識、新的經驗有待總結。爲使《訄書》成爲一部更有系統的宣傳革命與探討中國如何變革的理論著作，他推開了其他許多工作，歷時半年多，完成了《訄書》的修訂任務。

修訂後的《訄書》，包括前錄二篇，正文六十三篇。較之初刻本，新增二十七篇，刪去十四篇，其他各篇作了不同程度的修改。與初刻本相校，修訂本引述了大量西方社會學與其他方面的論著，用作自己立論的佐證。但是，整個《訄書》立論的原則，正如他在《訄書》首篇〈原學〉中所說，主要是「觀省社會，因其政俗，而明一指」，即從深入了解中國社會與歷史出發，探索各項問題解決的正確途徑。

《訄書》修訂本刪去〈尊荀〉、〈獨聖〉等仍保留明顯尊孔傾向的各篇，代之以〈訂孔〉，正面批評孔子與孔學，並新增〈學變〉、〈學蠱〉、〈王學〉、〈顏學〉、〈清儒〉等文。對秦、漢以來中國學說思想變遷大勢作了一番綜合的考察，並探究了它們消長生滅的社會歷史根源，對於包括儒家學說在內的各種學術流派、社會思潮的成就與缺陷作了極有見地的肯綮評定，表現了清新的理性主義批評精神。

《訄書》修訂本以大部分篇幅分別研究了建立近代民族國家、民族語言、民族經濟、民族共同心理和民族文化的有關問題。正是這些文章，使《訄書》成爲近代中國在深入清理中國舊思想和舊制度的基礎上較爲全面地研析民族民主革命所面臨的各項問題的第一部綜合性理論著作。

1902年底、1903年初，章太炎將《訄書》修訂完畢，交日本東京翔鸞社於1904年4月鉛印出版，「風行一時」，「轟震海內」。⑯雖文字古奥，許多人句讀爲艱，1904年至1906年間，即重

---

⑯ 〈章炳麟《訄書》再版已到〉，1904年10月16日《警鐘日報》。

印多次。

1903年初農曆新年過後不久，章太炎爲避免第七次緝拿，再次離開家鄉，應蔡元培、蔣智由之邀，到上海愛國學社擔任高級班國文教員。愛國學社係由南洋公學罷課風潮中集體退學的學生在中國教育會蔡元培等支持下開辦，後又有南京陸師學堂退學學生來滬參加。留學日本的鄒容、張繼、陳獨秀因強行割去湖北留學生監督姚文甫的辮子被迫回國，陳獨秀返回安徽，鄒容、張繼則住進了愛國學社。章太炎與鄒容、張繼及從南京陸師學堂來的章士釗日日聚會，縱論天下大勢，並約爲兄弟，共同獻身革命。他們除利用課堂積極宣傳革命外，還假地張園安塏第演講廳每周開會演說，進行反對清朝腐朽統治及反對法國揷足廣西、沙俄軍隊駐屯東北拒不撤走的鼓動。

革命不再是極少數人秘密的活動，以上海爲中心，它已發展成爲引人注目的社會運動。革命運動的發展，使保皇派與革命派的衝突激烈起來。康有爲的〈答南北美洲諸華商論中國只可行立憲不可行革命書〉，這時成了保皇主義反對革命的一份綱領性文獻。爲了公開駁斥康有爲所提出的反對進行革命的各個論點，章太炎撰寫了〈駁康有爲論革命書〉，論證進行以反滿爲直接目標的民族革命是勢所必然，因爲「今以滿洲五百萬人臨制漢族四萬萬而有餘者，獨以腐敗之成法愚弄之、錮塞之耳」，光緒皇帝贊成變法，自有其個人目的，即使他誠意革新，也抵敵不了滿洲貴族整體的勢力。所以，不推翻淸王朝，便只能屈心忍志以處奴隸之地。至於革命者的能力，不可能憑空產生，革命實踐本身就是最好的課堂和鍛鍊場所。「公理之未明，即以革命明之；舊俗之俱在，即以革命去之。」「今日之民智，不必恃他事以開之，而但恃革命以開之。」此信寫成後，一邊托人帶至香港轉寄新加坡交康有爲本人，一邊在滬以〈章炳麟駁康有爲書〉爲名刊行，公之於世。一時間，上海市上人人爭購，在知識界引起了強烈的反響。這時，年方十九歲的鄒容完成了《革命軍》，同章太炎的〈駁康有爲書〉一同成爲震動各個方面的雷霆之聲。

1903年5月下旬，上海《蘇報》主持者陳範傾向革命，聘請章士釗爲主筆，章太炎等爲撰述。章太炎、章士釗、鄒容等即以《蘇報》爲陣地，大張旗鼓地展開革命宣傳，把《蘇報》變成了上海革命派的喉舌。清廷當然不會容忍，一面令沿江沿海各督撫對革命志士要嚴密查拏，隨時懲辦，一面向各國駐滬領事及工部局交涉，要求工部局出面查封設於租界之內的《蘇報》，逮捕章太炎、鄒容等人。章太炎聞訊後對鄒容說：「吾已被清廷查拏七次，今第八次矣。志在流血，焉用逃爲！」他不願再東躲西藏逃避了。6月30日上午，工部局巡捕到愛國學社搜查，他挺身而出，說：「餘人俱不在，要拿章炳麟，就是我！」被捕後，被關進總巡捕房。次日，鄒容在他的感召下，到捕房自行投案。

章太炎與鄒容等人被捕後，清廷卽緊張同各國駐華公使交涉，要求引渡，由清廷法辦。俄、美、法、德、比諸國支持清廷要求，英、日、意等國認爲同意引渡將會損害租界的「治外法權」，堅持由租界當局自行審理。結果，在會審公廨公堂上，清廷竟以中國政府名義控告章太炎、鄒容「大逆不道，煽惑亂黨，謀爲不軌」，章太炎、鄒容等則聲明他們根本不承認「野蠻政府」。他們被捕及受審，《蘇報》被封，在國內引起了重大反響。各報刊廣泛報導和評論這一案件，熱切頌揚他們：「壯哉奇男子，支那第一人。危言不怕死，感世至斯深。」⑰「寧爲自由死，不作牛馬生。男兒發大願，公理終得明。」⑱這一事件擴大革命思潮的社會影響，遠遠超出了語言文字宣傳的力量。這一案件在許多國家的議院、新聞界也引起了爭執，使中國革命的風潮爲世界所注目。1903年12月，在上海會審公廨開設了一個額外公堂，由上海縣知縣會同英國審判官等一道對章太炎等進行審判。12月24日，額外公堂判處章、鄒二人永遠監禁。消息傳出後，國內外輿論大譁，領事團不得不宣布這一判決無效。1904年5月21日復審，宣佈了清廷外務部和各國公使共同簽署的判決書：章太炎監禁三年，鄒容監禁二年，從被拘之日起算；監禁期內罰做苦工，期滿逐出租界。斷斷續續遷延了近十一個月的審判，實際上是以清王朝的失敗而告終的。章、鄒雖然給判了刑，他們的革命精神卻鼓舞了人們更旺盛的鬪志，所以，《警鐘日報》發表社論，稱章太炎等被判決爲「中國國民之大紀念。」⑲

宣判以後，章太炎和鄒容被移送到上海西牢關押，被指令從事敲碎石子的苦役。獄卒又經常任意凌辱他們，章太炎絕食七日抗議。其後，當獄卒再次向他們尋釁時，章太炎便回拳以報，爲此，常被橫施拳腳，被打得昏死過去，關入鐵檻之中。這一切，使章太炎對西方文明監獄內部的黑暗有了極深的體驗，並通過難友，加深了對中國下層社會的了解。由於他倔強抗爭，加上中國教育會友人蔡元培等多方疏解，他與鄒容終於改事裁縫、烹飪等

⑰ 囂囂：〈懷人〉，1903年8月14日《國民日日報》。
⑱ 劍公：〈題太炎先生駁康氏政見〉，1904年8月10日《警鐘日報》。
⑲ 1904年5月23日《警鐘日報》。

役作，並獲准在役作之餘可以閱讀佛典等書籍。

被關押期間，章太炎繼續密切關注著獄外革命運動的發展。蔡元培每月入獄探視，章太炎從他那裏了解到上海與江、浙革命志士正逐步組織起來並同會黨建立了聯繫的情況，便積極推動他們聯合組成光復會。因他在獄中，蔡元培被推爲會長。這並不妨礙他在光復會中思想指導者的地位，正如他自己所說：「光復會初立，實余與蔡元培爲之尸，陶成章、李燮和繼之。」⑳

每日做工之外，章太炎專心研治《瑜伽師地論》、《因明入正理論》、《成唯識論》等唯識法相學的主要經論，自謂深有所獲，他說：「及囚繫上海，三歲不覿，專修慈氏、世親之書。此一術也，以分析名相始，以排遣名相終。從入之途，與平生樸學相似，易於契機。解此以還，乃達大乘深趣。」㉑這番經歷，使章太炎思想學術的發展起了一個很大的變化，從此，佛學哲理成了他的主要思想淵源之一。

1905年3月，鄒容在獄中突然病倒，獄長不讓請醫生診治，病勢漸漸沉重。4月3日，鄒容被移至另外一室，不料夜半即暴卒於獄中。鄒容在刑期將滿之時驟然不明不白地死去，引起人們對章太炎境況的深切關注。租界監獄當局不敢繼續虐待章太炎，改派他從事較輕的炊事。1906年6月29日，章太炎三年監禁期滿，同盟會總部特派代表從東京趕到上海迎候。當晚，章太炎即離開上海，再次赴日。

⑳ 章太炎：〈光復軍志序〉，《檢論》卷九〈大過〉附錄。
㉑ 章太炎：《菿漢微言》，《章氏叢書》本第72頁。

四、主持《民報》，同謀光復

當章太炎第三次來到日本的時候，中國同盟會在東京成立已經將近一年，孫中山爲總理，黃興主持庶務，機關報《民報》作爲革命黨人的主要喉舌，同保皇黨人喉舌《新民叢報》進行了激烈的論戰，人數已激增至八千餘人的留學生多傾向革命，同盟會「驅除韃虜，恢復中華，建立民國，平均地權」的綱領和《民報》公開揭示的顚覆現今惡劣政府、建立共和政體等六大主義，已經廣爲傳播，把越來越多的愛國志士集合於一起。章太炎一到日本，便由孫毓筠介紹，孫中山主盟，加入了同盟會。7月15日，由同盟會總部主持，二千多留日學生集會隆重歡迎章太炎的到來。根據總部要求，章太炎擔任了《民報》的總編輯和發行人。

章太炎上任伊始，《新民叢報》便發表了〈勸告停止駁論意見書〉，要求與《民報》停止論戰。梁啟超爲改變保皇派被動的處境，企圖利用同章太炎過去的關係，乘章太炎接手主持《民報》之機，通過調停，使雙方已夾雜有大量攻訐的論戰停息下來。章太炎不贊成用辱罵代替義正辭嚴的思想批判，但是，更不能容忍以各種似是而非的保皇主義理論混淆人們的視聽，所以，不僅繼續以《民報》大量篇幅刊登汪精衛、胡漢民、朱執信、張繼、宋教仁等正面批駁梁啟超與《新民叢報》的文章，而且親自撰寫和發表了〈箴新黨論〉、〈《社會通詮》商兌〉、〈討滿洲檄〉、〈中華民國解〉、〈定復仇之是非〉、〈國家論〉、〈政聞社員大會破壞狀〉及〈駁神我憲政說〉、〈革命軍約法問答〉等一系列重要論文、評論，在更加廣泛的範圍內針對保皇主義反對革命、主張立憲的種種論點加以廓淸。他十分明確地將反滿同反對強權、反對王權結合於一起，通過痛切揭露淸王朝的罪惡打掉人們對淸王朝及皇帝的幻想與效忠之心，並反覆論證革命黨人所主張的民族主義係以軍國社會爲利器，人人自競，爲國禦侮，其力正足以促使宗法社會鎔解，因此，把民族主義硬說成宗法社會意識純屬無稽之談。排滿，也並不是消滅滿人，這是推翻幾百萬人對幾萬萬人的腐朽統治，讓滿人從寄生者變成生產者，提高其政治素質，屆時他們便可以同漢人及其他民族享受一樣的政治與經濟權利。康有爲等新黨人物反對排滿，一個重要的原因，就是他們競名死利，把自己的命運同淸王朝聯結到了一起，因此，他們與舊黨相較，「挾術或殊，其志則非有高下也。」㉒

章太炎主持《民報》期間，另一個注意的重點是革命與建國的方略。他同孫中山、黃興每天聚在一起，經過反復討論，共同制定了《革命方略》，包括〈軍政府宣言〉、〈軍政府與各處民軍之關係條件〉、〈軍隊之編制〉、〈對外宣言〉、〈招降滿洲將士佈告〉、〈掃除滿洲租稅釐捐佈告〉等十四個文件，爲同盟會成員發動武裝起義、建立革命政權規定了各項具體政策。這時，他同日本著名的社會主義、無政府主義活動家幸德秋水、堺利彥、山川均、大杉榮經常交往，並一道支持張繼、劉光漢等創建社會主義講習會，出席講演，這些交往，使他受無政府主義特別是施蒂納無政府個人主義及幸德秋水等「直接行動派」鬪爭方式很深影響。強烈批判資本主義代議制度，批判資本主義下的僞

㉒ 章太炎:〈箴新黨論〉，《民報》第十號。

民主、僞平等，對俄國虛無黨人活動和暗殺活動的肯定等等，都反映了這種影響與章太炎建國方略和行動方式的思考關係非同一般的密切。

章太炎主持下的《民報》，和張繼主持時的《民報》相比，一個顯著的新的特點，是把革命的變革範圍擴大到價值取向、思維方式等更爲廣濶的領域。在剛到日本時，他就提出：「第一是用宗教發起信心，增進國民的道德；第二是用國粹激動種姓，增進愛國的熱腸。」㉓他倡導宗教精神，並非要人們去崇拜冥冥之中的神靈，或將希望寄托於不可及的彼岸，他明白宣佈自己是個無神論者。倡導宗教精神，尤其是佛教，是爲了建立一種新的革命道德：「以勇猛無畏治怯懦心，以頭陀淨行治浮華心，以唯我獨尊治猥賤心，以力戒誑語治詐僞心。此數者其他宗教倫理之言，亦能得其一二，而與震旦習俗相宜者，厥惟佛教。」㉔他堅信，沒有革命之道德爲革命黨建設的精神支柱，革命就不可能成功。他倡導國粹，絕不是爲了復古，或者爲了崇尚孔教，而是要人們尊重歷史，由此產生愛國熱忱，灌溉民族主義。爲了增強人們的民族自尊心與民族自信心，1906年9月他就和其他一些革命黨人創設了國學講習會，該會發起書強調其任務是：對傳統學說「層層剔抉，而易之以昌明博大之學說，使之有所據；而進之以綿密精微之理想，使之有所用。」㉕章太炎本人在國學講習會的講詞及他發表於《民報》的〈官制索隱〉、〈五朝法律索隱〉等

㉓ 〈演說錄〉，《民報》第6號。
㉔ 章太炎：〈答夢庵〉，《民報》第二十一號。
㉕ 國學講習會發起人：〈國學講習會序〉，見《國學講習會略說》，日本秀光社1906年9月出版。

都體現了這種精神。按照這一精神，章太炎還組織了國學振起社，爲留日學生專門講學，並撰寫了《新方言》、《文始》、《小學答問》等文字音韻學方面的主要著作，以及〈論諸子學〉、《管子餘義》、《劉子政左氏說》等一批研究古代學說的著作。

在東京，章太炎還經常同亞洲其他各國流亡日本的革命者、愛國者相聚，了解這些國家的情況，支持他們的鬪爭。1907年4月，他和幸德秋水、鮑斯等一批中、日、印志士共同倡導，成立了包括安南、菲律賓、緬甸、馬來亞、朝鮮等國志士在內的亞洲和親會。章太炎起草了亞洲和親會約章，宣布和親會的宗旨是「反抗帝國主義，期使亞洲已失主權之民族各得獨立」，凡亞洲人，除主張侵略主義者，無論持民族主義、共和主義，還是持社會主義、無政府主義，皆得入會，「若一國有革命事，餘國同會者應互相幫助」。這是一個反對帝國主義侵略擴張與殖民奴役、謀求各民族獨立與解放的同盟，推動了各國民族民主革命運動的互相了解、互相支持。《民報》這時刊登了一批介紹亞洲其他國家鬪爭情況的文章，熱情聲援這些鬪爭，在推動中國革命者自覺地把自己的鬪爭同亞洲的解放聯繫起來方面起了很好的作用。

正當同盟會及其所領導的革命運動蓬勃向前發展之時，日本當局爲了從清廷手中牟取中國東北更多權益，接受了清廷所提出的要求，不准許孫中山繼續居留於日本，開除了一批投身革命運動的留學生。日本朝野勢力爲了削弱中國革命隊伍，還設法在同盟會內部挑起糾紛，製造分裂。由於清廷嚴令各省查禁《民報》，《民報》難以輸入內地，銷售量下降，經費發生了異常困難。章太炎爲了撑持社務，朝治文章，暮營經費，應付日本警察，酬對社外來賓，有時一天只吃兩個大餅。孫中山離日後，籌措的經費用於發動武裝起義，對章太炎在《民報》談論哲學、宗教不滿，未能經常與及時地協助解決《民報》所遇到的實際困難。章太炎不滿孫中山輕視《民報》工作和只在南部邊境發動耗費很大收效卻有限的起義，與孫中山由誤解而產生很深的隔閡，雙方由猜疑而發展爲公開爭吵與互詆。

1907年底至1908年春，章太炎因腦病發作，《民報》改由張繼、陶成章先後任主編。1908 年 5 月後，他身體復原，立即爲《民報》撰稿，夏末繼續接任主編。這時，他所關注的重點集中在清廷預備立憲的騙局和《新世紀》以無政府主義否定中國民族革命的政治空談上。他揭露清廷頒佈的〈欽定憲法大綱〉「不爲佐百姓，亦不爲保乂國家，惟擁護皇室尊嚴是急」㉖，立憲黨人爲虎作倀，「徒令豪民得志，苞苴橫流，朝有黨援，吏依門戶，士習囂競，民苦騷煩。」㉗《新世紀》是張靜江、李石曾、吳稚暉、褚民誼等在巴黎創辦，以爲中國當務之急是宣傳無政府主義，倡導排滿的民族主義是狹隘的復仇主義、自私主義、反悖科學、有乖公理、不合進化、違反自然。他們置身實際鬥爭萬里之外，高談學理，在革命者中造成思想混亂。針對《新世紀》這些攻訐，章太炎寫了〈規《新世紀》〉、〈排滿平議〉、〈四惑論〉、〈五無論〉等一系列重要論文，論證《新世紀》鼓吹的無政府主義同樣不可能消除人類社會與自然界的全部矛盾，而以爲中國目前應以無政府主義爲奮鬪目標，更是完全無視中國的實際情狀。

㉖ 章太炎:〈虜憲廢疾〉,《民報》第二十四號。
㉗ 章太炎:〈政聞社員大會破壞狀〉,《民報》第十七號。

「規定行事者，至急莫如切膚，至審莫如量力」㉘，民族革命正是從中國實際出發，《新世紀》用從西方耳食而來的科學、公理等等時髦詞彙來反對圖謀切實解決現實苦難的行動綱領，貌似激進、徹底、高超，實際上是道地的清談。

1907至1908年間，國內各地如火如荼展開了羣眾性的收回利權運動，反對列強強占中國鐵路建築權、礦山開採權。章太炎積極聲援這一運動，努力使這一運動成爲革命的同盟者。1907年11月10日，章太炎邀集在日本的江、浙兩省人士與其他各省代表八百多人集會，要求江、浙紳商用自行斷路、在省城罷市等辦法保護滬杭甬路權。11月17日在豫晉秦隴協會發起的大會上，他再次倡導罷工、斷路。1908年夏，山東人民爲保護津浦路沿線礦產的主權而展開鬪爭，章太炎號召「山東士民爲義和團，無爲衍聖公（衍聖公曾以軍樂迎德皇畫像至其第），爲林清、王倫，無爲呂海寰。」㉙

《民報》被人們視爲「革命黨之旗」，清廷屢次要求日本方面予以查禁。1908年美國加強對中國東北的滲透，清政府加強了同美國的親善關係。新上臺的桂太郎內閣爲了破壞清美外交格局，誘使清政府屈從日本對東北各項權益的要求，決定接受清廷要求，封禁《民報》和其他中國革命書刊。10月19日，日本警察總監龜井三郎簽署了一份由內務大臣平田東助發佈的命令，藉口〈民報簡章〉等違反了日本出版條例，勒令停止其發賣頒佈。章太炎理正詞嚴地駁斥了日本當局強加於《民報》的罪名，並三次致書平田東助，對日本當局的卑劣行徑提出強烈抗議。他的抗爭

㉘ 章太炎：〈定復仇之是非〉，《民報》第十六號。
㉙ 章太炎：〈中國之川喜多大尉袁樹勳〉，《民報》第二十四號。

得到留日學生的廣泛支持。日方爲脅迫章太炎就範，派人到民報社放火、投毒，又通過玄洋社、黑龍會與同盟會有關人士出面勸說章太炎離開日本，還派人前來洽購《民報》，都未能達到目的。最後，東京地方裁判所悍然於11月和12月開庭，強行判決《民報》停刊，並判處章太炎罰款。

章太炎在《民報》被封禁後，力主將《民報》遷往美國或其他地方繼續出版，可是，因經費不濟等原因，這一計劃未能實現。日本當局這時對中國革命者進一步加緊監視、限制和迫害。章太炎一邊堅持講學與著述，一邊與陶成章等積極策劃發展江浙一帶革命運動。1909年秋，孫中山派汪精衛至東京復刊《民報》，托名巴黎出版，完全沒有讓章太炎與聞，時陶成章在南洋籌款不利，歸因於孫中山只重邊陲地區起事，不支持他們在江、浙、皖、贛、閩等省決行；章太炎得知這些情況下，勃然大怒，公開斥責汪精衛復刊的《民報》爲僞《民報》，指責孫中山，孫中山一方也猛烈斥責章太炎及陶成章等。同盟會這時已徒有虛名。孫中山在舊金山改同盟會分會爲中華革命黨，隨後又要南洋黨員改爲中華革命黨黨員。章太炎與陶成章等則於1910年2月重建光復會，分任會長、副會長，創辦《教育今語雜識》爲公開的對外聯絡機關。

光復會重建以後，實際工作由陶成章、李燮和等主持，章太炎把主要精力轉向講學和撰寫學術性著作。白話的講演紀錄陸續發表於《教育今語雜識》，許多學術論文則發表於《國粹學報》和黃侃主編的《學林》。1910年由秀光社出版了他的精心之作《國故論衡》和《齊物論釋》。《國故論衡》上卷小學十篇，中卷文學七篇，下卷諸子學九篇。此書與《齊物論釋》被評爲「空前的著作」㉚。《新方言》、《文始》亦於此時修訂完成。

五、在建立民國的政治衝突中

1911年10月10日武昌起義爆發，各地旋即紛紛響應。正在東京講堂上拿佛學印證《莊子》的章太炎中斷了自己的講業，密切關注着國內局勢的發展。在他的主持下並由他親自起草，10月25日在東京發佈了一份《中國革命宣言書》，以中國革命本部的名義，申明革命大義，勸誡清廷陸海軍將士明辨是非，莫自外於人羣而與義師爭命，呼籲東西各國嚴守中立，認清「萬國和平之的，繫於中夏政治之修明；政治修明之期，依於民主立憲之成立。」㉛同時，他還發表了一封致「滿洲在東留學生諸君」的公開信，要他們警惕日本對華侵略野心，應歡迎革命成功，屆時可以作爲中國人民之一員，與各民族一切平等，「優游共和政體之中」㉜。

11月 3 日上海光復。11月15日，章太炎返回五年半前離開的上海，被時論譽爲「中國近代之大文豪」、「革命家之鉅子」、「新中國之盧騷」而受到人們的歡迎。

章太炎返滬之時，正值仿效美國大陸會議的各省都督代表聯合會在滬建立，在中央革命政權建立之前負責協調各地軍政府行動的工作。章太炎立即同各省代表及黃興、上海都督陳其美、江蘇都督程德全、浙江都督湯壽潛等一道，積極組織了進軍江南重

㉚ 胡適：《中國哲學史大綱·導言》。
㉛ 《日本外務省檔案》1.6.1.4-2-1《關於清國革命黨員之件》。
㉜ 見馮自由《清肅王與革命黨之關係》，《革命逸史》第五集。

鎭南京並攻克之的戰役，派遣了援軍西上幫助處在淸軍圍攻之中的武昌軍政府，緊張地籌備建立臨時中央政府與統一的軍事統帥部，準備結集力量進行北伐。

革命形勢發展異常迅速。宣布反正與獨立的各省區權力，或由革命黨人掌握，或由原立憲黨人、地方士紳與原督撫所把持，在許多問題上他們的看法與行動都不一致。大批非常實際的具體事務放在革命黨人面前，有待他們馬上作出決定。章太炎希望能够站在革命營壘一邊的各種力量聯合起來，共同對付淸廷，特別是袁世凱掌握下的軍事勢力，宣布自己將盡力「任調人之職，爲聯合之謀。」㉝當時，他特別注意調節革命黨人內部不同派別之間及革命黨人與原立憲黨人之間的關係。返國時，江蘇境內上海、吳淞、蘇州、鎭江、江北五都督並立，各自爲政，互不統屬。爲結束這一局面，章太炎勸告光復會成員、吳淞都督李燮和放棄都督一職，改稱吳淞總司令，奉戴原江蘇巡撫程德全。時武昌軍政府代表在上海發起組織共和中國聯合會，程德全發起組織中華民國聯合大會，派遣馬敍倫在滬具體進行，章太炎認爲其勢可用，便與程德全聯名發表〈爲統一意見發起中華民國全國聯合會宣言〉，最後確定正式名稱爲中華民國聯合會。爲解決組織中央臨時政府中的各種爭執，耽心「以革命黨人召集革命黨人」以一黨組織政府致使「人心解體」，他提出「革命軍興，革命黨消，天下爲公，乃克有濟」的口號，要求不再固守原同盟會、光復會的界限，廣泛聯合集合於革命軍大纛下的所有各派力量，組成一個統一的政府㉞。章太炎這些舉措和意見，受到原立憲黨人，宣布反

㉝　〈章炳麟致民立報書〉，1911年11月21日《民立報》。
㉞　章太炎〈致譚人鳳電〉，1911年12月4日《神州日報》。

正的前清士紳、官員的歡迎，而深爲陳其美等人所不滿。當孫中山回國就任臨時大總統時，原擬任命章太炎爲教育總長，卽遭到各省代表會中一批同盟會代表的反對，終於作罷。

1912年1月4日，中華民國聯合會在上海舉行了成立大會，章太炎當選爲會長，程德全爲副會長，張謇、蔡元培等爲參議員。機關報《大共和日報》同一日創刊，章太炎任社長。聯合會總部與大共和日報社俱設於上海。章太炎在成立大會上的演說與所撰寫的〈大共和日報發刊辭〉闡述了他和聯合會的主要主張，這就是中央政府取內閣制，立法、司法、行政、監察、教育五權分立，立法的原則是周知民俗、輔其自然，在原來的基礎上去甚、去奢、去泰，經濟上要仿行國家社會主義，限制田產，實行累進稅制、遺產繼承稅制，整頓金融機關，發展國民經濟。中華民國聯合會的建立，本意是建立革命軍大聯合，並逐步取中國同盟、各立憲政團及其他團體而代之，結果，卻反加深了他和原同盟會各領導人之間的裂痕。

臨時政府成立於南京後，湯壽潛調任交通總長，章太炎推薦陶成章繼任浙江都督。不料，陶成章1912年1月14日在上海廣慈醫院被刺身死，主使者卽陳其美。陶死後，各地紛紛發生了排斥光復會的事件，廣東都督陳炯明下令將光復會成員許雪秋等所部民軍繳械並槍決許雪秋等人，尤其令原光復會成員震動。章太炎致書孫中山，要求孫中山出面干預，制止革命黨人自相殘殺。孫中山強調同盟、光復二會同爲革命之團體，有如昆弟，應協力同心以達共同之目的，但各地軋轢之事件照舊不絕。2月初，孫中山聘章太炎爲總統府樞密顧問，但章太炎胸中芥蒂已深。其時，他立於在野地位，經常在報刊上對臨時政府的一些措置提出批評，在許多人眼中，他被目爲專與孫中山作對。這一切，使他對南京臨時政府漸漸失去信任，對其政令不出石頭城的軟弱狀態尤感焦急。

1912年2月12日，清帝宣布退位；15日，南京參議院根據孫中山的推薦，以一致票推選袁世凱爲臨時大總統。3月10日，袁世凱在北京宣誓就職。章太炎起初力主北伐，對南北議和並不熱心；當南北統一、袁世凱信誓旦旦擁護共和之時，他鑑於外蒙、西藏、東北警報迭起，俄、英、日等強敵正妄圖分裂中國北部與西南大片領土，以爲袁世凱握有軍事實力，多年從政，不失爲一時之雄駿，便將實現中國領土完整和統一共和的希望轉移到袁氏身上。爲此，他倡議將中華民國聯合會改組爲統一黨，圖謀將革命、憲政、中立等各種力量集合到一起，以正式的現代政黨形式強固中央政府，促進共和政治逐步完善。3月2日改黨大會上，章太炎、張謇、程德全、熊希齡、宋教仁五人當選爲理事。但是，政治現實很快就將他的幻想擊得粉碎。

袁世凱聘章太炎爲總統府高等顧問，1912年底又任命他爲東三省籌邊使，形式上給他以很高的禮遇，實際上只是要他做一名爲自己幫腔的淸客。章太炎不久就開始意識到這一點。他倡導組織統一黨，不久，統一黨與民社等合併組成共和黨，由張謇實際主持，他反被撇於一邊，他憤而退出這個已成爲老立憲黨與官僚派所完全控制的組織，以原統一黨北京分部爲核心重建統一黨，不料掌握北京分部的王賡所圖謀的是自創局面，不久章太炎便宣布脫黨，並宣佈「中國之有政黨，害有百端，利無毫末」，穩健也好，暴烈也好，只是形式之殊，「無非以善騰口舌爲名高，妄擴院權爲奉職，奔走運動爲貞才，斯皆人民之蟊蠹，政治之秕稗。」

[35] 出任東三省籌邊使時，章太炎爲防止沙俄及日本入侵東北，擬定了一個很大的計劃，準備在東北大規模勘察土地和資源，發展水運，開辦地方性銀行以籌措必要的資金等等。然而，嚴峻的現實卻是他一無錢，二無權，三無人，他所得的僅是一個虛銜，袁世凱根本不想讓他做成任何實事。

1913年3月20日晚，章太炎的摯友宋教仁在上海北站被袁世凱與國務總理趙秉鈞派人刺死，擊碎了企圖利用議會選舉建立多黨制內閣及決定正式總統選舉的夢想。這對章太炎是當頭一棒，使他看到了指望藉助袁世凱之力完成政治革命建立統一共和的荒誕。他從東三省籌邊使署所在地長春趕回上海，與孫中山、黃興、陳其美等重新會合，共商對策。他以爲，事實已表明，中國政治上最主要的病症是腐敗專制之病，而袁世凱正是腐敗專制勢力的總代表。起初，他還要求用法律解決、政治解決的方法處理宋案，直斥總統府秘書長梁士詒、國務總理趙秉鈞、參謀本部次長陳宧及袁世凱另一親信段芝貴爲「四凶」，呼籲袁世凱將他們斥退，使袁世凱庇護「四凶」並爲諸惡元凶的面目進一步暴露於世，期待國會正式總統選舉時用投票辦法把袁世凱趕下臺。然而，形勢卻不容許他們從容佈署。袁世凱一面與英、法、俄、德、日五國銀行團借了善後大借款用作戰費，用出賣外蒙等代價換取俄、英、日等國對他的支持，另一面則調兵遣將，壓向革命黨人任都督的江西、安徽等地，並挑釁地罷免了李烈鈞、胡漢民、柏文蔚三位國民黨人江西、廣東、安徽都督的職務，使革命黨人不再有退路，不得不倉促發動「二次革命」，武力抗袁。

---

[35] 章太炎：〈與黎元洪論政黨電〉，1912年8月16日《順天時報》。

二次革命在袁世凱軍事進攻下很快失敗。孫中山、黃興等許多革命者不得不逃往日本，再次過起流亡生活。章太炎6月15日在上海與神州女學教師湯國梨結婚，6月18日致電袁世凱與國務院，辭去東三省籌邊使職務，二次革命爆發之時，正在蜜月之中。二次革命失敗後，他不甘於中國已光復而再次亡命國外，又得悉國會之中共和黨將與國民黨聯合起來繼續堅持反袁鬪爭，決定頂着袁氏凶燄入京，推進兩黨聯合，利用國會將制定憲法、選舉正式總統這兩個機會，同袁世凱作背水一戰。他告別了新婚不久的妻子，於8月11日抵達北京。

章太炎到京後，袁世凱爲使他爲己所用，囑人致意，欲一相見，爲章太炎所拒絕。章太炎隨卽就被軍警嚴密監視起來。這時，章太炎已看到，國民黨也好，共和黨也好，兩個黨力量都很有限，議員素質都不高，難以有所作爲。而國會中選舉、制憲等等，實際上都在軍人掌握之中。果然，10月6日，袁世凱派軍警與便衣數千人包圍國會，強迫選舉他爲正式大總統。爲了全面加強政治控制，袁世凱又在京師實行戒嚴，捕殺敢於違抗者及各種異己分子。11月4日，又公然下令解散國民黨，取消全部國民黨議員的資格。

政治愈來愈黑暗，章太炎言論與行動都受到限制，一切政論無由發抒。他的一些學生耽心老師窮愁抑鬱、孤寂傷生，張羅開辦了一個國學會，請他講授經學、史學、玄學、小學。袁世凱試圖軟化他，先後要他出任國史館總裁、重新擔任總統府高等顧問，籌建弘文館，最後一一都爲他所拒絕。章太炎幾次想冒死出京，都因受阻，未能走成。1914年1月7日，他直闖新華門，用袁世凱頒發給他的勳章作扇墜，大罵袁世凱包藏禍心，結果，被強行押往軍事教練處拘禁起來。在國內外輿論的壓力下，袁世凱未便置章太炎於死地，將他移至南下窪龍泉寺長期監禁。這時，袁世凱下令解散了國會和各省議會，隨後又撤銷國務院。章太炎6月6日開始絕食，以示抗議。延至16日，他被移送到醫院搶救，監視他的警察表面上撤走，他方才復食。康復後，他移居錢糧胡同，行動仍受限制，但有了一些讀書寫作及和他的門生論學的自由。

軟禁之中，章太炎取出《訄書》，增訂爲《檢論》九卷。1910年在東京時他對《訄書》已多所修治，後來停頓下來，這時方才得以從容進行。1914年12月下旬，因爲與他同住的得意門生黃侃被警察強制遷走，章太炎再次絕食相抗，《訄書》修訂工作停頓。次年初，由於章氏門人及友朋入訪的限制稍許放寬，章太炎方才復食，至1915年4、5月間將《檢論》殺青。《釋名·釋書契》：「檢，禁也。禁閉諸物使不得開露也。」以檢命名，表明這是一部身在幽囚之中所有政論都被禁止發表時撰定的著作。與《訄書》相較，《檢論》從內容到結構都發生了很大變化。全書六十篇，附錄七篇，其中約四分之一完全新撰，一半以上據舊稿作了大幅度修訂。章太炎盡可能在這些論文中記錄下他學術上新的心得，新的見解，對辛亥革命成果被篡奪、中華民國被糟蹋的沉痛經驗教訓作出概括與總結。

在此期間，還由章太炎口述，他的弟子吳承仕紀錄整理，完成了一部以闡述他的哲學觀點爲主要內容的《菿漢微言》。1915年上海右文社彙集他的著作編定爲《章氏叢書》，包括《春秋左傳讀敍錄》一卷、《劉子政左氏說》一卷、《文始》九卷、《新方言》十一卷、《嶺外三州語》一卷、《小學答問》一卷、《說文部首均語》一卷、《莊子解故》一卷、《管子餘義》一卷、《齊物論釋》一卷、《國故論衡》三卷、《檢論》九卷、《太炎文錄初編》五卷，分裝二十四册。此書本由章太炎自定，但印出後，他因其中差錯頗多，便要他的女婿龔寶銓設法將《章氏叢書》交浙江圖書館木刻刊行。

袁世凱摧殘了各種反對力量之後，雄視一切，以爲人莫予毒，悍然復辟帝制。結果，衆叛親離，1916年6月6日身死。黎元洪以副總統身分繼任爲總統。章太炎立卽寫信給黎，要求解除對他的監禁，但國務總理段祺瑞、內務總長王賡仍然留難，後經各方一再籲請，章太炎方才獲得自由，隨卽南下，與發動護國戰爭者及從日本返國的黃興、孫中山等人會合。放在他面前的景象是：「帝制餘孽，猶未剷除；墨吏貪人，布滿朝列」㊱，中華民國這個牌號雖然歷經刼磨保存了下來，卻早已百孔千瘡了。

六、為護法與聯省自治奔走的十年

袁世凱死後，黎元洪其實只是名義上的總統，中央軍政權實際上掌握在以段祺瑞爲首的皖系軍閥和以副總統馮國璋爲首的直系軍閥手中；他們視黎元洪和他所憑藉的臨時約法、國會爲實行全面控制中央權力的障礙。1917年，段祺瑞爲了滿足美國與日本的要求，力主中國加入第一次世界大戰，站在協約國一邊對德宣戰，黎元洪與國會則堅持中國應嚴守中立。雙方衝突激化，終於導致張勳率軍入京擁戴宣統皇帝溥儀復辟，段祺瑞乘機以平定復

㊱　〈章太炎之暴徒解〉，1916年7月14日《中華新報》。

辟，再造共和爲資本，逼走黎元洪，自立國會，以馮國璋爲總統。

章太炎是時正息影上海，日與孫中山等相聚，針對京中政局，不斷發出通電，反對參戰，反對段祺瑞等脅迫黎元洪與國會。張勳復辟時，他們商定以廣東爲基地，出師討逆，並一同乘軍艦離滬南下。抵穗時，段祺瑞已篡竊中央大權，並拒絕恢復臨時約法和國會，而代之以各省軍閥代表會即所謂安福國會，孫中山遂決定以護法爲旗幟，召集議員南下在廣州舉行非常國會，在廣州成立中華民國軍政府，領導戡亂事宜。孫中山任軍政府大元帥，章太炎任軍政府秘書長。

民國元年臨時約法與國會初立之時，章太炎都不滿意，但是幾年來的政局演變的態勢，使他深深感到，它們儘管都不成熟，但是代表了民主共和的發展方向，所以袁世凱、段祺瑞、馮國璋等都視之爲眼中釘。他期待「切實結合多數有力者，大起護法之師，掃蕩羣逆，凡亂法者必誅，違法者必逐」，使「眞正共和之國家」得以成立。然而，他所期待的所謂「多數有力者」，主要是以桂系軍閥首領陸榮廷與滇系軍閥首領唐繼堯爲首的西南軍閥，他們同段祺瑞等北洋軍閥有矛盾，卻並無意於眞正共和之國家。因之，陸榮廷與唐繼堯都不肯就軍政府職，一直首鼠兩端，意存觀望。爲說服唐繼堯取較爲積極的態度，章太炎自告奮勇，作爲孫中山的全權代表，經香港轉道越南去昆明，勸說唐繼堯勉強接受了軍政府元帥印證。然而，一觸及實際的軍事行動，章太炎很快就發現，唐繼堯所謀求的只是稱雄滇、川、黔三省，根本無意沿江東下與北洋軍對壘，整個西南軍閥都企圖通過擁馮倒段的方法謀求與北洋軍閥妥協。章太炎請孫中山任命他爲軍政府駐川辦事處全權委員，統籌川中軍政、民政、財政、外交等事，然而，由於受制於唐繼堯，他根本無法實現自己的意圖。1918年5月，護法軍政府改組，以由岑春煊任主席的七總裁合議制取代原來由孫中山擔任大元帥的大元帥制，孫中山被逼離穗返滬。章太炎見護法之事已難以爲繼，便離川東下，經湖北恩施、湖南沅陵與常德等地，稍事逗留，於10月返歸上海。爲正視聽，他發表了一封長信，尖銳地揭露西南諸軍閥「徒以部落主義蔽其遠略，廣西不過欲得湖南，雲南不過欲得四川，藉護法之虛名，以收蠶食鷹攫之實效」，他們「言和不過希恩澤，言戰不過謀嚇詐」，完全無信義之可言。以此，他一針見血地指出：「西南與北方者，一丘之貉而已。」㊲西南軍閥不可靠，那麼，護法又該依靠誰呢？爲反對南北議和，1919年初他發起組織了護法後援會，但是，這時他已深感到，約法也好，國會也好，其實都與民眾沒有多少關係，既非民心所向，它們當然也就號召不了民眾，而只能流於空洞的呼籲了。

針對南北之間、北方皖直奉三系之間、南方各地方之間戰火不息、紛爭不絕的混亂局面，章太炎轉而全力倡導聯省自治。

起初，他建議川、湘兩省建立「自治同盟」，互相支持，以抗擊唐繼堯滇黔軍對四川的侵凌，驅逐北洋軍閥湯薌銘、張敬堯在湖南的統治。1920年6月，湘軍總司令譚延闓率部攻克長沙，逐走張敬堯，7月22日通電全國，宣布實行湘人救湘，湘人治湘，以湘政公之湘省全體人民。章太炎時正熱病大作，幾死，病中聞訊，一躍而起，身體復原後，即赴長沙，協助譚延闓規劃實

㊲　〈章太炎對於西南之言論〉，1918年12月2日《時報》。

行省自治事宜。他給湖南各界提出一份〈聯省自治建議書〉，指出：「近世所以致亂者，皆由中央政府權藉過高，致總統、總理二職爲夸者所必爭，而得此者又率歸於軍閥。攘奪一生，內變旋作，禍始京邑，魚爛及於四方。」雖設有國會，對之只如以卵擊石，徒然自碎。爲此，他建議「虛置中央政府，但令有頒給勛章、授予軍官之權，其餘一切毋得自專。軍政則分於各省督軍，中央不得有一兵一騎；外交條約，則由各省督軍省長副署，然後有效。」而各省則實行地方自治，「各省人民，宜自制省憲法；文武大吏，以及地方軍隊，並以本省人充之；自縣知事以至省長，悉由人民直選，督軍則由營長以上各級軍官會推。」㊳ 11月1日，長沙報界聯合會假總商會召開的研究湖南省憲會上，杜威建議中國實行美國式聯邦制，章太炎則強調：「今日中國的國民，所以都希望聯省自治，是因爲從前的中國，都是中央集權，各省的財產生命權，都操在中央手中，試看民國成立以來，什麼總統制、內閣制，無不利用外交，把各省底財產賣個乾淨，要免除中央專制，非行聯邦制不可。現在既由合而分，當然各個省份先制定憲法，自治了再行聯邦。」㊴ 他反對由省議會制憲，因爲那樣代表性太多；但也不贊成人民直接制憲，因爲那事實上不可行；他建議由湘省七十五個縣議會、加上省商會、教育會、農會、工會等共同制憲。這一建議後來爲湘省所採納。

爲推動各省自治，江蘇、安徽、江西、山東、山西、河南、甘肅、廣東、四川、福建、湖北、廣西和北京等十三省市的代表

㊳ 見1920年11月9日北京《益世報》。

㊴ 〈赴湘講演團杜威、吳稚暉等對於湖南自治之意見〉，見王無爲編《湖南自治運動史》上編，上海泰東圖書局1920年12月版。

在北京組織了各省區自治聯合會。章太炎致電該會，強調聯省自治必須以「各省自治爲第一步，聯省自治爲第二步，聯省政府爲第三步」，指出：「未有各省自治而先有聯省自治，是捨實責虛也；未有聯省自治而先有聯省政府，則啟寵納侮也。」而各省自治，首先是要以本省人充軍民長官，本省人充軍隊警察，長官由本省人民公舉。他認爲，這時的中國急需的正是實行各省自治，在省自治實現之前，貿然歆求聯省政府，反而會妨礙自治㊵。

繼湖南之後，川軍將領劉湘、但懋辛、熊克武等先後通電實行四川自治。章太炎給予熱烈支持。1921年6月，浙江督軍盧永祥也通電贊成自治。盧永祥是北洋皖系軍閥，皖系在直皖戰爭中失敗後，盧氏常感地位不保，企圖以浙省自治排拒直系入浙。章太炎歡迎浙省自治，但以爲盧永祥並非浙人，只可宣布浙省獨立於北洋政府而自主，不可冒浙人自治之名。

章太炎企圖用實行各省自治的辦法削弱北洋軍閥勢力，保障各省人民的基本權利。然而，他的目標一不見容於推行武力統一氣焰正盛的直系軍閥，二不見容於決不放棄自己地盤與權力的地方軍閥。1921年夏，吳佩孚率軍南下打敗湘鄂川軍，做了兩湖巡閱使，給川、湘自治一大打擊。1922年5月，吳佩孚大敗奉軍，爲打擊省自治運動，恢復了1912年的老國會，並恢復黎元洪大總統職務。針對直系軍閥這一陰謀，章太炎提出一套實行「大改革」以定國本的主張，要求先由各省自制憲法然後再定聯省憲法以代替現行約法，用聯省參議院取代趨附勢力的現行國會，以委員制取代大總統。當時，各省省議會、省教育會、省商會、省農

㊵　〈章太炎與各省區自治聯合會電〉，1921年1月6日《申報》。

會、省工會、省銀行公會、省律師公會、報界聯合會等八團體在上海舉行國是會議，籌商憲法草案，章太炎在討論中反復說明自己的主張，使這些主張儘可能寫入憲法草案之中。然而吳佩孚仍然我行我素，繼續推行武力統一政策。1923年4月，章太炎通電湘、川、滇、黔、浙、閩等十省省長、督軍，痛斥「獨彼直系，包藏禍心，始終以武力統一主義，破壞自治」，要求「南北十省，唯當以自治名義聯拒寇仇。」㊶然而，聯省自治這時實際上已成爲聯督自治，省憲非但沒有成爲民治的保障，反做了軍閥政客爭權奪利的旗號。

當聯省自治運動日漸變質之時，章太炎應江蘇教育會之請，於1922年4月至6月在上海主講國學，每周一次，共講十次。1923年9月，由他任社長，由汪東任編輯，創辦了《華國月刊》，以當時氣勢越來越磅礴的新文化運動爲主要標的，從論政轉向論學，以「甄明學術，發揚國光」爲刊物宗旨。他一邊爲《華國月刊》寫稿，一邊還完成了《清建國別記》等考史著作和《猝病新論》等醫論著作。

這時，章太炎仍然沒有放棄聯省自治主張，但是，南北形勢都已發生了很大變化。

在北方，1923年6月，曹錕製造北京軍警變亂，逼走總統黎元洪；10月，曹錕賄選爲總統。爲與曹錕對抗，章太炎發起在滬召開各省代表會議，樹立聯治之先聲。1924年3年，吳佩孚強令湖南取消自治，章太炎致電湖南省議會及各軍官，要他們堅決維護省憲，萬不可取消省自治。7月下旬，他倡導建立的聯省自治

㊶ 1923年4月13日《申報》。

促進會舉行的籌備會致電各省議會，痛斥曹、吳一夥「以斷送東三省鐵道、舉辦德發債票、承認金法郎案賣國求逞爲得計」，「以人民生命爲兒戲，以地方財政供犧牲」，再一次呼籲「打破舊有一切團體，以聯治主義爲結合之中心。」㊷10月奉直戰爭中馮玉祥倒戈反對曹、吳，章太炎兩次發表《改革意見書》，以爲統一不如分治，建議地方在省自治之上分爲數國，中央建立行政委員會，採取合議制。「觀曹、吳所以能爲亂者，則北洋派之武力統一主義爲之根本。今不去其根本，而徒以解決曹、吳爲快，後有北洋派繼之，則仍一曹、吳也。是故歸之行政委員制，以合議易總裁，則一人不能獨行其北洋傳統政策。」㊸正是基於這一主張，他拒絕赴京參加段祺瑞爲擴張其權而召開的善後會議。

與北方軍政局面發生很大變化同時，在南方，孫中山返廣州成立了海陸軍大元帥大本營，隨後，著手改組國民黨，容許共產黨員加入，倡導以俄爲師，接受蘇俄幫助，使廣東出現了一種迥異於往昔的新形勢。1924年11月孫中山爲舉行國民會議離粵北上，由胡漢民代理大元帥職務。不久，大本營卽著手東征，討伐陳炯明。對於國民黨的這些新的變化，馮自由等一直持有不同意見，1924 年冬他們齊集於上海章太炎寓所，羣推章太炎領銜發表了〈護黨救國宣言〉，號召同盟舊人重新集合團體。1925年 2 月，與張繼等設立辛亥同志俱樂部，欲將原同盟會、光復會、共進會及其他方面的成員冶於一爐，實際上是想把所有不同意國民黨改組的成員集合起來。1925年 6 月，國民黨在蘇俄及中國共產黨幫助下平定了楊希閔、劉震寰叛亂，7 月將大元帥府改組爲國民政

㊷　〈聯治社籌備會記〉，1924年 7 月29日《申報》。
㊸　〈章太炎再發表改革意見書〉，1924年11月15日《申報》。

府，將所屬軍隊改編爲國民革命軍，接著，於10月開始第二次東征，至次年初完全統一了廣東。章太炎對這裏的局勢越來越關注，以爲「現在廣東的黨政府——什麼黨不黨，簡直是笑話，直是俄屬政府，借著俄人的勢力，壓迫我們中華民族。」㊹根據這一認識，他提出反對汪精衛、蔣介石赤化，並說：「護法倒段，題目雖大，而以打倒赤化相較，則後者尤易引人注意。」㊺1926年4月，他在上海組織了反赤救國大聯合，稱「居今之世，反對赤化，實爲救國之要圖。」㊻國民革命軍誓師北伐後，他更集中矛頭於身任國民革命軍總司令的蔣介石，在反對北伐的通電中，他說：「粵東自蔣中正得政，尊事赤俄，奉鮑羅廷爲統監，而外以反對帝國主義爲口實，……究觀其實，惟有內摧粵軍，外擾湘境，以爲赤俄辟土。」爲了反蔣，他竟建議：「宜以北事付之奉、晉，而直軍南下以保江上，開誠布公，解除宿釁，與南省諸軍共同討伐。」㊼這時，他繼續談聯省自治，已不是對抗北洋軍閥，而是聯合北洋軍閥來反對國民軍北伐了。正因爲如此，他同吳佩孚面商「聯省自治足以阻共產」㊽，支持孫傳芳割據蘇、皖、浙、閩、贛五省，成爲孫傳芳的座上客。隨著北伐的節節勝利，章太炎爲之奔走呼號了七、八年的聯省自治終於完全流產，而他本人，則被國民黨有關當局定爲反動的著名「學閥」而要求通緝。

㊹ 章太炎：〈我們最後的責任〉，《醒獅周報》第五十八號。
㊺ 〈章太炎與梁士詒之時局觀〉，1926年1月31日《申報》。
㊻ 〈反赤大聯合幹事會記〉，1926年4月16日《申報》。
㊼ 〈章炳麟通電〉，1926年8月15日《申報》。
㊽ 1925年10月25日《申報》。

七、黨治中退隱和救亡中復出的晚年

1927年夏，在陣陣通緝著名學閥聲中，章太炎遷入同孚路新近租賃的寓所，「終日宴坐，兼治宋明理學，藉以懲忿。」㊾這時，只有少數摯友偶爾來訪，但見他一動不動地坐在書室中的藤椅上，默默對著壁上所懸掛的黎元洪題贈的「東南樸學」匾額，以及剝製好的一整張鱷魚皮。他在當時用以自遣的〈感事〉一詩中寫道：「天欲亡我非由他，鼉去鰐來當奈何？」㊿北洋軍閥是鼉，蔣介石則是鱷，房間中掛上一張鱷魚皮，大概正是想以此化解胸中磊砢之氣吧!

「僦居雖近市，弇闠如深秋。」51同孚路地處鬧市，章太炎卻閉門不出。但是，他並沒有能忘情任世變。蔣介石宣布實行以黨治國，他斥之爲背叛民國之賊；1928年6月，黎元洪死於天津，他在輓聯上自署「中華民國遺民」。1928年11月21日，招商局輪船公司招待新聞界，他應邀出席並發表講話，直斥蔣介石所謂以黨治國，「乃是以黨員治國，攫奪國民政權，……袁世凱個人要做皇帝，他們是一個黨要做皇帝」，大聲疾呼「這就是叛國，叛國者國民應起而討伐之」。他還在會上攻擊孫中山「後來的三民主義」，即新三民主義是「聯外主義、黨治主義、民不聊生主義」，說「今日中國之民不堪命，蔣介石、馮玉祥尚非最大罪魁，禍首實屬孫中山。」52國民黨上海市三區黨務指導委員會第

㊾ 章太炎：〈致李根源書〉（1927年11月16日），《近代史資料》1978年第1期。

㊿ 章太炎：〈感事〉，《太炎文錄續編》卷七之下。

51 章太炎：〈春日書懷〉，《太炎文錄續編》卷七之下。

52 〈三區黨部呈請通緝章太炎〉，1928年11月22日《申報》。

二天便舉行常委會，斥責章太炎「大放其荒謬萬端之言詞」，「公然鼓吹推翻國民政府」，「顯圖危害政府，搗亂本黨」，決議要求國民黨上海市特別市黨務委員會轉呈中央黨部，按照懲戒反革命條例即日訓令軍警機關通緝。國民黨上海市特別市黨務指導委員會還接到所屬宣傳部同樣要求，立即召開常委會議決通過。章太炎一番發洩，結果處境更爲險惡。

章太炎蟄居寓所，研尋理學家治心之術，兼亦習禪，以使胸中憤懣之情慢慢淡化。1929 年起，中國又陷入了蔣介石與李宗仁、馮玉祥、唐生智、閻錫山此伏彼起連綿不絕的新軍閥戰爭。章太炎認爲，中國已是棟折榱崩，情形每下愈況，他恐怕已不及見河清。對於政事，他已不願再加論列，爲保存國學於一線之中，用以滋灌民族感情，以待民族他日復興，他又回到故紙堆中董理樸學舊業。

章太炎1929年至1930年初撰成《春秋左氏疑義答問》五卷。從十九世紀九十年代開始他就研治《春秋左氏傳》，至此已近四十年。早年撰有《春秋左傳讀》、《駁箴膏肓評》，1906 年主持《民報》時撰《春秋左傳讀敍錄》。起初，他宗法劉向、劉歆、賈逵之注而輕杜預之注，流亡東京後他感到劉、賈之注猶多附會《公羊傳》，杜預雖多矯枉過正之論但文直辭質，亦有所長；民國以來，他悟《春秋》終是史書，漢世唯太史公司馬遷爲明大體，盡漢世之說經者，終不如司馬遷爲明白。《疑義答問》僅四萬字，但章太炎自評此爲「三十年精力所聚之書，內之繁言碎辭，一切芟薙。」[53]繼這部著作之後，章太炎又陸續撰著《體撰錄》

---

[53] 章太炎：〈與吳承仕論春秋答問作意書〉，《制言》第十二期。

一卷，考訂古代算術與計量；《太史公古文尚書說》一卷，據《史記》所引考訂《尚書》古文凡二十餘條；《古文尚書拾遺》二卷，通故言、徵事狀，凡十五條；《廣論語駢枝》一卷，疏證《論語》四十餘條；《新出三體石經考》一卷，凡一百二十七條。這幾部著作與帶有總結性的《春秋左氏疑義答問》不同，非通釋全書，綜述大義，而多屬釋疑解難的訓詁之作。除此之外，在突然掀起一股廢除中醫中藥浪潮中，他還寫了一批倡導正確估價中醫中藥的醫論文章。這些著述表明，章太炎確乎不願干預擾擾紛紛的世事，而想以一個寧靜的學者終其生了。

然而，九一八事變與奉、吉淪陷，還是打破了他的寧靜。起初，他尚保持沉默，因爲他對蔣介石極爲失望，認爲「欲使此畏葸怠玩者起而與東人爭，雖敝舌瘏口，焉能見聽，」所以默無一言[54]。但當整個東北淪於日寇之手時，他再也忍不住了。1932年1月，他與熊希齡、馬相伯、李根源、沈鈞儒、左舜生、黃炎培等共同組織中華民國國難救濟會，並多次發表通電，要求國民政府「應即日歸政全民，召集國民會議，產生救國政府，俾全民共同奮鬪」[55]，並宣言「國家興亡之事，政府可恃則恃之，不可恃則人民自任之。」[56]日寇發動一二八事變，日軍在閘北分三路向上海駐軍發動進攻，十九路軍奮起抗戰，章太炎時登三樓曬臺北望戰火燃起之處，急迫地等待早晚報紙送到，了解戰況，支持他的夫人湯國梨創辦第十九傷兵醫院。2月下旬，他離滬北上，到

---

[54] 章太炎:〈與孫思昉論時事書一〉（1931年10月5日），溫州圖書館《章太炎手札》。

[55] 〈國難救濟會請政府決大計〉，1932年1月15日《申報》。

[56] 〈章太炎等請國民政府援救遼西〉，1932年1月22日《申報》。

北京見張學良，代表東南民眾呼籲他出兵抗戰。他大聲疾呼:「對日本之侵略，惟有一戰。中國目前只此一條路可走，不戰則無路，惟坐而待亡。」[57]當聽說簽定了〈浙滬停戰協定〉時，他怒不可遏，痛斥當事者志在屈伏，斷然拒絕參加蔣介石、汪精衛在洛陽舉行的國難會議。

在京期間，他將近年所著諸書編成《章氏叢書續編》，交予弟子錢玄同等梓行。同時，應各大學之邀，作了多次學術講演。5月離京經濟南、青島南返，沿途演講，呼籲勇赴國難。是年秋，應南社詩人金天翮及李根源、張一麐、陳衍等邀請，他到蘇州講授〈儒行〉、〈大學〉、〈孝經〉、〈喪服〉，歷時一月。他認為:「自《論語》而外，括囊民義，不涉天道，莫正於〈大學〉；奮厲志行，兼綜儒俠，莫隆於〈儒行〉；導揚天性，過絕悖德，莫尚於〈孝經〉；輔存禮教，維繫民俗，莫要於〈喪服〉。」[58]他企圖通過倡導這幾部著作，使人們重視民族氣節，勇於對侵略者抗爭。

1933年初，馮玉祥特派代表來滬同章太炎聯絡，章太炎立即給予鼓勵。3月，熱河淪陷，章太炎通電責備蔣介石置外患於不顧，托名剿共，自圖規避。宋哲元在喜峰口阻擊日軍，馮玉祥發動察哈爾抗戰，章太炎都致書支持。張繼當時受命勸告章太炎應安心講學，勿議時事。章太炎答覆張繼說:「吾之於人，不念舊惡，但論今日之是，不言往日之非。五年以來，當局惡貫已盈，道路側目。及前歲關東事起，吾於往事，即置之不言。幸其兵力尚盛，謂猶有恢復之望也，不圖侵尋二歲，動與念違。……年已

[57] 〈章太炎談時局〉，1932年3月8日天津《大公報》。
[58] 章太炎〈與吳絸齋書〉，《制言》第十二期。

者艾，惟望以中華民國人民之名表吾墓道，乃今亦幾不可得。誰使吾輩爲小朝廷之民者？誰使同盟會之淸名而被人揶揄嘲弄者？願弟明以教我。」[59]中華民族、中華民國的生存都已到了危急關頭，他怎麼能置時事於度外呢？他照舊一個通電接著一個通電，即作學術講演，也不忘如何切於時世、補偏救弊。

1933年初，李根源等在蘇州建立了國學會，章太炎列名會籍並代撰國學會會刊宣言。6月，會刊《國學商兌》出版，根據章太炎建議，該刊從第二期起改名爲《國學論衡》。1934年秋，他舉家遷至蘇州定居。爲培養更多繼承自己學業的人材，他籌備創設章氏國學講習會。1935年春，他突然發病，診斷爲鼻咽癌。是時，李烈鈞、居正等曾要推薦他爲國民政府高等顧問，爲他所婉言拒絕，當他發病時，蔣介石即派丁惟汾專程前來問候，並以「都下故人」名義饋贈一萬元作療疾之費。章太炎便用這筆款子作章氏國學講習會的開辦費。4月，章氏星期講習會先行開講，共九期，講題分別爲〈說文解字序〉、〈白話與文言之關係〉、〈論讀經有利而無弊〉、〈論經史實錄不應無故懷疑〉、〈再釋讀經之異議〉、〈論經史儒之分合〉、〈論讀史之利益〉、〈略論讀史之法〉、〈文學略說〉。9月，章氏國學講習會正式開學，各地學者報名入學者一百多人，會址設蘇州錦帆路五十號新建章氏宅邸，由章太炎主講，他的門人朱希祖、汪東等任講師。章太炎系統地講授了小學、經學、史學、諸子學、文學，由他的門人記錄整理爲《太炎先生講演記錄五種》印出。同月，由他任主編的《制言》半月刊，作爲章氏國學講習會的會刊，以作講學的羽

---

[59] 章太炎〈答張繼〉（1933年4月8日），章太炎家藏手稿。

翼。章太炎的苦心孤詣，是對當局已完全失望，認爲世已無可爲，想藉助孱守國學，以待他日民族主義終將在人民中勃興。

1936年5月，蔣介石親筆致函章太炎，屬以共信濟艱之義勸誘國人。6月4日，章太炎復函蔣氏，強調對於國人「若欲其殺敵致果，爲國犧牲，此在樞府應之以實，固非可以口舌致也。」⑩寫這封信時，他的身體已經不適；由於鼻咽癌、膽囊炎、氣喘病、瘧疾諸症併發，病勢急速惡化；6月14日上午七時四十五分，與世長辭。7月9日國民政府明令國葬。因抗戰開始，靈柩暫厝於宅後花園中，1955年4月方才根據章太炎生前願望，安葬於杭州南屏山北麓張蒼水墓右側。1966年秋「文化大革命」中墓地被毀，章太炎亦被暴屍於棺外，直到1981年10月方才在舊址重建陵墓，以所找到的遺骨安葬。

---

⑩ 章太炎：〈答某書〉，溫州圖書館《章太炎書札》。

第二章　華夏文化的疏浚與重構

一、在中國文化發展的歷史轉捩點上

對於中國文化的保全與發展，章太炎一直懷有極爲強烈的歷史使命感。1903年他因蘇報案被捕入獄後所寫的獄中自記，便十分自負地說：

> 上天以國粹付余。自炳麟之初生，迄於今兹，三十有六，鳳鳥不至，河不出圖，惟余亦不任宅其位。繄素王素臣之迹是踐，豈直抱殘守闕而已，又將信其財物，恢明而光大之。懷未得遂，累於仇國。惟金火相革歟，則猶有繼述者，至於支那閎碩壯美之學而遂斬其統緒。國故民紀絕於余手，是則余之罪也。❶

素王素臣之迹，係指孔子著《春秋》立素王之法、左丘明撰《左傳》爲素王之佐的功業。章太炎立志繼承光大這一功業並使之

---

❶ 章太炎：〈癸卯獄中漫筆〉，《國粹學報》乙巳年第八號。是文即《太炎文錄初編》卷一所收《癸卯獄中自記》。

成爲整個社會共有的財富，並以爲在鼓吹革命方面，他的貢獻可以有替代者，而在這一方面，他所要做及所能做的工作卻幾乎無人可以頂替。這是一個社會大轉型的時代，許多人都自許極高。康有爲要做中國的馬丁・路德；孫中山要做中國的華盛頓、林肯；這不是狂妄，是因爲他們有著與這些被比類者相似的時代責任感。章太炎自認他無可取代的地位是在中國文化的發展方面，正體現了他對這一領域時代使命的意識是如何深切。

也正是懷著這樣強烈的歷史責任感，1914年5月絕食於北京龍泉寺幽居之中時，他在給長婿龔寶銓的遺書中寫道：

> 夫成功者去，事所當然，……但以懷抱學術，教思無窮，其志不盡。所著數種，獨《齊物論釋》、《文始》，千六百年未有等匹。《國故論衡》、《新方言》、《小學答問》三種，先正復生，非不能爲也。雖從政蒙難之時，略有燕閑，未嘗不多所會悟，所欲著之竹帛者，蓋尚有三四種，是不可得，則遺恨於千年矣。❷

同一日寫給他夫人湯國梨的遺書則說得更直捷：「吾死以後，中夏文化亦亡矣。」❸

章太炎在中國文化發展上之所以具有如此強烈的時代責任感，是因爲他在文化問題上有一種極爲深切的危機意識。這種危

❷ 章太炎：〈與龔未生書〉（1914年5月23日），溫州圖書館《章太炎書札》。

❸ 章太炎：〈與湯夫人書〉（1914年5月23日），見《章太炎先生家書》。

機意識，包含以下三個層面：

文化若不發展，人就可能退化到原始狀態，這是章太炎文化危機意識的第一個層面。他從斯賓塞的社會有機體論、社會達爾文主義的生存競爭論、泰勒的文化學說中，得出一個結論：文化素質的高低、文化發展的程度，是人與獸、文明與野蠻、高等文明與初等文明的分野。文化發展的核心，是人的智力的進步。既包括社會各成員個人智力的進步，又包括社會羣體總智力的進步。人智若一旦停滯，或怠用其智力，就有可能逐步退化，甚至會蛻變爲類人猿；人智的進步若趕不上其他民族智力進步的速度，那就有可能成爲後者的虋膾駼服。不重視文化的發展所招致的這可怕的前景，難道還不足以令人警覺嗎？「物苟有志，強力以與天地競，此古今萬物之所以變。」人正是這樣由無機物而有機物、由低等動物而高等動物漸次演變成的；人智越向前發展，人就有可能演變爲智力水準大大高於現今之人的超人。這正是推動章太炎重視文化發展的一大動力❹。

中國文化正面臨來自西方文化的前所未有的嚴峻挑戰，有著被斷裂、被泯滅的現實危險，這是章太炎文化危機意識的第二層面。他從列強入侵中國所造成的社會後果中，看到中國「礦冶阡陌之利日被鈔略，邦交之法空言無施，政府且爲其胥附」，循此以往，不出十年，將使「中人以下，不入工場被箠楚，乃轉徙爲乞丐，而富者愈與皙人相結，以陵同類」❺，整個中國也就將漸次而成爲歐美之陪隸。而在這一挑戰面前，持歐化主義者卻「總說中國人比西洋人所差甚遠，所以自甘暴棄，說中國必定滅亡，

---

❹ 章太炎：《訄書・原變》；〈菌說〉（《清議報全編》卷五）。
❺ 章太炎：〈總同盟罷工序〉，《太炎文錄初編》別錄卷二。

黃種必定勦滅。」❻這樣盲目地崇拜西洋文化，完全喪失民族自尊、民族自信，勢必導致「國性亦自此滅也」。他認爲：「夫國無論文野，要能守其國性，則可以不殆。」❼而要堅持國性，就必須堅持和光大國學、國粹，也就是中華文化。「國粹淪亡，國於何有？」❽

發展中國文化，找不到正確的門徑，甚至南其轅而北其轍，將使中國文化的發展步入歧途，甚至遭到夭折，這是章太炎文化危機意識的第三個層面。他看到，頑固派完全無視現實，甚至還用傳統的夷夏之辨或西學中源論來麻醉自己，他們自己醉生夢死，也將中國文化引入了死胡同；西體中用論者願意吸收西方物質文明、技術文明的若干長處，但是株守傳統的禮教、株守傳統文化中最穩定同時也是其核心部分而不肯踰越一步，他們同樣不能使中國文化具有眞正的活力；康有爲托古改制，藉助今文經學，以主觀改鑄客觀，以中學黏合西學，企圖創造出一種不中不西、亦中亦西的新文化。然而，他漠視歷史實際，儘管一度產生很大影響，造成很大震動，卻不能使中國文化足踏實地健康地向前發展；以《新世紀》爲代表的無政府主義者及其他一部熱衷於西學者，對中國文化採取了虛無主義的態度，以爲中國一切舊籍不足觀，一切舊的文化俱不足取，新文化必須全部移植西方文化來建設，這其實也是一種迷信，不懂中國實際，也不懂西方實際，隨風逐潮，當然也不可能將中國文化的發展引上正確的軌道。所有這一切，構成一股巨大的壓力，驅使著章太炎把注意力

❻ 章太炎：〈演說錄〉，《民報》第六號。
❼ 章太炎：〈救學弊論〉，《華國月刊》第一卷第十二期。
❽ 章太炎：〈華國月刊發刊辭〉，《華國月刊》第一卷第一期。

從窄小冷僻課題的鑽研轉向文化總體的全面疏浚與重新架構，這也就是他自己所說的「當時對於學問，總求精奥，後來覺得精奥也無甚用，就講大體。」❾

泰勒認爲，文化是一個包括知識、信仰、藝術、道德、法律、風俗等等在內的複合體。受泰勒文化觀影響甚深的章太炎根據泰勒所鈎畫的範圍，對中國傳統的學術、信仰、語言文字、法律、道德、宗教、風俗習慣，乃至族類構成、社會聯繫方式、經濟生活式樣、政治組織形式等等，逐一作了審核。他努力將西方的文化與學術、印度的文化與學術、中國的文化與學術作爲三種異質文化結合各自不同的社會條件，認眞地分別加以研究，努力對它們作出歷史主義的評價，在此基礎上建立新文化的架構。

章太炎的文化危機意識和他的志願、他的工作，把他推到了中國文化發展的歷史轉捩點上，中國社會大變革自身的各種矛盾衝突便不可避免地要折射到他的身上。要使舊文化發展爲新文化，但又必須是從中國歷史實際出發，並以此對抗列強的壓迫與奴役，使章太炎在疏浚和重構中國文化時，旣充滿了勇敢的批判精神，又具有濃厚的保守色彩，文化批判主義與文化保守主義緊密結合在一起。在對現存文化的批判中，章太炎所面對的不僅有已經落在時代後面的中國傳統文化，而且有先進的但危機已經四伏的西方近代文化；理性主義爲他批判中國舊文化提供了武器，批判西方近代文化則不得不更多地藉助於非理性主義、浪漫主義，這二者很快便互相滲透，使他在疏浚和重構中國文化時旣有淸醒的理性主義、歷史主義，又有明顯的非理性主義、浪漫主義。這

❾ 章太炎：〈說新文化與舊文化〉，見《太炎學說》卷上，四川觀鑒廬1922年刊。

些矛盾衝突從章太炎投身社會改革之後直至他去世貫穿於章太炎大半生。當然，在不同時期針對不同對象，這些矛盾發展的情況並不相同，大概說來，在前期，或主要向中國傳統的統治勢力衝擊時，文化批判主義較之文化保守主義、理性主義與歷史主義較之非理性主義與浪漫主義便更引人注目；在後期，或更多地反對來自資本帝國主義方面的威脅時，文化保守主義、非理性主義與浪漫主義則往往較爲活躍。

二、經學統治的終結

經學，在中國漫長的小農文明社會中，是占居支配地位的統治學說，是社會觀念的總體系，社會行爲的總範式。欽定的諸經，是眞理的準繩，衆法的根據，是人們必須無條件依循的規範。要使中國走出小農文明而建立與近代文明相適應的觀念總體系、行爲總範式，啟蒙思想家的首要任務就是掙脫經學枷鎖的鉗束。

在近代中國，康有爲第一個著手結束經學的統治。他把傳統的經書統統斥之爲僞經，說兩千年來朝廷與士人都是奉僞經爲聖法，誦讀尊信，奉持施行，中國之民因此兩千年來便爲暴主夷狄之酷政所統治。他把孔子說成托古改制的神明聖王，把包含三世之法與三界之義的今文經說成唯一可信的眞經，藉他所塑造的這個孔子打倒傳統的孔子，藉他所解釋的這些經推翻傳統的經。他在動搖傳統經學的統治方面篳路藍縷之功不可抹煞；但是，他的這種非歷史的態度大大削弱了他所發動的衝擊的實際威力，漫畫化並不能使人們對孔子與經學作出實事求是的評判。

章太炎結束經學統治的努力，是康有爲工作的繼續，又是康有爲工作的否定。是繼續：因爲他將康有爲所開始的工作大大向前推進了一步；是否定：因爲他所選擇的是一條依循歷史的與邏輯的批判精神進行分析的路線。

章太炎結束經學統治的第一項大工作，就是正面向孔子神聖不可動搖的權威提出挑戰，將孔子從一個神化了的聖人還原爲一個有血有肉的現實的人。1904年出版的《訄書》公開以〈訂孔〉爲篇名，訂者，平議也，就是要訂正對孔子本人及孔子學術的不正確的評價。他在這篇文章中指出，孔子作爲古代一位優秀的史學家，删定六藝，撰著《春秋》，是有貢獻的。秦始皇焚書以後，道、墨諸家日漸衰微，儒家各種經典遭焚散復出，使孔子成了上古時代中國文化的一位集大成者。但究其實際，《論語》許多內容很含渾，其他言論著作多自相觸擊，理論上的成就比不上孟軻，更不及荀況。兩千多年來，歷代統治者一味頌揚孔子與孔學，摒斥其他學說，妨礙了思維的發展，扼殺了進取精神，阻滯了中國文明的進步。1906年出獄東渡後在留日學生歡迎會上，章太炎在演說中更進而責備孔子最是膽小，不敢聯合平民推翻貴族政體，所教的弟子總是依人作嫁。同年在國學講習會所作的〈論諸子學〉演講中，他更爲嚴厲地批評了孔子。他評論道，孔子删定史書，從事教育，變禨祥神怪之說而務人事，變疇人世官之學而及平民，其功敻絕千古；但是，孔子湛心榮利，開游說之端，倡導中庸之道，道德不必求其是，理想亦不必求其是，惟期便於行事則可，致使用儒家之道德，艱苦卓厲者絕無，而冒沒奔競者皆是，用儒家之理想，宗旨多在可否之間，議論止於含糊之地。在這裏，章太炎夷孔子爲諸子中的一員，孔學爲百家中的一家，並很直率地指出了孔子與孔學許多嚴重的弱點，按照歷史實際去掉了籠罩在孔子與孔學頭上的神聖光圈。他擊中了經學統治的要害，孔學的衛道者們因此對〈訂孔〉和〈論諸子學〉特別仇恨，要將它們盡數焚毀，使之永絕於天地之間。

章太炎結束經學統治的第二項大工作，是藉助於古代文獻歷史沿革的考察，還各種經書以非神聖的本來面目，打破人們對經書的迷信。他指出，經，本是編絲連綴之稱，古代無紙，字寫於竹簡，需以青絲繩貫穿之，是即謂之經。經，最初純爲官書，記錄統治者的教令符號，其後應用漸廣，如兵書稱爲經，記錄帝王代禪的號曰《世經》，辨明疆域的有《圖經》、《畿服經》，墨子有《經》上、下，賈誼書有《容經》，老子書稱《道德經》。這些都不是官書，官書也不是全部都稱作經。以經天緯地之義釋經，是後世儒家所爲，並非經之本義。事實上，經書也根本不可能經天緯地。孔子刪定六經，只是提供一份歷史文獻，而根本不是也根本不可能是爲漢製法或爲百世製法。以《春秋》而論，僅記述二百四十二年史事，不足以盡人事蕃變，典章制度也很疏略，其含義常常會令人反覆猜測而不能得其翔實，這不是爲漢制法、爲百世制法，而適是制惑。六經其實本是一些官書，孔子做了刪削編定的工作，這些著作同《史記》、《漢書》性質相類似。人們誦習這些著作，目的只在稽其典禮，明其行事，令後生得以討類知原，無忘國故，而絕非爲了奉之爲永恒的憲章寶典，因之，研治經學乃是「所以存古，非以適今也」⑩。研治經學的方法就應重在審名實、重佐證、戒牽妄、守凡例、斷情感、

⑩ 章太炎：〈與某論樸學報書〉，《國粹學報》丙午第十一號。以上參見《國故論衡·原經》等篇。

汰華辭，以獄法治經，實事求是，雖致用不足尙，雖無用不足卑，並做到「以古經說爲客體，新思想爲主觀」⓫，以新的理論爲指導，對各種古代經說作出概括與總結。這實際上就是要求將經學納入科學研究的範圍。

章太炎論孔子、論六經，明顯地受經古文學家六經皆先王政典、孔子述而不作等傳統觀點影響甚大。在論述疏證《尙書》、《詩經》、《易》、《周禮》及《春秋左氏傳》時，他所肯定的也都是經古文學家的看法。因之，他經常被人們評爲中國經古文學的最後一位大師。但是，事實同時表明，章太炎將孔子與六經從頂禮膜拜的對象還原爲特定歷史條件下產生的歷史人物與歷史文獻，已遠非經古文學所能範圍。在《訄書》修訂本〈清儒〉中，他將夷六藝復返於史概括爲「博其別記，稽其法度，核其名實，論其社會以觀世。」據此，他對淸世吳、皖兩派經儒硏治經學的態度與方法給予很高評價：「大抵淸世經儒，自今文而外，大體與漢儒絕異。不以經術明治亂，故短於風議；不以陰陽斷人事，故長於求是。短長雖異，要之皆徵其文明。何者？傳記通論，闊遠難用，固不周於治亂。建議而不讎，夸誣何益？鬼、象緯、五行、占卦之術，以宗教蔽六藝，怪妄。孰與斷之人道，夷六藝於古史，徒料簡事類，不曰吐言爲律，則上世社會汙隆之迹，猶大略可知。以此綜貫，則可以明進化；以此裂分，則可以審因革。」他在這裏所倡導的治經原則，充滿了近代歷史精神與邏輯精神，是迥然區別於奉經書爲至聖寶典的舊經學的嶄新的治經原則。

⓫ 章太炎：〈中國通史略例〉，《訄書》修訂本〈尊史〉附。

也正是根據這一非常明確的經學觀點，他在〈清儒〉中指出，流俗所說的「十三經」，《論語》、《孟子》都應移出置於儒家。〈孝經〉也應移出作爲《禮記》之傳。對諸經重新研究，並非完全從頭開始；前人研究的成果仍可提供必要的基礎。對清代經學研究成果嫻熟於心的章太炎正是依照這樣一種積極精神，逐一品評了清代經學家爲諸經所作的注疏，對超過舊釋、時有善言、足以名家者都給予肯定。對徇俗賤儒所爲者則斥爲鄉曲之學，要人們不必在這些東西上耗費精力。

經學的統治已經延續了兩千多年，尤其明、清以來，統治者著力提倡，經學統治確是盤根錯結，它的終結當然不會是一件輕而易舉、一蹴而就的事。消除它對人們思想和行爲廣泛而深刻的影響，包括對章太炎，更非朝夕之功可致。當袁世凱反對民國、反對共和、企圖篡國之時，各地紛紛成立孔教會，要求定孔教爲國教，繼續使一切典章制度、政治法律以孔子之經義爲根據，使一切義理、學術、禮俗、習慣皆以孔子之教化爲歸依。身處袁家憲警虎視耽耽監視之下的章太炎實在看不下去，寫了〈駁建立孔教議〉和〈反對以孔教爲國教篇——示國學會諸生〉，一面高度評價孔子制歷史、佈文籍、振學術、平階級而爲中國斗杓的不朽功績，一面猛烈抨擊將孔子與孔學神化、宗教化的企圖，揭露這樣做無非是要使冕旒郊天、龍衮備物這些民國所不當行者借名聖教悍然言之，悍然行之。章太炎重申了發展中國學術文化必須打破孔學枷鎖、對先前演化歷程認眞加以疏浚的觀點：「夫欲存中國之學術者，百家具在，當分其餘品，成其統緒，宏其疑昧，以易簡禦紛糅，足以日進不已。孔子本不專一家，亦何必牢執而不舍哉?」⑫面對袁世凱復辟帝制、葬送中華民國的陰謀，章太炎仍然堅持了他結束經學統治的立場，但對孔子的評價已褒多於貶，或者說，已主要強調孔子的貢獻。到二十年代初，當新文化運動的發展已經將舊學幾乎淹没之時，他痛感青年學子經史諸子書束閣不觀，不知開山採銅以鑄新幣，其弊正未有極，轉而倡導新文化與舊文化調和，並對先前鄙薄孔子加以否定，甚至自謂當年妄疑聖哲，發了一些狂妄詐逆之論，應當感謝他人對此痛予箴砭⑬。這些變化表明，無論章太炎本人，還是全社會，要眞正完成對孔子與經學的科學評價，從而眞正結束經學的統治，都不可避免地要經過許多曲折，甚至反復，一蹴而就是不現實的。

章太炎晚年轉向提倡讀經。三十年代初，他以爲國家之亂甚於春秋七國之間，正處於未亡將亡之時，提倡讀經讀史，可以保持國性。他說：「方今天方蕩瘥，載胥及溺，滿洲亡而復起，日人又出其雷霆萬鈞之力以濟之，諸夏阽危，不知胡底。設或經學不廢，國性不亡，萬一不幸，蹈宋明之覆轍，而民心未死，終有祀夏配天之一日。」⑭十三經文繁義賾，他認爲，應時之用最爲迫切的是讀〈孝經〉、〈大學〉、〈儒行〉、〈喪服〉這四篇。《論語》也很重要，然而其中微言妙義也不過只有十多條。在《菿漢昌言》他說：「文王、孔子之教，使人與禽獸殊絕，是泛行之術也；聖人之於民，類也，無我克己，望道而未之見，則出於其類拔乎其萃矣，是違行之術也；二者中間，等第差別不可勝

⑫　章太炎：〈反對以孔教爲國教篇——示國學會諸生〉，即〈國學會開講辭〉，手鈔件。

⑬　參見章太炎〈說新文化和舊文化〉（《太炎學說》卷上）及〈致柳翼謀書〉（《史地學報》第一卷第四期）。

⑭　章太炎：〈論讀經有利而無弊〉，《正論》第三十期。

紀。故古者言仁義，晚世道良知，冀以爲百行之樞。逮今世衰道微，邪說暴行所在蜂起，然則所以拯起之者，亦何高論哉？第使人與禽獸殊絕耳。」對於諸經又重新作了全面肯定，並強調當務之急是按照最低的標準，即使人與禽獸相區別來倡導光復文王、孔子之教。這些言行，固然反映了他對國家、民族危亡的焦慮乃至絕望的情緒，也表現了他在結束經學統治之時，沒有建成一個足以取經學而代之的新的成熟的社會觀念總體系、社會行爲總範式，不能用這個新的總體系、總範式來克服面前空前嚴重的民族危機，而又要堅持民族文化這個基地，便從原先的立場倒退了回去。章太炎的這段曲折的經歷也正反映了中國最後終結經學統治的艱難。

三、創立近代統一民族語言的理論與實踐

漢語，是中國文化得以形成和發展的一個基本條件。隨著社會歷史的發展變化，漢語從字形、字義、語音到語法結構都發生了很大變化。如何通過漢語形、音、義及其結構歷史演化過程的梳理，推動漢語進一步發展並逐步規範化，使漢語成爲近代化的眞正統一的民族語言，是章太炎努力建立中國近代民族文化的一個重要方面。

在《訄書》初刻本〈訂文〉及所附〈正名雜義〉、修訂本〈方言〉等文中，章太炎在近代中國首次專門討論了漢語如何適應社會變化與中外交往擴大而發展、各地方言如何逐步統一等問題。出獄東渡後，他在《國故論衡》上卷裏集中研究了語言文字音韻問題，並撰寫了《小學答問》、《文始》、《新方言》等一

系列專著，在講學中也一直將這些內容作爲主要講題。在這些著作和演講中，章太炎對中國古代文字音韻的發展作了系統深入的探究。在前人和國外語言文字學的基礎上爲中國近代語言文字學建立了架構，推動了中國民族語言的統一與發展。直到晚年，他還繼續一直關注著這方面的問題，只是未有新的重大的突破。

爲什麼必須重視民族語言的建設？章太炎從語言文字發生發展同社會政俗興衰進退的關係，說明名源於實，又反過來影響實的發展。南宋以來，漢語因停滯於原先二千至四千個常用字的水平，已經導致政令逡巡以日廢，近代以來，與異域互市，械器日更，新觀念新思想不斷滋生，漢語仍保持原先水平，勢必不能滿足社會的需要，尤不能與常用六萬字較精密的英語相角。在《國故論衡》首篇〈小學略說〉中，他指出：「若夫理財正辭，百官以治，萬民以察，莫大乎文字。」「蓋小學者，國故之本，王教之端，上以推校先典，下以宜民便俗，豈專引筆畫篆繳繞文字而已？」突出語言文字關係著文明的發展，文化遺產的傳承，國家政治經濟生活及民眾互相交往，它若不能符合時代的需要，勢必妨礙這一切的發展。

漢語究竟應當怎樣發展，才能成爲符合近代社會需要的統一的民族語言呢？章太炎首先從中國古代語言的形體、語音、字義發展演變的規律指示了漢語發展所應遵循的正確道路。關於形體，他指出，語言起源於對客觀事物的描繪，文字最初起源於圖畫，最早的文字是象形字，其次是指事、會意兩種字，再後產生形聲、轉注、假借這幾種造字法。轉注是由某個語源或同一語根循其聲義派生出若干新詞來表達新的事物，假借是利用舊有的詞字賦以新的訓義，這兩種方法應當是漢語現代發展所採用的主要方法。關於語音，他指出，人類總是先有語言，而後方才形諸文字，文字總是先有聲，而後方才有形，形以表音，音以表言，言以達意。他定漢語古韻爲二十三部，古代聲母爲二十一個，並爲各韻定下韻值，更創造五十八個用作切音的符號，成爲民國以後注音符號的一個主要來源。關於字義，他指出，漢字形音義是一個統一的整體。形體與字音都是字義的載負者，據此，在《文始》中，從漢字初文、準初文及孳乳和變易而形成的六千多字形體聲類變化系統，確定字義發展的系統，由此可使漢字的字義繩穿條貫，得其統紀。

要使漢語發展成爲近代統一的民族語言，章太炎還專門研究了中國各地方言如何逐步統一的問題。《訄書·方言》將各地方言分作十種，要求以秦蜀楚漢之聲爲基礎謀求各地口語的統一。《新方言》專求各種方言的語根，說明了它們由古音變轉而來的一般規則，正如劉光漢所說：「異日統一民言，以懸羣眾，其將有取於斯。」[15]

環繞著是否應當以漢語爲民族語言問題，1908年章太炎與巴黎《新世紀》廢漢文而用萬國新語即世界語的主張進行了一場激烈的筆戰。他強調「社會者，自人而作，以自人而作，故其語言各涵國性以成名，故約定俗成則不易」，既有民族區分，語言也就必然會有區別，因爲語言同國民之性情節族及文史學術緊密聯繫於一起。《新世紀》不念邦族，不顧漢語人口之眾，貿然要用歐洲文字取代漢字，只能說明他們是道道地地的「西方牛馬走」[16]。不可廢漢語而改用世界語，那麼，是否可以將漢語改爲拼音呢？章

---

[15] 劉光漢：〈新方言後序〉，見《新方言》。
[16] 章太炎：〈規《新世紀》〉，《民報》第二十四號。

太炎認爲也不可。他指出，拼音之用，各局一方；中國幅員廣大，人口極多，交通隔絕，方言繁雜，文字相同，各地讀音相差甚大，改爲拼音，必然會造成很大混亂，今不知古，各地相互之間亦莫能曉⑰。

事實證明，語言文字學作爲一門獨立的近代科學，在中國是由章太炎最初奠定的。創建統一的近代民族語言和文字，是維繫中華民族、振興民族文化和民族精神以自立於世界文明民族之林的宏偉事業的一個有機構成部分，也正是在章太炎這裏不僅從理論得到了闡述，而且從實踐中得到了證實。在語言文字學方面，章太炎在強調民族化時，也常表現出一些明顯的復古主義傾向，喜歡寫古字、本字，不使用後出的通行字。因爲清末研究鐘鼎甲骨的多是官僚士紳，便視金文、甲骨文爲僞作，都是以感情代替科學使然。辛亥革命準備時期，爲了革命宣傳的需要，他寫過白話詩，發表過白話文，五四新文化運動中白話文流行後，他卻固守文言文，倒轉來反對白話文，使他終於逐漸和漢語言文字的發展逐漸脫節。但是，這些弱點終究是瑕不掩瑜，他先前的功績是足以彪炳於史册的。

四、新史學的開拓

章太炎畢生重視中國歷史。少年時期，讀蔣良騏《東華錄》，後來讀《明季稗史》十七種，得悉揚州十日、嘉定三屠及清代文字獄情況，仇滿之念勃然而生，對歷史的注意也從此開始。倡導革命時期，他提出用國粹激動種姓，增進愛國的熱腸，就是

⑰ 章太炎：〈小學略說〉，《國故論衡》卷上。

要人們愛惜自己的民族歷史。晚年，提倡讀史更可謂不遺餘力。在北京、在上海、在無錫、在蘇州，他到處大聲疾呼，人不讀史書，則無從愛其國家，治國論政，將無所根據；廣大青年要了解中國處在什麼時期，自己對國家應負有什麼責任，都可以從歷史中找到明確的指示。所以，他稱史學爲今日切要之學。

章太炎喜讀《史記》、《漢書》、《通典》、《通鑑》等史著，但很快就不滿足了。1902年從日本返國以後，他日讀各種社會學書，深有所獲，對舊史深爲不滿，立志修撰《中國通史》。《訄書》修訂本最後一組文章〈尊史〉、〈徵七略〉、〈哀焚書〉、〈哀清史〉、〈雜志〉、〈別錄甲〉、〈別錄乙〉及作爲附錄的〈中國通史略例〉、〈中國通史目錄〉，集中批評了往昔史著所存在的一些主要問題，提出了建立新史學的基本設想。

章太炎認爲，中國舊史最大的缺陷，就是編撰者識見平庸，他們編纂的史書大多「紀傳氾濫，書志則不能言物始，苟務編綴，而無所於期赴」，只是羅列若干事件，彙集一批奇聞軼事，「而文明史不詳，故其實難理。」⑱紀傳、編年、紀事本末諸書，「皆具體之記述，非抽象之原論」，缺乏理論的概括；《通典》、《通志》、《通考》諸書，分門別類對各種典章制度進行分析，「是近分析法矣，……然於演繹法，皆未盡也」，沒有從典章制度沿革中總結出客觀的法則，用以指導現實；王夫之的《讀通鑑論》、《宋論》等，「造論最爲雅馴，其法亦近演繹，乃其文辯反覆，而辭無組織」；至於社會政法盛衰蕃變之所原，則非其所知；王鳴盛、錢大昕等人的史考，「昧其本幹，攻其條末」，

---

⑱ 章太炎：〈尊史〉，《訄書》修訂本。

儘管可以糾正前此記述許多失誤，卻終究不能幫助人們認識歷史全貌⑲。凡此種種，都足證舊有的史學難以滿足現實的需要，中國有必要建立新史學。

新史學首先要重視文明史的研究。「大概歷史中間最要的幾件，第一是制度的變遷，第二是形勢的變遷，第三是生計的變遷，第四是禮俗的變遷，第五是學術的變遷，第六是文辭的變遷」，「把這幾件爲緯，歷年事迹爲經，就不怕紛無頭緒。」⑳通過這些研究，可以發明社會政治進化衰微之原理，以得其運用之妙。同時，爲鼓舞民氣，啟導方來，應選擇利害關係於今日社會有影響者撰成紀傳，令人觀感。

在〈中國通史略例〉中，章太炎強調：「史職所重，不在褒譏，苟以知來爲職志，則如是足也。」使歷史把重點從歷史人物與歷史事件的褒貶評判轉向文明史的研究，正是爲了使史學承擔起這一職責。而要研究文明發展演變的歷史過程，認識者自身就必須要用新的理論將自己武裝起來，好從新的立場、新的視點，用新的方式去考察。「所謂史學進化者，非謂其廓清塵翳而已，己既能破，亦將能立。後世經說，古義既失其眞，凡百典常，莫知所始，徒欲屏絕神話，而無新理以敹徹之，宜矣其膚末茸陋也。」爲此，他說自己編撰《中國通史》，將堅持「鎔冶哲理，以祛逐末之陋；鉤汲眢沈，以振墨守之惑」，除域中典籍外，希臘、羅馬、印度、西亞諸史亦可用作比較研究，還要廣泛吸收其他學科成就。「若夫心理、社會、宗教各論，發明天則，烝人所同，於作史尤爲要領。」

---

⑲　章太炎：〈中國通史略例〉，《訄書》修訂本〈哀清史〉附錄。
⑳　獨角（章太炎）：〈常識與教育〉，《教育今語雜識》第二册。

新史學需要新的理論思維，然而，卻又決不可用抽象的名理取代歷史事實的具體研究。如果忘卻史志必須「始卒不逾期驗之域」，那麼，結果只能是「微言以致誣，玄議以成惑」。爲使歷史研究眞正做到始終不離期驗之域，他主張凡歷史記錄有遺缺者，決不妄意其事；凡歷史記載互相矛盾者，抽史者應如法吏聽兩曹，辨其成獄；「三統迭起不能如循環，三世漸進不能如推轂」，不可預製成型類例，顚倒割裂事實以牽就之，「世人欲以成型定之，此則古今之事得以布算而知，雖燔炊史志猶可」；史之所記，盡於一區，不知全局，不可妄加評議㉑。在晚年，他提出興盛史學當消除五弊：尙文辭而忽事實；因疏陋而疑僞造；詳遠古而略近代；審邊塞而遺內治；重文學而輕政事㉒；繼續堅持了歷史認識不離期驗之域的立場。

由於投身於革命實踐與激烈的政治鬪爭，《中國通史》沒有能够按預定計畫完成。但是，結合實際鬪爭，他在史學這片土地上辛勤耕耘，除去在思想史與學術史方面所作的開拓性工作外，最引人注目的就是他在中國古代政治制度史、古代法制史方面傑出的貢獻。

發表於《民報》第十四號上的〈官制索引〉，包括古代天子居山說、古代官宰爲奴說、法吏起源說，利用古代語義分析和文化人類學知識，說明古之王者，以神道設教，草昧之世，神人未分，天子爲代天之官，因高就丘，爲其近於蒼穹，通於神明，其意在尊嚴神秘；專制時代宰相本皆僕從近臣，古代所貴，唯天子與封君，其非有土子民之臣僚，皆等於奴隸陪屬，名爲帝師，或

㉑ 章太炎：〈徵信論〉，《學林》第二期。
㉒ 章太炎：〈救學弊論〉，《華國月刊》第一卷第十二期。

曰王佐，其實乃佞幸之尤；閹奴備位，本於法吏，太古治民之官，獨有士師，主持訟獄，後世官制皆起於士師；用以證明政府之於生民，其猶乾矢鳥糞之孳殖百穀，百穀無乾矢鳥糞不得孳殖，然其穢惡固自若。求無政府而自治者，猶去乾矢鳥糞而望百穀之自長；以生民之待政府而頌美之者，猶見百穀之孳殖而並以乾矢鳥糞爲馨香。在進行論證時，章太炎運用文化人類學知識和語義分析方法對古代文獻及官名沿革作了解析，作出了奇觚與眾異的結論，表現了理性主義的批判精神對他重新認識歷史起了多麼積極的作用。

在《訄書》修訂本中新增並在《檢論》中改定的〈通法〉一文中，章太炎研究了中夏二千年一統之政，値得給予肯定評價的一些制度。他認爲，中國古代政治制度精善可久者有四種：仁撫屬國；教不奸政；族姓無等；除授有格。另有六種制度都有積極意義：秦皇身爲天子，而子弟爲匹夫；漢世帝有私產，不異編戶，與國家財政分開；郡縣自治，與議民圖事，公民參知郡縣政事；新與晉、魏、隋、唐識均田之爲效，同時使商工百業各自以材能致利，是故有均田，無均富，有均地著，無均智慧；朱梁不任奄寺，使趨走禁掖者亦絕；明代布政使、按察使、都指揮使三司同位，使司法與行政、治戎與佐民異官。其他如唐代詩歌無所忌諱，得盡見朝政得失、民間疾苦，亦可師法。在發表於《民報》第二十三號上的〈五朝法律索引〉中，章太炎評述古代法律，認爲漢、唐二律皆刻深不可施行，上至魏下訖梁五朝之法則寬平無害，其中重生命、恤無告、平吏民、抑富人諸法，皆可借鑑。特別是部民殺長吏者悉同凡論，官吏犯杖刑者論如律等，損上益下，抑強輔微，可助溫故知新。《訄書》修訂本〈官統〉上、中、下及〈刑官〉等篇，從中國古代官制的沿革，作了與〈通法〉、〈五朝法律索引〉精神相一致的結論。

在《訄書》和《檢論》中，章太炎還以許多篇幅研究了中國古代政治制度中特別黑暗的一面。〈原法〉評董仲舒引經附法，「好舍事狀，而占察人之心術。反脣之誅，腹誹之刑，爲人主一己便，而教天下諂諛。」〈商鞅〉斥公孫弘、董仲舒、張湯、趙禹之徒，專以見知腹誹之法震怖臣下，誅詛諫士，艾殺豪傑，以稱天子專制之意，任天子之重征斂、恣調發，終於盜賊滿山，直指四出，上下相蒙，以空文爲治。漢代以來，儒生爲吏，多傅會《春秋》尊王大義，恣君抑臣，使人君尊嚴若九天之上，平民百姓若九地之下，宋代孫復、胡安國等人就是這類儒者突出的代表。章太炎直斥他們爲「愚之尤」。

重視中國古代政治制度史、法制史的研究，目的是爲了能夠根據中國的實際，參照歷史的經驗，找到在中國進行政治變革、實行法治的適宜形式。章太炎在〈中國通史略例〉中指出，各種制度的沿革，儘管不能表現紛紜繁複的人事，卻直接聯繫著社會興廢、國力強弱，而制度當然不僅限於政法。〈中國通史目錄〉共列種族典、民宅典、浚築典、工藝典、食貨典、文言典、宗教典、學術典、禮俗典、章服典、法令典、武備典等十二項。章太炎自謂這十二個方面「人文略備，推迹古近，足以藏往矣」，並稱歷史人物的研究，也應當選擇「有關於政法、學術、種族、風教四端者。」

在中國古代制度史研究中，對於民宅、工藝、禮俗的注意，是章太炎新史學拓建的又一貢獻。

民宅，主要是研究地理環境的作用。〈尊史〉寫道：「記曰：廣谷大川異制，民生其間者異俗，剛柔、輕重、遲速異齊，五味異和，器械異制，衣服異宜，修其教不易其俗，齊其政不易其宜。」人們生活於不同地理環境之下，會形成相互有異的習俗、風氣。《國故論衡》卷下首篇〈原學〉劈頭就說：「荷蘭人善行水，日本人善候地震，因也。山東多平原大壇，故騶魯善頌禮；關中四塞便騎射，故秦隴多兵家；海上蜃氣象城闕樓櫓，怳忽變眩，故九州五勝怪迂之變在齊稷下，因也；地齊使然。」寒冰之地言齊肅，故正名隆禮興於趙；暑濕之地言舒綽，故並耕興於楚。在《菿漢微言》中，他又比較印度與中國，認爲印度氣候溫燠，穀實易熟，裘絮可捐，生業非所亟，故出世之法多而詳於內聖，中國廣土眾民，競於衣食，故學者以君相之業自效，以經國治民利用厚生爲職志，世間之法多而詳於外王。如此等等，正如他在《訄書》修訂本首篇〈原學〉中所說：「夫地齊阻於不通之世，一術足以杚量其國民。」自然不能忽視地理環境的影響。當然，在世界各地互相交往、聯繫日益密切以後，它的作用便會減弱：「九隅路達，民得以游觀會同，斯地齊微矣。」

在近代中國，章太炎是最早注意到生產工具和生產技藝的改變在歷史發展中的作用的學者。他在《訄書》初刻本、修訂本及《檢論》中都收入的〈原變〉中說：「物苟有志，強力以與天地競，此古今萬物之所以變。變至於人，遂止不變乎？人之相競也，以器。」《訄書》修訂本〈尊史〉特別表彰《世本》設〈作篇〉，認爲將械器製作、工藝發明列爲歷史研究重要任務，有助於了解其沿革，有助於技藝械器的保存、交流、傳播、進步，有利於人們揖其民力，更相爲師，結爲羣體，發揮合羣之利，所以，他高度評價左氏〈作篇〉之學，「足以遠監宙合，存雄獨照，不言金火之相革，而文化進退已明昭矣」。

對於禮俗演變過程的注重，章太炎前後也有數十年。《檢論》卷二〈禮隆殺論〉：「傳曰：『禮，經國家，定社稷，序民人，利後嗣。』此非獨官制、刑法、儀式云云也。闓置善人，愼固封守，一切會歸於禮。其在俍俗，大者務施報，次即尊賢敬老。是之不務，而責靑黃黼黻之間，故《老子》云『禮者，忠信之薄，而亂之首』也。」正是基於這一認識，《訄書》修訂本〈訂禮俗〉從衣食住行等各個方面硏究了古今禮俗的變化。

對於歷史人物及其事迹的重新鈎沉淸洗及重新評價，是章太炎新史學實踐的又一重要方面。許多亡靈被他召喚來鼓舞人們的鬪志，激勵人們積極進取。在硏究中國政治制度史、法制史、思想史、學術史、禮俗史時，他力圖衝破傳統的偏見，給各主要代表人物實事求是地作出估價。他還根據現實鬪爭的需要，通過有關歷史人物的評析廓淸是非，使人們對未來有更淸楚的認識。對商鞅、秦始皇、曹操、劉裕等人的評論，便最爲典型。

「商鞅之中於讒誹也二千年，而今世爲尤甚。」《訄書・商鞅》對此憤憤不平。與傳統看法相反，章太炎高度評價商鞅變法能够抓住根本，糾其民於農牧，使游惰者傅井畝，致使家給人足，道不拾遺，無所愧是一個知有大法的政治家。商鞅魁壘骨鯁，雖君主、太子亦不容違法，以刑維其法，卓有成效，更證明將抑奪民權、使人君縱恣歸罪於法家，是惑於淫說。〈秦獻記〉與〈秦政記〉所論是秦始皇，一反末俗之見，評定「古先民平其政者，莫遂於秦。秦皇負扆以斷天下，而子弟爲庶人。所任將相，李斯、蒙恬，皆功臣良吏也。後宮之屬，椒房之嬖，未有一人得自遂者。……藉令秦皇長世，易代以後，扶蘇嗣之，雖四三皇、六五帝，曾不足比隆也。」文章特別強調：「秦政如是。然而卒亡其國者，非法之罪也。」對焚書坑儒，章太炎也作了具體分析，說明焚書本秦舊制，坑儒猶漢世黨錮之獄，並非其法令必以諸生為戮。對於商鞅、秦始皇的這些評價，顯示了章太炎堅持歷史進化觀點，不為舊說所拘，以縝密的思想辨明歷史眞相的開拓精神。

評價曹操的〈魏武帝頌〉，評價劉裕的〈宋武帝頌〉，寫於1914年被拘於龍泉寺之時。時袁世凱正在竊國，圖謀復辟帝制，一些人便斥之為以魏代漢的曹操及以宋代晉的劉裕。章太炎認為這對曹操、劉裕太不公平，袁世凱根本無法與他們相比。〈魏武帝頌〉贊揚曹操外抗強敵，內保黎民，「出車而玁狁襄，戎衣而關洛定，登黎獻乎衽席，拚旄倪乎隍阱」，政治上「布貞士於周行，遏苞苴於邪徑」，「信智計之絕人，故雖譎而近正」，以袁世凱比曹操，實屬「胡厚顏而無赬！」〈宋武帝頌〉主題與〈魏武帝頌〉一致，並更直率地斥責袁世凱及其黨羽只是一夥「穿窬滔天，家室相殘，敢奸王命，盜偷左纛」的「么魔」。

章太炎沒有寫出像梁啟超《新史學》、《中國歷史研究法》等史學理論專書及洋洋灑灑一揮數萬、十數萬言的史學論著，也沒有寫出像夏曾佑《中國古代史》那樣數十萬言的歷史教科書，但是，他的許多卓越的見解不僅影響了他的許多門弟子，而且直接給梁啟超等人以啟迪。新史學雖然在章太炎這裏還只初具雛形，比之傳統史學，從內容到觀點，從方法到形式，都已發生了質的變化，卻是毫無疑問的事實。史界革命的口號由梁啟超提出，而上述事實足以證明，章太炎無論在理論上、還是在史學研究的實踐中所做的工作，正是這場革命的一個基本構成部分。

五、傳統思想甄微抉奧的里程碑

章太炎盡力結束經學對於學術發展和人的思想的統治，並不否認中國傳統思想中包含着大量精粹的東西。他不容忍對民族文化的任何虛無主義態度。爲了解中國思想學術發展的客觀過程，爲建設新文化提供豐富的思想資料，他對先秦諸子、兩漢經學、魏晉玄學、隋唐佛學、宋明理學、清代樸學做了大量甄微抉奧的研究發掘工作，爲建立諸子學與中國思想學術史研究新系統、新方法樹立了一座里程碑。

胡適在《中國哲學史大綱》導言中指出，中國「到章太炎方纔於校勘訓詁的諸子學外，別有一種有條理系統的諸子學。」他認爲，章太炎論述諸子學的〈原道〉、〈原名〉、〈明見〉、《齊物論釋》，都是空前的著作。這並非過甚其辭。在中國，從思想史的角度對先秦諸子作批判性的總結，引起人們對這份思想遺產的重視並在分析的基礎上使之光大，確實是從章太炎開始的。

詁經精舍時代，諸子著作已引起章太炎興趣，但當時主要功夫用於訓詁，思想觀念方面只略微涉及，這些成果保留於《膏蘭室札記》。投身維新變法運動以後，他的注意力轉移到諸子思想學說各自的特徵與成就上。起初，他特別重視荀、韓經世治國之術；繼而重點研究墨家與名家、道家的認識論、邏輯推理方法，並且對於老、莊哲學所體現的價值取向、行爲方式產生強烈的共鳴；晚年，又更多地關心儒家的內聖外王之道和道家的治世方策。

章太炎《菿漢微言》自述思想遷變之迹：「少時治經，謹守樸學，所疏通證明者，在文學器數之間。雖嘗博觀諸子，略識微言，亦隨順舊義耳。遭世衰微，不忘經國，尋求政術、歷覽前史，獨於荀卿、韓非所說，謂不可易。」這一階段章太炎研究諸子的成果集中在《訄書》初刻本與修訂本中。在〈尊荀〉、〈訂孔〉、〈儒墨〉、〈儒道〉、〈儒法〉、〈儒俠〉、〈儒兵〉等文中，章太炎倡導「尊荀」，高度評價荀子「以積僞俟化治身，以隆禮合羣治天下」，「科條皆務進取而無自戾」，「其正名也，世方諸認識論之名學，而以爲在瑣格拉底、亞歷斯大德間。」對墨家，章太炎認爲詆其「兼愛」爲「無父」，乃末流之噧言，墨家後來沒落的眞正原因以非樂爲大。對道家，章太炎強調於其清靜之外，更要注意其「將欲取之，必固與之」的統治術在撥亂世、治天下時的作用。對法家，章太炎認爲管仲以刑名整齊國，商鞅貴憲令，申不害主權術，都是「道其本已，法其末已」，儒者之道，不能擯法家。對游俠，章太炎認爲，擊刺者，當亂世則輔民，當治世則輔法，天下有亟事，非俠士無足屬，「今之世，資於孔氏之言者寡也。」資之莫若〈儒行〉所述剛毅特立的十五儒。對兵家，章太炎肯定兵事根源於民之有威力，而治兵之道，莫徑治氣，練民氣爲兵之本。在發表於《實學報》第二册的〈後聖〉一文中，章太炎特別頌揚荀子，反對孟軻學說，針對並世儒者誦說六藝不能相統一，提出「同乎荀卿者與孔子同，異乎荀卿者與孔子異。」這些分析表明，這一時期章太炎研究諸子，目的是在從諸子中吸取各種足以彌補或糾正儒術不足的主張、觀念，以應於時事之急需。他摒棄了許多沿襲多年的偏見，但對各家沒有一一作更爲全面的剖析。

對諸子較爲全面而深入的剖析，始於1906年他在國學講習會演講〈論諸子學〉，《國故論衡》卷下及1915年改定的《檢論》卷三，彙集了這一時期分別研究各家的主要論文。《齊物論釋》是論述莊子哲學的專著，《菿漢微言》中也有許多論述。

〈論諸子學〉對周、秦諸子各自獨立、無援引攀附之事給予高度評價，對漢武定一尊於孔子以後雖欲放言高論猶必以無礙孔氏爲宗則深爲不滿，指出這導致強相援引，妄爲皮傅，愈調和者愈失其本眞，愈附會者愈違其解故。講演反對一人一派思想龐雜，自相牴牾，對不同學派並存則給予充分肯定，指出：欲一國議論如合符節，此固必不可得者。學術進行，亦借互相駁難，又不必偏廢也。至以一人之言，而矛盾自陷，俯仰異趨，則學術自此衰矣。東漢以來，此風最盛。

〈論諸子學〉將諸子分爲五類：儒家、道家、雜家、縱橫家爲一類；墨家、陰陽家爲一類；農家、小說家爲一類；名家、法家各爲一類。對儒家，強調儒生與經師原本有別，前者以致用爲功，後者以求是爲職，漢以後逐漸不別，其病在以富貴利祿爲心，用儒家之道德，故艱苦卓厲者絕無，而冒沒奔競者皆是，用儒家之理想，故宗旨多在可否之間，議論止於函胡之地。對道家，強調其特點是事事以卑弱自持，力不能取，而以智取。對縱橫家，重點說明他們專事游說，而儒與縱橫則相爲表裏。對墨家與陰陽家，重點說明他們都以成立宗教爲其顯著特徵，肯定墨家道德非孔、老所敢窺覦。對法家，指出他們執守稍嚴，臨事有效，但也是以仕宦榮利爲心，所以後來儒家援引法家爲已有，最後儒、法、縱橫殆將合而爲一。對名家，詳細介紹了他們的學說，並將它同儒家、墨家的有關論說作了比較。〈論諸子學〉從理論與實踐兩個方面對諸子作了分析，較之《訄書》，普遍採取了遠爲嚴厲的批判態度。但是，在繼續重視諸子政治哲學和道德哲學的同時，知識論、認識論方面的問題已經被異常突出地提了出來。

《國故論衡》下卷專論諸子，敍述了章太炎對於諸子更爲成熟的認識。先前，出於治世經國的需要，章太炎注意發掘和總結諸子的社會政治學說。出獄東渡以來，他於經世治國之上，更多地注意到人本身的發展。中國的歷史與現實，西方資本主義制度下人的異化，都推動他越來越把人本身的發展作爲衡量各種學說觀點的一個主要基準。正是出於思想的這一轉折，章太炎對他先前曾一直給予積極讚揚的法家學說作了尖銳的批評：「今無慈惠廉愛，則民爲虎狼也；無文學，則士爲牛馬也。有虎狼之民，牛馬之士，國雖治，政雖理，其民不人。世之有人也，固先於國。且建國以爲人乎，將人者爲國之虛名役也？韓非有見於國，無見於人，有見於羣，無見於大體。」也正是基於這同一認識，他對道家特別是老子與莊子的學說給予了遠比過去爲高的評價。他肯定他們音不齊清濁、用不齊器械、居不齊宮室、分界政俗、無令干位的主張，以爲這樣可以使人們各適其欲、各修其行、各致其心，認爲法家未能全面了解老、莊學說，因而法家能令國家齊整，「而不能與之爲人」；倘能吸取莊子齊物之論，以自飭省，「賞罰不厭一，好惡不厭歧，一者以爲羣眾，歧者以優匹士，因道全法，則君子樂而大姦止。」㉓根據這同一精神，章太炎對其他各家也作了與先前不一樣的評價。治世經國，目的是爲了人；一切變革，都應致力於改變「其民不人」的狀況；也正是基於這一要

㉓ 章太炎：〈原道下〉，《國故論衡》卷下。

求，他專門撰寫了〈辨性〉上、下篇，集中分析了諸子關於人性即人的本質的學說。

中國社會大變動和世界性聯繫的發展，要求人們對歷史和現狀，外界和內心，思想和行動都重新加以認識。原先的認識方法、認識手段已不足以把握如此紛繁複雜的認識對象。章太炎在探索新的觀察方法和思維方法的同時，深化了對於諸子認識論的分析、比較、揚棄。《國故論衡》卷下裏的〈原名〉、〈明見〉是兩篇最重要的專題論文。與此同時撰寫並於稍後重定的兩種《齊物論釋》，就這一領域所涉及的各主要問題結合莊子哲學展開闡述了自己的見解。

章太炎思想發展與轉變的新趨向在《檢論》對諸子的評論中更清楚地顯示了它的影響。最大的變化是對儒家、特別是孔子的思想學說作了與先前迥然不同的評價。《訄書》修訂本〈訂孔〉論定「《論語》者晻昧，〈三朝記〉與諸告飭、通論，多自觸擊」，《檢論》中〈訂孔〉題雖未變，卻完全推翻了先前這些論斷，說明自己龍泉寺被幽禁時鑽研《周易》，重籀《論語》諸書，發現孔子於大道深有所得，非孟、荀之所逮聞。孔子提倡忠恕，心能推度曰恕，周以察物曰忠，守恕者，善比類，忠則舉其徵符而辨其骨理。諸所陳說，列於《論語》者，時地異制，人物異訓，不以一型錮鑄，這並非晻昧不明或自相牴牾，道在一貫，只是權議有變而已。爲此，他爲《訄書·訂孔》貶孔子地位於荀、孟之下表示悔吝。對於道家，他批評將老子學說解釋爲媮以苟容、怯以自全，自以爲得老聃之道，實際是未窺其大體。以〈道本〉爲題，他寫道：「最觀儒釋之論，其利物則有高下遠邇，而老聃挾兼之。仲尼所謂忠恕，亦從是出也。」他認爲，道家輔萬物之自然，以百姓心爲心，愼到、申不害、韓非獨聞自然，而不能商度情性，遂至慘覈少恩。這其實也是他對自己先前關於道、法兩家學說的解釋與評價的檢討。

晚年，章太炎將諸子學直接比作西洋所謂哲學，說明外國哲學從物質發生，中國哲學從人事發生，老子、孔子於物質都很生疏。諸子的長處是能够應變，短處是不甚確實。他再檢討：「我從前傾倒佛法，鄙薄孔子、老、莊，後來覺得這個見解錯誤，佛、孔、老、莊所講的，雖都是心，但是孔子、老、莊所講的，究竟不如佛的不切人事。」㉔不過，從總體看，這一時期他對諸子的研究未有新的突破。

爲了從歷史中吸取思想養料，了解思想學術發展演變的內在機制以推動近代中國文化建設，章太炎除去重點研究了先秦諸子學術外，還對秦漢以來中國思想學術的發展作了抉奧鈎玄的研究與總結。

對於秦漢以來中國思想學術的發展，章太炎首先注意的是首尾兩段，卽秦漢魏晉及明淸之際至淸末。《訄書》修訂本中的〈學變〉、〈顏學〉、〈淸儒〉、〈學隱〉，《民報》中的〈衡三老〉、〈悲先戴〉、〈哀後戴〉、〈傷吳學〉，《學林》中的〈五朝學〉、〈非黃〉、〈釋戴〉，代表了他的主要研究成果。

在這些論著中，章太炎指出，每一時代思潮的產生、發展和衰落，都不是偶然的。除去社會、政俗等原因外，每一時代思潮的形成，都同先前時代思潮所固有的矛盾發展運動有着密切關

㉔ 章太炎：〈說新文化與舊文化〉，《太炎學說》上卷。

係，它常常表現先前矛盾發展運動的結果，而它自身的內在矛盾又注定了它不可避免地經由鼎盛而走向衰退，爲新的時代思潮所取代。董仲舒以陰陽定法令，自居爲教皇，使學者人人碎義逃難，苟得利祿，而不識遠略，於是一變而爲揚雄的《法言》，持論切中事理。然而，自揚雄始，追求詞藻華美，終至華言積而不足以昭事理，於是一變而爲王充的《論衡》，敢於懷疑，勇於分析，有所指斥，雖孔子也不廻避。但是，他善於摧陷舊論，卻無樞要足以持守，終致刑賞無章，於是又一變而爲仲長統的〈昌言〉、王符的《潛夫論》、崔寔的〈政論〉，法家重興並取儒家地位而代之。法家檢括苛碎，人們終於不可忍耐，轉而崇尚循天性、簡小節，崇法老、莊，熱衷玄學。正由於採取了這樣一種發展運動的觀點和矛盾分析的方法，章太炎爲秦漢以來思想學術史的研究開闢了一個新的時代，同時，也從古代思想學術的演變中吸取了豐富的養料。對明末清初以來王夫之、黃宗羲、顧炎武、顏元、惠棟、戴震、莊存與等所代表的各派學術所作的分析，具有同樣的特徵與作用。其中最爲突出的，是〈顏學〉高度評價顏元一反程朱陸王之學，重視兵農、水火、錢穀、工虞等實際之學，苦形爲藝，以紓民難，同時批評顏元物物講求實際經驗，概念抽象之用少，將使人嵬瑣於百物之枝梢，並錯誤地以枝梢爲主幹；〈清儒〉評論惠棟等吳派學者好博而尊聞，綴次古義，鮮下己見，戴震等皖派學者能分析條理，上溯古義，而斷以己之律令。這些不同的評價，正顯示了章太炎本人的思想傾向和他從清儒那裏所接受的主要是一些什麼思想學術遺產。

對於宋明理學，章太炎原先一直很少給予注意。《訄書》修訂本〈學蠱〉將宋人不通六藝，不講訓詁，不辨於名理，隨意解經，稱作蠱民之學，以爲它同董仲舒以陰陽定法令爲妨礙中國思想學術發展的兩大魁首。同書〈王學〉批評王陽明立意至單，思想如無組織經緯，強調「古之爲道術者，以法爲分，以名爲表，以參爲驗，以稽爲決，……其後廢絕，言無分域，則中夏之科學衰」。對於宋明理學評價明顯的變化是在章太炎本人思想從經世治國逐步轉向更多地注意人自身的獨立自由之後，大體同他對孔子及老子、莊子評價的轉變同步。這一變化最明顯地表現在〈學蠱〉一文在《檢論》中被刪削而爲〈通程〉一文所取代，〈學蠱〉一段結論「赫赫皇漢，博士黯之，自宋以降，彌又晦蝕。來者雖賢，眾寡有數矣」，在〈通程〉改成「赫赫皇漢，博士黯之，魏、晉啟明，而唐斬其緒。宋始中興，未壯以夭。來者雖賢，眾寡有數矣。」兩個結論，表明章太炎對宋明理學已從原來的總體上否定性評價轉變爲有保留的部分肯定。從《檢論》的〈通程〉、〈議王〉等篇可以看出，他對於宋明理學於儒學之中滲入佛、老之學不以爲非，反倒加以表彰，認爲這有助於彌補往昔儒者本體論、認識論方面的空白，當然，與佛、老哲學相較，他們又都還有許多不足。他評論程、朱、陸、王互相爭軋，其實各有各的用處：程顥、陳白沙主張「天地之常心，普萬物而無心；聖人之常情，順萬事而無情」，氣象如老子的「聖人無常心，以百姓心爲心」，適合於爲君；朱熹一派，比較淺薄，但是對當當地方官做做紳士卻很有用；王陽明言而卽行，敢直其身，敢行其意，有匹士游俠之風，適於用兵。在《菿漢微言》及在這之後寫給吳承仕論宋明道學利病的書信中，他進一步闡述了他這些觀點。

晚年的章太炎評論宋明理學，對朱熹一派多所譴責，認爲朱熹以親民爲新民，以格物爲窮至事物之理，其流曼衍至今，學者偏重物之理而置身心於不顧，致使以身爲形役，倡導新文化新道德，使人淫縱敗常。對王陽明一派學說，認爲能復興孔門子路體兼儒俠之學，起賤儒爲志士，屏唇舌之論以歸躬行，使儒者得以不與倡優爲伍，亦爲當今之急務。系統地說明他這一觀點的是他所撰寫的〈王文成公全書題辭〉及〈後序〉、《菿漢微言》。

對於唐代學術，章太炎先前基本上沒有加以注意。主持《民報》時期，他從倡導建立宗教的需要審視唐代佛學的發展。在東京留學生歡迎會上，他提出要用華嚴宗和法相宗來推動道德和學術的進步。他在演講中說：「這華嚴宗所說，要在普度衆生，頭目腦髓都可施捨於人，在道德上最爲有益。這法相宗所說，……在哲學上今日也最相宜，要有這種信仰，才得勇猛無畏，方可幹得事來。」在《民報》發表的另一篇文章中，他比較漢、唐、宋學術時說：「昔我皇漢劉氏之衰，儒術墮廢，民德日薄，賴佛教入而持世，民復摯醇，以啟有唐之盛。訖宋世佛教轉微，人心亦日苟媮，爲外族併兼。」㉕但是，對於唐代思想與學術，這時他仍未具體評述。被拘於龍泉寺編定《檢論》時，大約爲了完成對中國思想學術史的系統研究，他特別撰寫了〈案唐〉一文，認爲唐代以科舉取士，使魚鹽之士、管庫之吏爲之興，學術方面只有劉知幾之史學、杜佑之政典、陸贄之謀議等有數的成就，其餘文士大多淫爲文辭，過自高賢，不能深達理要，得與微言，說經除《五經正義》外，大都務爲穿鑿。正是基於這樣一些估量，章太炎

㉕ 章太炎：〈送印度鉢邏罕、保什二君序〉，《民報》第十三號。

對唐代思想與學術評價不高。

章太炎對先秦諸子和歷代思想學術的梳理剔抉，確實開風氣之先。儘管他自身的認識前後有不少變化，但是，他所做的工作，使人們也使他自己能够比較客觀地認識中國思想學術發展演變的眞實情況、內在關係和必然趨勢，爲新思想、新學術、新文化的建設，提供了一片經過清理的地基和異常豐富的歷史資源。

文學復古，是意大利「文藝復興」一詞二十世紀初的中譯。章太炎在《民報》第八號上發表的〈革命之道德〉一文中說:「彼意大利之中興，且以文學復古爲之前導，漢學亦然，其於種族，固有益無損已。」他這裏所說的文學，指的是整個思想學術。他倡導漢學的復興，並非爲了回復到古代去，而是爲了藉此作中華民族中興的前導。他對先秦諸子和秦漢以來思想學術的論評衡定，確實爲中國思想學術發展之流做了疏浚工作，成了他所致力的民族振興事業的一個極爲重要的構成部分。

第三章　中國近代化之路的省察

一、經濟轉型的擘畫

通過發展製造工業，使原先手工勞動的小農業生產佔據支配地位轉變爲使用機器的大工業生產佔據支配地，以持續與快速地增進國家生產，加強國家經濟實力，是章太炎投身維新變法運動和倡導革命時那一代絕大多數志士仁人的共識。章太炎沒有受過經濟學專門教育，經濟活動非其所長，然而，既然投身於致力推進中國走向近代化的鬪爭，他就不能不關心經濟領域的衝突與變革。起初，他也曾熱心地倡導過效法遠西經濟發展型式；隨着對中國社會變動實際情況的了解逐步增加，他越來越多地考慮到經濟轉型同社會轉型、國家轉型、文化轉型的內在聯繫，從中國社會轉型、國家轉型、文化轉型所面臨的特有矛盾、特殊要求出發，他對移植西方經濟發展模型於中國產生了懷疑，開始對中國經濟轉型作自具特色的擘畫。

《訄書》初刻本中〈民數〉、〈喻侈靡〉、〈不加賦難〉、〈明農〉、〈制幣〉、〈禁烟草〉等文，比較集中地表達了他早期的見解。

〈喻侈靡〉係據1897年發表於《經世報》的〈讀管子書後〉一文增補而成。〈讀管子書後〉是章太炎公開發表的專論經濟發展的第一篇論文。侈靡，指的是隨着文明的進步人類不斷增長和不斷提高的需求，這是直接針對「存天理，滅人慾」傳統的人生價值取向提出來的，因爲那種人生價值取向抑止人們普遍的慾求，使人們滿足於呰窳偷生的生活，阻礙人們向外追求、征服、競爭、創造，使社會喪失活力。章太炎要求樹立「適其時之所尚，而無匱其地力人力之所生」的新的人生價值取向，認爲文明愈進，智慧愈開，侈靡愈甚，人們便必然要進一步征服自然，工藝將由此而發展，商務將由此而興盛。中國要做到一切械器軌道都藉於煉鋼精鐵，必須以此爲前提。

章太炎敏銳地注意到，人口急遽增加是實現中國工業化的一個巨大難題。他1897年發表於《譯書公會報》的〈論民數驟增〉一文及據此改訂而成的〈民數〉，便專門討論了這一課題。「古者樂蕃遮，而近世以人滿爲慮，常懼疆宇陋小，其物產不足以龔衣食。」向海外移民，「鄰國先之」，前景有限；向內地發展，地質劣化，所容無多；結果，必定是「弱者道殣，強者略奪，終則略奪不可得，而人且略奪之」，爲外人所奴役。爲此，他大聲疾呼，要人們充分注意這一問題的嚴重性。

中國實現工業化所面臨的最大難題是資金的形成。中國沒有西方式的資本原始積累，工業化所需要的巨額資金從哪裏來？〈不加賦難〉、〈明農〉、〈制幣〉三篇文章專論這一問題。〈不加賦難〉要求將各種賦稅收入從供養完全寄生的八旗、羣胡，轉爲通商惠工，使其膏澤沐浴於小民。〈明農〉要求將工商業的發展確立在包括播稼、園圃、漁牧、副業等在內的農業發展基礎之上，以農業補貼工業。「夫天地有百昌以資人用，待商而通，待工而成。……諸農之所隸籍者，一切致筋力以厚其本，則百貨逢涌，不知其所盡，而商旅通矣。」擴大對外貿易，也首先要使農業有個很大的發展。〈制幣〉反對用濫發紙幣的辦法籌措資金，主張發行金銀幣樹立信用，然後再發行紙幣以便利神州之商蔚薈而成大羣，其後可與西商格拒。在這裏，章太炎主張依靠農業的發展來為工商業的發展提供必要的資金、原料和市場。反對對民眾的巧取豪奪，反對完全腐朽、寄生的統治者對本已有限的資金的無端消耗，事實上已觸及中國實現經濟轉型所面臨的中國特有國情這一問題，儘管這還祇是初步，但已顯示出，他關注工業化，同時也關注廣大農民、廣大園夫紅女的命運，試圖找到使二者互相支持的兩全之計。

1902年章太炎在東京與孫中山相聚時曾專門討論了革命成功後改革賦稅制度以保障國家有足够財政收入的問題。在孫中山的啟發下，覺悟到「田不均，雖衰定賦稅，民不樂其生，終之發難。有帑廥而不足以養民也。」為此，他製定了一個〈均田法〉，規定凡土民有者無得曠，凡露田不親耕者使鬻之，不得傭人耕作，凡荒地初闢為露田園池者得專利五十年，凡諸坑治不受限制❶。這場討論以及均田法的設計，表明章太炎在致力於實現工業化時，已經更多地考慮到如何同時實現社會公平，特別是保障廣大農民利益的問題。

1906年再次到東京並同日本社會主義、無政府主義者經常交往後，他對按照西方資本主義方式實現工業化將會帶來的社會矛

---

❶　章太炎：〈定版籍〉，見《訄書》修訂本。

盾、社會衝突有了更爲強烈的感受。他返顧國內，「震於泰西文明之名，勸工興商，汗漫無制，乃使豪強兼併，細民無食。」❷尤其是列強在中國橫行無忌，「礦冶阡陌之利日被鈔略，邦交之法空言無施，政府且爲其胥附」，循此以往，不出十年，必定會導致「中人以下，不入工場被箠楚，乃轉徙爲乞丐，而富者愈與皙人相結，以陵同類。」❸出於對近代化過程中實現社會公平這一目標的追求，特別是「中人以下」各階層命運的關注，他在經濟上提出了均配土田使耕者不爲佃奴、官立工場使佣工得分贏利、限制遺產繼承使富厚不傳子孫、限制政府貨幣發行以免錢輕物重、中人以下皆破產，以及田不自耕植者不得有、牧不自驅策者不得有、山林場圃不自樹藝者不得有、鹽田池井不自煮暴者不得有、曠土不建築穿治者不得有、在官者身及父子皆不得兼營工商等一系列主張❹。究竟如何操作，方可使這些主張付諸實現，在章太炎這裏還屬空白，但是，這些方策的提出，表明章太炎已經深切感到，中國工業化如果不與社會公平的目標結合於一起，社會矛盾的激化，特別是農村矛盾的激化，將反轉過來葬送工業化本身。他從中國社會變革的整體運動中意識到中國經濟轉形不能重覆西方資本主義初期使農村破產、使工人遭受空前盤剝的道路，他所擘畫的方案的主要特徵，就是要求兼顧資本家、農民及僱佣工人三者的利益。在農業普遍發展、農民普遍安定、工人利益得到維護的基礎上逐步實現經濟轉型。

---

❷ 章太炎：〈討滿洲檄〉，《太炎文錄初編》卷二。
❸ 章太炎：〈總同盟罷工序〉，《太炎文錄初編》卷二。
❹ 參見章太炎〈五無論〉，《民報》第十六號；〈代議然否論〉，《民報》第二十四號。

民國建立後，實際從事經濟建設提上了日程。由於同張謇等江浙實業界代表人物經常往還，章太炎在經濟轉型的擘畫中一個顯著的變化，就是明顯地向這些實業界人士和站在他們身後的江浙士紳傾斜。最突出的表現，是他明確反對土地國有，以爲「奪富者之田以與貧民，則大悖乎理；照田價而悉由國家買收，則又無此款，故絕對難行」；對於限制田產，他主張「不能虛設定數，俟查明現有田產之最高額者，即舉此爲限。」❺這是對先前他所主張的「均配土田」的全盤否定。但是，在其他方面，他大體仍然保持他原先設定的方案，比如，他主張對農工商業都要實行累進稅制，限制遺產繼承，凡家主去世後，所遺財產以足資教養子弟及其終身衣食爲限，餘則收歸國家，等等。表明他仍然注意着使經濟轉型與社會公平統一起來。

章太炎一生具體地籌劃經濟建設工作的唯一一次實踐，是任東三省籌邊使時〈東省實業計劃書〉的制定。當時，章太炎經費極少，職員不過數人，但是，他眼見邊民生計日艱，日、俄兩國對東三省虎視眈眈；一心通過興辦實業使這一局面爲之改觀。當時，他派遣自己的秘書、隨員往各路進行調查、勘探、測繪，擬將各黨派成員聯合起來組成籌邊研究會，共同磋商如何發展東北經濟。他自己也不避風寒，履冰踏雪，親自到各地巡視查勘。正是經過了幾個月的辛勤工作，〈東省實業計劃書〉方才制定出來。這一計劃書認爲，發展東北實業，首先要解決財源與交通這兩大難題。「無財用，則重價之物與糞土同；無交通，則出產之貨與埋藏同。」根據東北當時官銀號等濫發楮票、紙錢滿街、俄

❺ 章太炎：〈中華民國聯合會第一次大會演說辭〉，1912年1月6日《大共和日報》。

國羌帖橫行的嚴重情況，章太炎擬建三省銀行，統一紙幣，並通過開辦金礦、收買金砂，鑄造金幣以爲本位。針對建築錦璦鐵路外受俄、日阻撓、內受資金不足牽制的現實，爲找到解決東北交通不便、實業難以興起的簡而易行的辦法，章太炎經過反覆調查勘察，提議根據東北現有條件，應首先發展航運業：一是開浚遼河，去其淤梗；二是開鑿運河，使松花江與遼河二源相通；三是用向除日、俄二國外的英、法、德、美借款的辦法籌措必要的資金❻。由於上下內外各方掣肘，這一計劃未能實施，但章太炎還是力求有所作爲，他同法國方面協商借款，企圖以此爲資本辦起東北實業銀行，結果談判被總統府秘書長梁士詒所破壞。這場東三省籌邊的實踐表明，在接觸發展實業的具體事務時，章太炎在其經濟轉型總構想付諸實施方面，行動是很謹愼的，他力求比較全面地了解實際條件，量力而行，以力求有所成效。

章太炎在編定《檢論》時，對〈明農〉、〈定版籍〉、〈制幣〉等篇作了重要修改與增補，代表了他在經歷了辛亥革命以來的實踐之後，對經濟轉型的新思考。

一個最明顯的變化，是〈定版籍〉一文刪去了原先的〈均田法〉，增補了一段，說明中國方域之內各地土地與人口的比例、土地的佔有和使用狀況很不平衡，各地採取的土地政策也就應當有所區別。邊陲地區土地廣漠，而內地膏腴之地，人均耕地常常只有二畝。「是故寬鄉宜代田，陿鄉宜區田，獨寬陿適者可均田耳。」代田是漢代以來一種相當流行的通過輪流休耕以抗旱保墒、保養地力的土地使用方法。區田是在小塊土地上集中施肥、

❻ 〈東三省籌邊使實業計劃〉，1913年2月25～26日《順天時報》。

灌水、精耕細作的土地使用方法。刪去〈均田法〉而代之以這一新的主張，表明章太炎既不像1902年那樣籠統地主張均配土田，也不像1912年那樣從均配土田倒退到承認土地佔有現狀的限田。他在新的經驗基礎上重新肯定了解決土地佔有不均問題的重要，並考慮到了具體操作時應區別不同情況採取不同對策。

〈明農〉一文繼續強調了中國必須特別重視農業發展的問題。在新增補的文字中，他進一步強調了中國人口眾多，每人消耗的口糧大大超過歐西各國，以此，他斷言：「是故異域得兼貴農商，獨中夏宜專農業。農不勉，人不得不多莩死。」弱者轉瘠，強者剽盜，社會將不得安寧。他還指出，眞正重視農業的發展，需要採取實際措施、實際行動，游士夸肆之言徒以誤事。

〈制幣〉一文在《檢論》幾乎全部重新寫過，題目改成〈懲假幣〉，嚴厲抨擊從清王朝到袁世凱政府，為解決財政困難，都濫發紙幣，造成通貨膨脹，物價急速上漲，貨幣不斷貶值。「名其為幣，其實符券也。……名而當形，畫而當實，未有詐欺若彼其甚者也。」發行紙幣，本可為發展工商提供便利，但是，「多欲之主，乾沒之吏，中夏所不能絕，其志在网利，非在於齎輕易行也」，「其貪過於饕餮，而作偽甚於方士」，所以，紙幣在他們那裏便成了巫師鬼道手中的道具。為解決這一問題，章太炎再次倡導建立金本位制，開採金礦以辟金源。他特別指出，貨幣與其他產品一樣，其價值決定於「役作」即人為之付出的勞動，「功有少多，故直有貴賤」，以金、銀、銅為貨幣正因為包含有確定的勞動量。確立金本位，可以限制紙幣任意濫發。與此同時，他還強調，為抵制西方名器稱材大量進口，防止金銀大量外流，必須採取「惠工」政策，即積極鼓勵和支持發展本國工業，「工飭，則取諸掌握而得，何待異域？」更値得注意的是〈懲假幣〉最後指出：「中夏之大垢者，賈不獲贏，而宦多致暴富。一國之資，其半常在貴戚、幸人。浚民以生，而不任信其國權；又不轉販，其資儲於外人之廛肆，所儲則盡實幣也。是不能誅，驅擯固無窮矣！」在他看來，這些憑藉手中的權力聚斂舉國資財之半的達官貴人，才是紙幣濫發的眞正罪人，而要改變僞幣泛濫的局面，非根本鏟除中夏這些大垢不可。從貨幣不斷貶値現象，他看到了深藏於其後的政治問題；他的對策表明他已更深切地了解到，在中國，經濟轉型的成功無論如何也離開不了政治上一場根本性的變革。章太炎晚年在經濟轉型的擘畫方面沒有多少新的專門論述，《檢論》中的這些文章可以視爲他經過多年思考與反複實踐後作出的結論。

二、尋覓通向政治民主化的中國之路

中國近代化過程中，經濟轉型與政治改革從一開始就緊緊結合在一起。當然，它們都經歷了一個由局部改變到全局性改變、從表層動盪到深層動盪的過程。但是，事實確鑿地表明，經濟轉型的每一個重大步驟，都必然有政治上的改革與之相伴隨，而這些改革又常常是這些步驟得以實現的前提。

政治變革的核心，就是突破傳統的君主官僚專制主義統治體制，探索適應於自然經濟轉向商品經濟、手工小生產轉向機器大生產、封閉型經濟結構轉向開放型經濟結構需要的新型政治體制與新型運行機制。中國傳統的君主官僚專制主義統治體制由高高在上的皇帝、輔弼於左右的宰輔等中央官僚、郡縣等各級官吏、鄉里士紳這四個層面構成，猶如一座高聳的金字塔君臨於整個社會之上，廣大農民與其他民眾，有形無形地都處於這一權力的超經濟強制之中。近代中國政治上的變革，就是要逐一改變這一傳統的權力結構及各個層面自身的運行機制。

維新變法運動醞釀時期，章太炎認爲當時政治上所急需的不是立即建立議院、實行民主，而是取得士民建立團體、對民眾進行啟蒙教育的政治權利。他認爲，建議院、行民主在其時乃是「行未三十里而責其百里」。由於條件尚不具備，驟然行之，議會中紛爭不已，使聽者眩於名實，將使發政格外濡緩，社會上一旦陷入無政府狀態，必致域內搶攘，流血漂鹵，內以便蚩尤刑天，外以便異族荼毒中國。他提出：「學堂未建，不可以設議院；議院未設，不可以立民主。」應當首先致力於發展教育。通過士民組織大批學會，對民眾廣泛進行啟蒙，伸張民氣，可以達致「以教衛民，以民衛國，使自爲守」的目的❼。

經歷了百日維新與慈禧發動的政變以後，章太炎對清王朝不再抱有希望。他企圖藉助「客帝」方案削弱中央政權的權位，藉助「分鎮」方案策動各地封疆大吏自行從事改革。然而，清王朝及各地督撫在八國聯軍之役中的表現很快就打破了他的全部幻想，推動他立志堅定不移地推翻清王朝的統治。革命以後應當建立一個什麼樣的新政權呢？章太炎看到，要遏制統治者的專制，實現立憲，建立國會，都有賴於「民權」確立❽。這時，他意識到，「在今之世，則合眾共和爲不可已。」先前，他強調中國不

---

❼ 參見章太炎〈論學會有大益於黃人亟宜保護〉，《時務報》第十九册和〈變法箴言〉，《經世報》第一册。

❽ 章太炎：〈正仇滿論〉，《國民報》第四期。

具備建立民主政治的條件，短短幾年，他發現：「民主之興，實由時勢迫之，而亦由競爭以生此智慧者也。」義和團初起時以扶清滅洋爲口號，到景廷賓之師起事時口號則易爲掃清滅洋，唐才常策劃自立軍起義時深信英國殖民者，卒爲所賣，廣西會黨起義時則知己爲主體而西人爲客體，章太炎從這些事實中認識到，人們只有在實際鬪爭的教育中才能眞正學會民主與共和，也只有在這樣的實踐之中，建立民主政治的條件才能造就❾。和1897年撰寫〈變法箴言〉等文時相比，他的態度發生了很大變化，他不再認爲中國建立民主政治的條件不成熟。但是，這時，他只籠統地肯定革命實踐本身將爲民主政治在中國的建立創造條件，至於中國民主政治究竟應該採取什麼樣的形式？它究竟應當如何運行？所有這類問題他都還没有來得及仔細考慮。

1906年任《民報》主編後，章太炎和孫中山、黃興等爲行將取代大淸王朝的中華民國作具體設計，對中國通向政治民主化的道路和操作程序，不得不作冷靜的思考。來自梁啟超等人的保皇主義和來自吳稚暉、劉師培等人的無政府主義，從不同的方向衝擊着同盟會建立民國的綱領，對他的思考不斷發出挑戰，推動着他更加認眞地考察西方各國民主政治的實際與中國的國情，力求找到比較理想的答案。

章太炎將眞正獨立自主的個人看成國家的主體，看成必須建立民主政治的眞正基石和社會根源。1907年10月他在《民報》第十七號上發表的〈國家論〉提出三個論點：「一、國家之自性，是假有者，非實有者；二、國家之作用，是勢不得已而設之者，

---

❾ 章太炎：〈駁康有爲論革命書〉，《太炎文錄初編》卷二。

非理所當然而設之者；三、國家之事業，是最鄙賤者，非最神聖者。」他強調，國家爲人民所組合，所以，個體爲眞，國家爲幻，舉凡村落、軍旅、牧羣、國家，形式相差，勢用有異，都非實體，只有各各人民才是主體。他斥責梁啟超及梁所宗奉的德國國家主義學者波倫哈克國家爲主體、人民爲客體的理論，是倡此謬亂無倫之說以誑燿人，與崇信上帝同其昏悖。他反對尊卑有分、冠履有辯、君臣有等的傳統秩序，斷言天地高下本由差別妄念所生，一切分位隨眼轉移，非有定量。他尤其痛惡將國家功業美名歸之元首或團體，堅持國家之事業其作料與資具都是各各人民所自有，其事由人自爲之，歸之元首或團體，其偏頗不均，甚於工場主人之盜利，甚於穿窬發櫃者。他堅決反對故意神化莅官行政。「夫竈下執爨之業，其利於烝民者至多，然而未有視爲神聖者。彼國家之事業，亦奚以異是耶？尸之元首則頗，歸之團體則妄，若還致於各各人民間，則無過家人鄙事而已。於此而視爲神聖，則不異於事火咒龍也。」

與幸德秋水、堺利彥等一批日本革命家的交往，使章太炎受到他們所宣傳的社會主義、無政府主義很深影響。幸德秋水說，當時一批中國革命黨人「對於當前的國會、選舉、商業、經濟都根本不信任，他們對當前的政治組織和社會組織都表示絕望，而要另外謀求人民幸福之途」⑩，章太炎便是他們中的一個重要代表人物。他從日本和其他西方國家的政治現實看到政治眞正民主化，即使在這些國家也沒有做到。「世人矜美、法二國以爲美談，今法之政治以賄賂成，而美人亦多以苞苴致顯貴。……藉令死者

---

⑩　幸德秋水：〈病中漫歎〉，1908年1月1日《高知新聞》。

有知，當操金椎以趣冢墓，下見拿破崙、華盛頓，則敲其頭矣。」⑪議會，本應成爲維護民權的有力工具，可是，卻成了「受賄之奸府」：「選充議士者，大抵出於豪家；名爲代表人民，其實依附政黨，與官吏相朋比，挾持門戶之見，則所計不在民生利病，惟便於私黨之爲」。他明確指出：「有議院而無平民鞭箠於後，得實行其解散廢黜之權，則設議院者，不過分官吏之贓以與豪民而已。」⑫

但是，章太炎並不認爲中國因爲現行中外政治體制存在這些問題便可廢除國家、取消政府。他斬釘截鐵地指出：「無政府主義者，與中國情狀不相應，是亦無當者也。」⑬

章太炎對於中國未來的政治體制作了遠較前一時期爲具體的籌劃。他不贊成在中國建立代議制度。他說，在中國現實情況下，由於幅員太廣，人口太多，議員數目有限，若實行普選，無論是直接選舉，還是間接選舉，或按照文化程度、納稅額實行限選，「進之，則所選必在豪右；退之，則選權墮於一偏」，「是故選舉法行，則上品無寒門，而下品無膏粱，名曰國會，實爲奸府，徒爲有力者傅其羽翼，使得膢腊其民」。他因此耽憂議會建立後，「民權不藉代議以伸，而反因之掃地」。其時，不僅民權主義目標無法達到，民生主義也將無由實現，「若就民生主義計之，凡法自上定者，偏於擁護政府；凡法自下定者，偏於擁護富民；今以議院尸其法律，求壟斷者唯恐不周，況肯以土田平均相

⑪ 章太炎：〈官制索隱〉，《民報》第十四號。
⑫ 章太炎：〈五無論〉，《民報》第十六號。
⑬ 章太炎：〈排滿平議〉，《民報》第二十一號。

配？」⑭

章太炎認爲，對於中國說來，最適宜也最切實有效的政治民主化步驟應當是建立權力分立制度。〈代議然否論〉闡述了這一制度的主要內容：

一、總統由選舉產生。候選人必須曾經擔任地方負責官員或中央國務長官，「功伐旣明，才略旣著，然後得有被選資格。」

二、行政、司法、教育、立法諸權分立。總統惟主行政、國防。司法長官與總統並列，主持官府之懲處與吏民之訴訟。學校獨立，長官亦與總統並列，使民智發越，毋枉執事。立法工作不得由政府與豪右決定，而應由明習法律與通達歷史、周知民間利病之勢者負責，法律旣定，總統不得更改，百官有司毋得違越。

三、採取一系列措施，確定一系列政策，抑官吏，伸齊民。要輕謀反之罪，使民不束縛於上；重謀叛之罪，使民不携貳於國。民無罪者不得逮捕，有則訴於法吏而治之；民有集會、言論、出版諸事，除勸告外叛、宣說淫穢者，一切無得解散禁止，有則得訴於法吏而治之。總之，要止奸欺、遏暴濫、急禍難、宣民意，旣不以少數制多數，也不以多數制少數。

四、通過一系列經濟政策，確實做到抑富強、振貧弱。

章太炎所設計的這一方案，將中國政治上的民主化確立在建立新的權力分立的政治體制及其健康運行上。他期望使權力的配置和使用嚴格地制度化，行政、司法、教育、立法等權力各自職

⑭　章太炎：〈代議然否論〉，《民報》第二十四號。

責分明，彼此之間又能有效地互相制衡，使任何一種權力的掌握者都難以濫用其職權，或將權力用於牟取特殊利益。他要求各種國家權力都由有關領域的社會精英所掌握，同時，又企圖用各種辦法確保全體社會成員對權力結構、政策決定、權力行使的積極參與和有效監督。這方面，他特別強調要確保人民自身集會、言論、出版的自由，以及人民經濟上、利益上的自立自主，使人民眞正成爲利益上、法權上、精神上的主體。

章太炎政治體制的設計，考慮到了政治發展目標的多重性。除去人民的民主、自由、公道、福利、平等外，還有國家的統一、安定、安全、制度化、法律化等。他力求使這兩類目標得到兼顧，尤其是中國的國內狀況與所處的國際環境，決不可爲一類目標而犧牲另一類目標。

章太炎所作出的政治設計，避開了議員政治素質和參政能力參差不齊的問題，避開了政黨遠未成熟、政黨政治一時尙難實行的弱點，避開了選舉議員的諸多實際困難，沒有將民主化的實現推移到人人都成爲聖賢的遙遠將來，而將民主化變成了眼下便可實際操作的具體行動。

武昌起義以後，中華民國很快便宣告建立。章太炎先前所設計的政治體制並沒有付諸實施，革命循著自己的慣性運動，仿效法國、美國，建立了總統、國會、政黨。然而，事實很快證明，新的政治體制並沒有保障民主政治的確立；總統、國會、政黨非但沒有能夠根除或取代傳統的專制政治、官僚政治、軍閥政治，反而成了他們掌中的玩物與用來扼殺民主的工具。在年復一年撲朔迷離、令人眼花繚亂的政治變化中，章太炎對總統、政黨、國會都寄予過希望，然而，希望很快便都破滅了。

民國建立後，人們驟然從政治行爲的傳統模式中脫離出來，爲投身政壇，匆匆結成一大批曇花一現的政黨，實際上是許多政治小集團、一些有抱負的領袖或野心勃勃的政客集合自己的擁護者結成的政治組合，它們之間，或而分裂，或而混合，追名逐利，投機翻覆，增加民國初年政治上的混亂。章太炎於武昌起義初起時，發表過一篇長文〈誅政黨〉，對主張君主立憲的各黨派逐一評論，並將它們與歐美各政黨作了一番比較，說：「歐、美政黨貪婪競進雖猶中國，顧尙有正鵠：政府有害民之政，往往能挾持不使遂行；及自秉政，他黨又得議其後。興革多能安利百姓，國家賴焉。漢土則獨否。蓋歐、美政黨自導國利民，至中國政黨，自浮夸奔競，所志不同，源流亦異。」他當時期望革命成功以後，「中國既安，各依其見爲政黨，內審齊民之情，外察宇內之勢，調和斟酌，以成政事而利國家。」⑮時隔不到一年，1912年8月，章太炎針對活躍在中國政治舞臺上的各政黨的現狀，作出結論：「浹旬以來，默觀近狀，乃知中國之有政黨，害有百端，利無毛末。若者健穩，若者暴亂，徒有議論形式之殊，及其偕在議院，胡越同舟，無非以善騰口舌爲名高，妄擴院權爲奉職，奔走運動爲員才，斯皆人民之蠡蠹，政治之秕稗。長此不息，游民愈多，國是愈壞。」⑯爲此，他也反對政黨內閣，而主張由無黨派者任總理：「吾意政黨內閣，在今日有百害而無一利；兩黨交構，亦有軋轢之憂。」以無黨派者爲總理，各部總長雖數黨雜糅，「調和於無黨總理之下，則意見銷而事舉。」⑰章

⑮ 1911年10月26、28、31日《光華日報》。
⑯ 章太炎：〈與黎元洪論政黨電〉，1912年8月16日《順天時報》。
⑰ 章太炎：〈內閣進退論〉，1912年6月18日《新紀元報》。

太炎對當時政黨的抨擊是符合實際的，但是，政黨正是政治意識增強、參政行爲積極化的一種必然的組織形式，取消主義是取消不了它們的，章太炎的主張，並沒有提出整治政黨本身使之逐步趨於成熟的切實措施，結果自然只能流於空論。

總統取代了皇帝。袁世凱、黎元洪、馮國璋、徐世昌，其後還有曹錕，都當了正式大總統。他們都在中央或地方有過主政治軍的經驗，符合章太炎所說的總統候選者所應必備的條件。但是，總統代替君主並沒有使政治民主化隨之實現。這些總統事實上一一都成了官僚統治、軍閥統治的總代表。袁世凱還冒天下之大不韙徑直復辟帝制。章太炎從血淋淋的事實中痛切地感到：「民國成立，輒曰維持現狀。……據兄弟看來，民國非維持現狀，乃維持現病耳。若坐視腐敗專制之病常存留中央，則民國共和終成夢想。」爲此，他提出：「今日吾革黨對於建設民國一問題，當仍以猛進的手段，循文明的步調，急求破壞專制惡根，拚命力爭共和二字，此後方有建設可言。」⑱他在《檢論》中新增了一批總結辛亥革命失敗經驗的文章，指出武昌起義後勝利來得過分容易，沒有給腐敗專制勢力以應有打擊。「人民見其成功之易，其他小事謂愈可以僥倖得之」，腐敗專制勢力「以爲貪殘不足以喪望實」，愈加肆無忌憚，遂使革命改制之業半途而廢⑲。這種根深柢固的腐敗專制勢力，他強調「不剛制則不去」⑳。對於設置總統一職的體制本身，章太炎也逐步產生了懷疑，建議用瑞士的合議制與蘇俄最高蘇維埃主席團制取代總統制。他說：「大總

⑱ 〈國民黨歡迎會記〉，1913年4月26日《民立報》。
⑲ 《檢論》卷九〈大過〉。
⑳ 《檢論》卷九〈近思〉。

統一職，爲殉權者所必爭，民國十一年中，亂事數起，皆由爭此大位而成，如投骨然，引狗使相噬也。……然則大位之引爭端，實與帝王無異，顧其害則較帝王尤劇。」他認爲，這些年來曾居元首者無過三種人才：一者梟鷙；二者狂妄；三者仁柔；或威福自專；或將相上逼；或游移於二者之間。而若採用合議制，「以諸委員行之，員額既多，則欲得者自有餘地；權力分散，則梟鷙者不得擅場；集思廣益，則狂妄者不容恣言，而仁柔者不憂無助。是故當其選舉也，則爭不至於甚劇，及其處機也，則亂不至於猝生。自是而後，禍亂庶幾少弭矣。」㉑

對於國會，1924年初章太炎致書章士釗說：「吾前在日本，逆知代議制度不適於中土，其後歸國竟噤口不言者，蓋以眾人所咻，契約已定，非一人所能改革，且國會再被解散，言之懼爲北方官僚張目，故長此默爾而已。」但是，現再也不能緘口不語了。國會的問題不僅如〈代議然否論〉所指陳者，由於過半數以上議員作奸犯科，「欲使全國之選舉區並起而撤回之，則勢有所不成；欲使法廷起訴，法吏雖強鯁有力，亦懼傷國體而止耳」，這樣，便導致百務停滯，動轉不便。國會根本不能代表民意，不能發揮監督政府及官吏的作用，爲此，章太炎建議將選舉元首、批准憲法之權還之國民，另設給事中以監督政府，對各部提出的擬案加以審核可否，設御史以監督官吏，查察百吏曖昧之事，加以彈劾。給事中、御史的產生，一要經過考試，產生及格者；二要經過選舉，使及格者互選；三者產一，然後再由政府加以任命。給事中、御史任職都有一定年限，「無使長久淹滯，以失鋒

㉑ 〈弭亂在去三蠹說〉，《章太炎政論選集》下册，中華書局1977年版，第758～759頁。

利之氣。」他還指出:「給事中、御史二名,有帝王侍從官之嫌,宜取其實而更其名。」[22]

中國政治民主化進程確實是千迴百轉,歷盡艱辛。章太炎追求政治民主化的思想歷程及其實踐表明,在中國這樣一個絕大多數人口都還繼續停留於古代,近代化、現代化程度還很不高的國度裏,機械地移植西方國家的代議制度、政黨制度,企圖使政治民主化一蹴而就,是不現實的;但是,藉口國民素質過低,藉口秩序、統一、穩定而將政治民主化推向遙遠的將來,或者將民主化的實現寄託於某一個獨裁者的雄才大略與開明,那只能使中國繼續甚至變本加厲地沉淪於專制主義的深淵。章太炎在反覆的探索和痛苦的經驗教訓中,努力尋覓一條能够有效地推進中國現代化的現實之路。他的設計儘管有不少疏漏,卻一直緊扣中國民眾、政黨、官僚的實際情況,在新的政治體制的構建及其操作程序的制定上不乏創見。近代以來,中國社會的近代化運動事實上經常處於農民運動的包圍之中,而這種農民運動,很大部分依然根植於傳統的社會矛盾,屬於舊式農民運動的再版。這種農民運動,傾向於行政權力支配社會,傾向於服從一個高高在上的絕對權威,並不斷製造出爲廣大農民所頂禮膜拜的英雄人物。政治民主化運動如何與農民運動相銜接,化阻力爲助力,不使兩者發生激烈的撞擊以致破裂,而因勢利導,使政治民主化發揮主導作用,又能比較順利地在農民運動中廣泛地伸下自己的根鬚,這是章太炎以及他的同時代的佼佼者們還沒有清醒地加以認識,更沒有眞正加以解決的一個關鍵問題。包括章太炎在內,他們所設計的各

---

[22] 章太炎:〈與章行嚴論改革國會書〉,《華國月刊》第一卷第五期。

種政治體制的致命缺陷也就在於此，這也是他們的努力經常不能得到應有成果的根本原因所在。

三、人的解放的蘄求與彷徨

人的解放，實際同經濟轉型、國家轉型從一開始便緊密結合在一起。人的解放的核心是人自身的近代化，使人從傳統的倫理宗法、等級屈從、超經濟強制中解脫出來，成爲具有獨立化人格以及與之相應的感情、趣味、意向、思維方式、行爲樣式的近代人。對於人自身的這種解放，章太炎比之同時代其他人一直更爲重視。他在《訄書》初刻本中以〈明獨〉名篇，爲個性解放、個性獨立、人的自由發展而吶喊，直率地視家族、宗派等種種舊式的「小羣」爲「大羣之賊」，要求人們不再像蟣蚤一樣麕聚在一起，而要成爲勇於獨立思考、敢於立異於流俗的「大獨」者，宣稱只有這種「大獨」精神才是「大羣之母」，眞正孕育出近代化的社會這一個「大羣」，顯示了他對人格獨立化的特殊深刻的認識。爲了深入探求人的觀念、心理、素質、秉性形成、演化、轉型等問題，章太炎在投身社會變革洪流之後的每一重要階段，都對人性、人的本質等問題作了專門研究。章太炎在這一方面鍥而不捨的執著追求和他在理論上獨特的樹建，構成了他審察中國近代化之路一個極爲鮮明的特色。

對人性、人的本質問題的首次專門考察，是1899年發表於《清議報》的〈儒術眞論〉、〈菌說〉等文。

在這些文章中，章太炎指出，在地球上，有機物是由無機物轉化而來的，高級動物又是由最簡單的微生物進化而來的。人由類人猿進化而成，是自然界發展的產物。人自身的繁殖，是精子與卵子相結合的自然生理活動。所有這些進化與發展，都是它們自身內在的愛力與離心力、吸力與驅力相易、相生、相摩的必然結果。人的這種自然屬性沒有任何神秘之處，因之，不應當像譚嗣同那樣用邈無倪際的仁、性海、靈魂來在人的自然屬性之外另覓人性實體。

人於自然屬性之外，還有社會屬性。章太炎認為，人的自然屬性是人性由以形成的根基，而人性的眞正形成與發展，則有待人在社會生活實踐中接受薰陶、教育和加工。「一人之行，固以習化；而千世之性，亦以習殊。」「學習可以近變一人之行，而又可以遠變千世之質。」社會環境與社會教育在這裏起著決定性作用。文明之民是從野蠻人發展進化而來的。一旦離開了文明社會，長時間生活在完全閉塞的深山野林之中，就難以避免退化到野蠻狀態中去。「萬物之勝負，決於智而已矣。」人只有在社會生活中充分發揮自己的聰明才智，才能使人性獲得進步而趨於完善。凡是昧弱者、昧勇者，都不能與智勇者相抗。人只有「合羣明分」，將社會性與個性統一起來，充分發揮每一個社會成員及整個社會羣體的積極能動力量，不斷提高自己的智力水準和發揮程度，才能眞正自立於世界，自立於未來。

因《蘇報》案繫獄上海期間，章太炎苦讀佛典，結合自己爭取人格自由與獨立的實踐，在人的自由和不自由、人的自利性和社會性問題上有了新的認識。他深切感到：「天下無純粹之自由，亦無純粹之不自由。何以言之？饑則必食，疲則必臥，迫於物理，無可奈何，雖昌言自由者，於此亦不得已，故天下無純粹之自由也。投灰於道，條狼所遮焉；便利於衢，警察將引焉；有法制在，而不得不率行之，則喜其自由矣。雖然，苟欲自由，任其苛罰，亦何不可！今自願其自由，而率從於法律，即此自願亦不得不謂之自由，故曰天下無純粹之不自由也。」人們的自由不可能不受到自然法則與社會法制的制約，所以不可能有純粹的自由；但一旦確定依循自然法則和社會法制，人們的自由雖然受到限制，卻絕非純粹的不自由。人的自利性與社會性的關係和自由與不自由的這種關係相類似。「自利性與社會性，形式則殊，究極則一。離社會性卽無自利，離自利性亦無社會。」人與人之間，「非障礙者固亦不戕，雖障礙者以欲除其障礙之事，而不得不戕其人，所戕者人，所欲戕者在事，是故事無障礙，則同類意識如故。」掃除妨礙人們獨立自由者，正是體現了人的自利性與社會性的這種對立與統一[23]。這些認識顯示了章太炎思想的深化。

主編《民報》時，他對西方資本主義式的近代化所形成的新的社會衝突有了強烈的感受。對於人性、人格獨立化，他都有了新的體會。發表於《民報》第七號上的〈俱分進化論〉，是他接任《民報》總編輯後發表的第一篇論文，闡述了他對人性問題的新認識。

章太炎認爲，黑格爾所謂世界之發展卽理性之發展者，乃是進化論的萌芽。其後，達爾文以生物現象爲證，斯賓塞以社會現象爲證，使進化論得以確立。他們都以爲進化的終局目的，將是到達盡美醇善之區。赫胥黎已憂慮人口日增，所以給其欲求者有所不足，將導致相爭相殺；叔本華更爲悲觀，以爲無止境地求

---

[23] 〈章太炎讀佛典雜記〉，《國粹學報》第三號。

樂，將會導致苦因以愈多；這些都是對人是否能够進化到盡美醇善之區的深刻懷疑。對於這兩種觀點，章太炎都不完全贊同。他說：「進化之所以爲進化者，非由一方直進，而必由雙方並進，專舉一方，惟言智識進化可爾。若以道德言，則善亦進化，惡亦進化；若以生計言，則樂亦進化，苦亦進化。雙方並進，如影之隨形，如罔兩之逐影。」太古草昧之世，人們以爭巢窟、競水草而相殺，主要利用簡陋的原始武器；可是，隨著社會進化、武器改進，現今已一戰而伏屍百萬，蹀血千里。歐洲各國，貴族平民之階級、君臣男女之崇卑已日漸劃削，人人皆有平等之觀，這當然是社會道德進之於善的表現。但是，以物質文明之故，人所尊崇不在爵位而在貨殖，富商大賈與貧民不共席而坐、共車而出，這顯然又是社會道德進於惡的結果。據此，他斷言：「曩時之善惡爲小，而今之善惡爲大；曩時之苦樂爲小，而今之苦樂爲大。……進化之實不可非，而進化之用無所取。」

〈儒術眞論〉、〈菌說〉中對於文明進化、人逐步獨立自由、人性日趨完善的熱烈謳歌，現在爲一種深刻的懷疑主義情緒所取代，由此，他專注於發掘人性內在的矛盾。

善惡何以並進？章太炎認爲，首先是由於人具有熏習性，在後天條件熏習之下形成的善惡種子將與人原先無善無惡的本有種子相混雜，「種種善惡，漸現漸行，熏習本識，成爲種子，……種子不能有善而無惡，故現行亦不能有善而無惡。生物之程度愈進而爲善，爲惡之力亦因以愈進。」其次是由於人具有我慢心，由此而產生好眞、好善、好美、好勝之念。「眞、善、美、勝四好，有兼善、惡、無記三性，其所好者，不能有善而無惡，故其所行者，亦不能有善而無惡。」

苦樂何以並進？章太炎認爲，人生之苦，最爲突出的是怨憎會苦、求不得苦、愛別離苦；社會愈是發展，這些苦將因感官愈敏而感覺愈切，因衛生愈善而感苦愈久，因思想愈精利害較著而慮未來之苦愈審，因資具愈多而得苦之處愈廣。舉凡感官愈敏、衛生愈善、思想愈精、資具愈多等等，都有助於樂的增加，但是，事實證明苦樂相資，必不得有樂無苦，而且，苦樂「其並進之功能，蓋較善惡爲甚矣」。

從善惡、苦樂並進兼行的社會現實，章太炎注意到了人性包含深刻矛盾；社會自身的矛盾衝突如何解決尚缺乏明晰的方略，對於人性在文明演進過程中矛盾發展就很難尋找到解決的方法。正因爲如此，章太炎對人性的發展不再充滿希望與信心。但是，他不主張消極的逃避。他說：「以世界爲沉濁，而欲求一清淨殊勝之區，引彼眾生，爰得其所，則不憚以身入此世界，以爲接引眾生之用，此其志在厭世，而其作用則不必純爲厭世。」據此，他主張根據人性的這一基本特徵，隨順進化，「使斯世趨於爲鬼爲魅，則自阸窮而知所返」，同時，「期望於進化諸事類中，亦惟擇其最合者而倡行之」，這就是倡導「其法近於平等」的「社會主義」。

〈俱分進化論〉是章太炎流亡日本之初撰寫的一部重要著作，其後幾年，他一直繼續注意探究人性及人的改造等問題，努力使他在〈俱分進化論〉中形成的認識進一步深化。這一時期研究的成果，集中在《國故論衡》卷下的〈辨性〉上、下篇中。

章太炎強調，萬物都沒有絕對不變的本性。他說：「萬物無自性」。所謂自性，「不可變壞之謂」。他解釋道：「情界之物，無不可壞；器界之物，無不可變，此謂萬物無自性也。」情界，指生物界；器界，指無生物界。他確認，人、人性，也不例外。

比之〈俱分進化論〉，〈辨性〉通過人自身的感情活動、思維活動的內在衝突及其同外界環境的關係，更周密地解釋了人性的形成及其變遷過程。文章將人們的感情活動歸結爲「我愛」與「我慢」這樣一組矛盾既相依存又相對立的運動；將人們的思維活動歸結爲另一組矛盾即「我見」與「我癡」、既相依存又相對立的運動。他說：「人心者，如大海，兩白虹嬰之，我見、我癡是也；兩白蛟嬰之，我愛、我慢是也。彼四德者，悉依隱意根。由我見，人有好眞之性；由我愛，人有好適之性；由我慢，人有好勝之性。責善惡者於愛慢，責智愚者於見痴。」所謂「我愛」，《成唯識論》釋爲「於所執我，深生耽著」，在章太炎這裏，代表了追求幸福安樂的本能慾望；所謂「我愛」，《成唯識論》釋爲「倨傲，持所執我，令心高舉」，在章太炎這裏，代表了「求必勝於人」的自發情緒。「我癡」與「我見」，《成唯識論》釋爲「愚於我相，迷無我理」與「於非我法，妄計爲我」，在章太炎這裏，二者不僅分別指執持自身的肉體與關於我的種種觀念爲實體的偏見，而且指意識中愚與智的差異。我愛、我慢、我見、我癡，都「依隱意根」，即都是人的肉體存在的自然屬性，它們各自相反而相成，共生共存，彼此不可分離。章太炎利用唯識學的這些概念通過自己的解釋來闡明他對人的本質或人性的新認識。

章太炎認爲，由人的肉體存在而產生的我愛與我慢，形成人審善、審惡兩種品質，並由此形成人與人之間相和相競的關係。

當人成爲社會存在的時候，由於後天環境的作用，則形成僞善、僞惡兩種品質，並由此形成人與人之間更爲複雜的關係。

審，原意是本能的、原發的、不求報施的，「任運而起，不計度而起，故謂之審。」所謂審善，指不待師法教化生來就有的誠愛人的感情，如今人乍見孺子將入井，便有怵惕惻隱之心。這是因爲人們知人人皆有我，故推我愛以愛他人。所謂審惡，指不爲聲譽權實而存在的一往勝人之心，如一般人爲了娛樂消遣而弈棋，攻刼防守務於求勝。「我慢足與他人競，我愛足與他入和。」「慢之性使諸我相距，愛之性使諸我相調。」人與人之間由此自然地形成了互相排拒又互相諧調的關係。

僞善、僞惡之僞，並非虛僞之僞，它所指的是爲著特定的目標有所選擇而採取的行動。「計度而起，不任運而起，故曰僞。」有爲而爲善，如爲了納交要譽、升天成佛、作聖爲賢，或爲了實現道德準則而做一些利益他人的事，都是有所爲而發，是僞善。反之，有爲而爲惡，如饑寒交迫使人爲盜賊奸邪，無所施寫而使人淫亂，以人之墮我聲譽權實而殘殺，都是因爲有外在的客觀原因，是後天形成的，不是根源於人的自然本質，則是僞惡。

章太炎認爲，由於人的自然存在而必然產生的審善與審惡一般不易改變，而由於人的社會存在必然產生的僞善與僞惡，則因爲社會教化與社會環境的變化，較易加以改變。改造人性、人的本質，主要不是改造前者，而是改造後者，發展人的「僞善」，減少或去除「僞惡」，這就是用後天的、由人的社會存在而形成的有目的、有準繩的善來克服社會環境誘迫人作出的種種惡行。要使人不爲盜賊奸邪，就要消除饑寒的脅迫；要使人們不再互相殘殺，就要使聲譽、權力、實利不再成爲人們爭奪的目標；通過推進僞善，消除僞惡，改造人的本質便同社會存在、社會環境自身的改造聯繫到一起。

人的後天的品質、心理、感情、慾望的改變，對於人由於自然存在而產生的本能的情感、慾求也會產生影響。章太炎認爲，後天的善行可以抑制本能的惡慾，後天的惡德可以壓抑本能的善意；反之，本能的善意在一定場合也可能限制後天的惡行，本能的惡意在一定場合則可能會損害後天的善行；而本能的善意與後天的善行相結合，後天的惡行與本能的惡意相扶持，善與惡則會向極端化方向發展；這就是「以審善惡遍施於僞善惡，以僞善惡持載審善惡，更爲增上緣，則善惡愈長，而亦或以相消。」僞善、僞惡的不斷積累，還可以使人的本能屬性逐漸發生變化。「僞善者，謂其志與行不相應。行之習，能變其所志以應於行，又可以爲審善。」僞善的不斷積累，有可能逐漸轉化爲審善，這就是說，人的本能的屬性經過人自身的不斷努力，也有可能進化。爲此，他批評叔本華人性問題上的悲觀主義說：叔本華「以爲惡不可治，善不可以勉就，斯過矣。」

從「我見」與「我癡」的矛盾運動，章太炎研究了人的社會存在、社會環境、人自身的努力對於人的智力發展以及人性變易的影響。這是〈俱分進化論〉未及詳論的。

章太炎認爲，後天的教育與環境會促進人的智力的發展，但是，這種發展不是單向的。與〈俱分進化論〉肯定智力進化爲一方進化不同，他指出，由於我見與我癡相倚而存，智與癡相共而立，人逐步從不開化進到開化，從文明程度較低進到文明程度較高，智力水平有了提高。同時，非智、反智傾向常常也要相應地增長。最明顯的證據，就是文教發展時，人們除「知相」即通過感性直觀了解事物外，還能「知名」，即通過概念與抽象認識事物，這顯然是智力的進步，但是，人們在通過觀念形態加深對事物的認識的同時，常常會反轉過來爲這些觀念所控制。例如，徼神教、徼學術、徼法論、徼位號、徼禮俗、徼書契，對人本身製造出來的神靈、學術、國家、等級名分、禮教習俗、書本符號等加以崇拜，將觀念的東西錯當作實體，這是只藉助感性直觀來了解事物者所不會犯的錯誤。所以，章太炎斷言：「就計所習，文教网固多智，以其智起愚，又愚於蝡生之人。」

既然見與癡固相依，其見愈長，其癡亦愈長，那麼，是否終無正見之期呢？章太炎認爲，名言之部，分實、德、業，猶體、相、用，表現這些不同內容的概念、範疇，約定俗成，故不可陵亂，實不可爲德、業；德、業亦不可爲實，即體不等於相、用，相、用也不可被當作體本身。對於被當作實體的種種觀念，「知其假設而隨順之，爲正見；不知其假設而堅持之，謂之倒見。」這就是說，人們必須時時警惕見離不開癡，決不可迷信、執着和屈從自己創造出來的觀念、偶像，把它們崇奉爲永恒不變的實在，人的思維和思維著的人方才能够從被動轉爲主動，從不自覺轉向自覺。同時，這也充分表明，人性、人的本質，永遠都是一個我愛與我慢、我見與我癡的矛盾統一體，既不可能是絕對的惡，也不可能是絕對的善，追求絕對完美是荒誕的。

中國傳統的人性學說，章太炎分作五類：告子主張人性無善無不善；孟軻主張性本善；荀況主張性本惡；楊雄主張人性善惡相混；漆雕開、世碩、公孫龍、王充以及韓愈主張性善、性惡以人相異，或可分爲上、中、下三品。他評論這些學說道：「五家皆有是，而身不自明其故，又不明人之故，務相斬伐，調之又兩可。獨有控名責實，臨觀其上，以析其辭之所謂，然後兩解。」他認爲，孟子的性善論與荀子的性惡論都是以「意根」卽人的肉體存在，人的自然屬性爲人的基本屬性，但一者只見其我愛、我見這一隅，一者只見其我慢、我癡這一隅，各執其一，故彼此爭訟不休。告子性無善無不善論所說的性，同孟、荀所說的性不同，它不是以意根爲性，而是以構成人的肉體存在的生命運動的本源爲性，它沒有關於自我的意識，「不執我則我愛、我慢無所起，故曰無善無不善也。」楊雄的《法言·修身》主張「人之性也，善惡混，修其善則爲善人，修其惡則爲惡人」，章太炎認爲，楊雄所注意的是人在開始有意識的活動之後，後天的種種條件與活動對人的自然存在所產生的反作用，以及人的自然存在在這種作用下所發生的變化，漆雕開、世碩、公孫龍、王充、韓愈等人善惡以人殊的理論，也同樣是以這種在後天條件影響下所形成的品質爲人的本性。章太炎自詡他的人性學說，可以解決所有這些人性理論相互之間的紛爭，並給它們以合適的歷史地位。

以〈辨性〉與〈俱分進化論〉相較，章太炎以人性爲一矛盾集合體比「進化之實不可非，進化之用無所取」的人性學說，顯然更加縝密了。一邊在努力追求人成爲獨立的利益主體、法權主體、精神主體，一邊又對人性演進的結局抱著極深的懷疑，人格獨立化的蘄求實際上陷入了彷徨失據的境地。這個結章太炎本人畢其生也未能解開。拘禁於龍泉寺時口述的《葑漢微言》及晚年的《葑漢昌言》，都重申了〈辨性〉中所闡述的觀點，而未能有新的突破，便證實了這一點。

中國啟蒙思想家們努力重新估定人的價值，探索人的本質，目的是要通過人的解放推動中國社會走向近代化。它首先是要打破封建傳統強加於人的種種枷鎖。由於中國所面臨的世界已是一個西方資本主義所造成的人的異化已經達於極點的世界，近代化絢麗色彩下殘酷的現實已無可廻避，人的解放眞正的前途究竟何在，對於中國啟蒙思想家來說，答案還在迷濛之中。章太炎從先前氣宇軒昂地呼喚人的解放，到後來深切感到任何個人，無論是作爲自然人而存在，還是作爲社會人而存在，總不可避免地在自己的身上旣具有肯定的力量，卽善的、智的力量，又具有否定的力量，卽惡的、愚的力量，作爲現實的個人，愛與慢的衝突，見與癡的拮抗，無法消除，他找尋不到圓滿的答案，內心充滿矛盾，終於陷於彷徨。最理想的解決也許就是進入無政府、無聚落、無人類、無衆生、無世界的「五無」世界；卽世界完全絕滅，然而，他終究生活於現世之中，他所希望的實際只是「隨順人情，使人人各如所願。」㉔他提不出更爲切實的行動方案、操作手段，與其說是他個人的責任，倒不如說是因爲中國社會本身還沒有形成足以解決這一兩難問題的現實的社會力量。而他敏銳地注意到人的解放所面臨的困境，恰好反映了這位啟蒙思想家在追尋和探究中國近代化必由之路方面，確實在思想的深度與廣度上，超越了同時代其他許多人。

四、建立宗教與道德重整

㉔ 章太炎：〈論佛法與宗教、哲學以及現實之關係〉，《中國哲學》第六輯。

走向近代化，人們難以避免一個精神上迷惘乃至迷失的時期。原先的價值、信仰、規範、道德在近代化的衝擊下動搖了、支離了，新的價值、信仰、規範、道德還沒有建立起來，而且，它們究竟是什麼，應當怎樣建立，這些問題本身還很不淸楚，在這種情況下，精神上一度陷於迷惘當然是很自然的。爲了盡早結束這種精神迷惘與迷失狀態，中國啟蒙思想家們都花了很大的力量於建立新的價值觀念、新的信仰、新的道德。康有爲以中國馬丁·路德自居，倡導建立孔教，是這一努力的一部分；章太炎鼓吹建立宗教，提倡革命之道德，也是這一努力的一部分。

維新變法時期，章太炎面對疆圉日棘、黔首罹瘼的嚴峻形勢，便呼籲發揚「趣死不顧」的精神，冤頸折翼至於菹醢而不悔。百日維新失敗後，一些曾經附和維新的投機文人乘機落井下石，投靠后黨，對維新派人士橫施誣衊，章太炎痛斥他們爲「鴟餘乞食情無那，蠅矢陳庭氣尙驕」㉕；在流亡的一些維新人士中，他也看到許多只知追名逐利，經受不了艱難與挫折的現象，對此，他痛惜地感歎：「蛣蜣思轉丸，茅鴟惟啖肉。新耶復舊耶，等此一丘貉。」㉖唐才常自立軍起義失敗時，「同黨始有告密於諸藩，自戕其爪牙者」，使章太炎痛切地發現，所謂新黨人物，許多人「其所以異於諸耆老者，挾術或殊，其志則非有高下」，所以，他們對於康有爲所作所爲，全憑其競名死利之心，「足以達其所望則和之，不足以達則去之，足以阻其所望則畔之。」㉗

㉕ 西狩（章太炎）：〈梁園客〉，《淸議報》第二十六册。
㉖ 西狩（章太炎）：〈西歸留別中東諸君子〉，《淸議報》第二十八册。
㉗ 章太炎：〈箴新黨論〉，《民報》第十號。

倡導革命後，章太炎更加強烈地感到對於革命者來說，新的價值目標與新的道德修養是何等重要。1906年他在《民報》第八號上發表的〈革命之道德〉一文，對此作了系統論述。

文章指出，綜觀歷代異族入主中原的情況，侵入者不過半壁，全制者不逾百年，中夏即告光復，滿清入關以來，疆域已一統，載祀已三百，川楚起義、金田起義均卒無一成，究其根本原因，實原於中夏道德衰亡。「其衅始於忽微，其積堅於盤石。嗚呼！吾于是知道德衰亡，誠亡國滅種之根極也。」

革命者自身的道德對革命成敗關係尤鉅：「今與邦人諸友，同處革命之世，偕爲革命之人，而自顧道德，猶無以愈於陳勝、吳廣，縱令瘏其口、焦其唇、破碎其齒頰，日以革命號於天下，其卒將何所濟？」文章指出，中國現實與往昔情況有很大不同，「方今中國之所短者，不在智謀而在貞信，不在權術而在公廉」，革命者的道德對於號召團結民眾，對於他們自身確固堅厲、重然諾、輕死生便特別重要。革命者必須重視自身的道德建設，還有一個重要根源，這就是提倡革命者多在通人。「然以成事驗之，通人率多無行。」章太炎認爲：「今之道德，大率從於職業而變。」農人、工人、裨販、坐賈、學究、藝士、通人、行伍、胥徒、幕客、職商、京朝官、方面官、軍官、差除官、僱譯人，「其職業凡十六等，其道德之第次亦十六等」。農人於道德最高，勞身苦形，終歲勤動，奮起反對貪官污吏，就死亦甘之如飴；工人稍知詐僞，然其強毅不屈，亦與農人無異；裨販、坐賈、學究、藝士，道德依次略差，然以上各等，皆在道德之域。「通人者，所通多種，若樸學，若理學，若文學，若外學，亦時有兼二者。樸學之士多貪，理學之士多詐，文學之士多淫，至外學則並包而有之。」他們各因其時尚以取富貴，「卑諂污漫之事，躬自履之，然猶飾僞自尊，視學術之不己若者與資望之在其下者如遇奴僕，高己者則生忌克，同己者則相標榜，利害之不相容則雖同己者而亦嫉之」。爲了推進革命，他們還將借權從事。而行伍、胥徒、幕客、職商、官吏、軍官等等道德水準較之通人更爲低下，革命黨借權於彼，彼則將反過來以其不道德影響通人，終致「縱情則爲奔駒，執德則如朽索，趨利則如墜石，善道則如懸絲」。以這樣的通人倡導革命，革命必難成功。正因爲如此，加強革命黨人自身的道德建設，對革命事業的發展便具有決定性意義。

〈革命之道德〉以爲，對於革命者來說，道德上有四項基本的要求，這就是知恥、重厚、耿介、必信。文章說，於此四者，「若能則而行之，率履不越，則所謂確固堅厲、重然諾、輕死生者，於是乎在。」章太炎認爲，建立革命之道德，特別要克服兩種論調，一是「公德不逾閑，私德出入可也」，二是英雄俊傑親蒞行陣以身殉事乃「天下之大愚也」。對於前一種論調，章太炎指出：「道德果有大小公私之異乎？於小且私者，苟有所出入矣，於大且公者而欲其不逾閑，此乃迫於約束，非自然爲之也。」這一約束，主要就是政府與法律，觸犯者將不免於刑戮。可是，就中國現狀而言，「政府未立，法律未成，小且私者之出入，刑戮所不及也，大且公者之逾閑，亦刑戮所不及也，如是，則恣其情性，順其意欲，一切破敗而毀棄之，此必然之勢也。」革命之世，正是政府未立、法律未成之時，「方得一芥不與、一芥不取者，而後可與任天下之重。」對於後一種論調，章太炎指出，革命還正處於剛剛發動之時，政府未立，革命軍隊未成，壯士烏集，紀律未申，不以一身拊循士卒，共同安危，而欲人爲盡力，必然不能。而且，「今之革命，非爲一己而爲中國，中國爲人人所共有，則戰死亦爲人人所當有」，艱難之事，「爲權首者常敗，而成者必在繼起之人」，只有不避犧牲，爲繼起者作出表率，後人方能追其踵武，取得成功；只要別人以身殉事而自己退縮於後，決非眞正的革命者。

怎樣才能建立革命之道德，並提高全體民眾的道德水準呢？章太炎剛到東京就在留學生的歡迎會上提出「用宗教發起信心，增進國民的道德。」他說：「近來像賓丹（邊沁）、斯賓塞爾那一流人崇拜功利，看得宗教都是漠然。但若沒有宗教，這道德必不得增進。」㉘其後，在發表於《民報》第九號上的〈建立宗教論〉中，他再次強調：「世間道德，率自宗教引生。」由一批僧侶、祭司作出表率，久則延及平民，此時哲學逐漸取代宗教，其後哲學復成宗教。「道德普及之世，卽宗教消鎔之世也。」很明顯，他希望通過建立宗教，確立一種宗教倫理，用以樹立和普及一種爲革命所需的新道德。

中國究竟應當建立什麼樣的宗教呢？章太炎在〈演說錄〉、〈建立宗教論〉、〈論諸子學〉及發表於《民報》第八號上的〈無神論〉、發表於《民報》第十四號上的〈答鐵錚〉等文中，分別評析了儒教、基督教與佛教，提出宗教「要以上不失眞、下有益於生民之道德爲其準的」，認爲就中國現實需要而言，提倡儒教、基督教都不適宜，較適宜者是佛教，而在佛教中又應當有所取捨選擇。

〈建立宗教論〉中指出：「中國儒術，經董仲舒而成教。至

㉘ 章太炎：〈演說錄〉，《民報》第六號。

今陽尊陰卑等說，猶為中國通行之俗。」章太炎認為，儒教或孔教最大的問題是使人不脫富貴利祿的思想。〈論諸子學〉尖銳地批評了從孔子本人開始就湛心利祿，「用儒家之道德，故艱苦卓厲者絕無，而冒沒奔競者皆是。俗諺有云：書中自有黃金屋。此儒家必至之弊。貫於徵辟、科舉、學校之世，而無乎不遍者也。」儒教這一基本特徵，決定了它和革命必然要發生衝突。所以，章太炎〈演說錄〉斷言：「我們今日想要實行革命，提倡民權，若夾雜一點富貴利祿的心，就像微蟲霉菌可以殘害全身，所以孔教是斷不可用的。」

對於基督教，〈演說錄〉中已說：「西人用了，原是有益；中國用了，卻是無益。」原因在於「中國人的信仰基督，並不是崇拜上帝，實是崇拜西帝。最上一流，是借此學些英文、法文，可以自命不凡；其次就是饑寒無告，要借此混日子的；最下是憑仗教會的勢力去魚肉鄉愚，陵轢同類。」隨後，在〈無神論〉中，他又着重論證了基督教所崇奉的耶和華無始無終、全知全能、絕對無二、無所不備，為眾生之父和基督教的創世說自相矛盾，根本不能成立。無始無終是超絕時間的，可是，基督教教義明說上帝創造世界用了七天時間，並確定世界將面臨末日審判，這怎麼能說是無始及無終呢？如果說，這僅是世界之始終，而非上帝之始終，那麼，就要問上帝為什麼忽而要創造世界，忽而要毀滅世界，其心既起滅無常，其人也就必然起滅無常，這又怎麼能說上帝無始無終呢？全知全能，就是無所不知，無所不能，可是，上帝所創造的人卻遠非完美無缺，天魔撒旦與上帝相對立而存在，足證上帝所知所能都是有限的。絕對無二，意思是獨立於萬有之上，可是，上帝既然要創造萬有，就證明上帝之外有本來存在的質料，既另有質料，上帝就不可能獨一無二。無所不備，謂無待於外，可是，上帝既然要創造人類，創造世界，便恰好證明了他正有待於外。上帝爲衆生之父，父者，本是有人格之名，而非無人格之名，上帝既爲有人格者，就和生人一樣具有人的特徵，那麼，他就不可能無始無終、全知全能、絕對無二、無所不備，而且，既稱爲父，便必然要有母與之相對待而存在，若說獨父而生，那就成了動物中最低下的單性生殖了。這些矛盾自陷之處，足證基督教教義在理性範圍內實難成立。基督教在世俗方面情況如彼，在神學體系方面情況如此，所以章太炎認爲它也不可用。

在現存諸種宗教中，章太炎認爲，佛教最爲可用。〈演說錄〉說：「佛教的理論，使上智人不能不信；佛教的戒律，使下愚人不能不信。通徹上下，這是最可用的。」但是，這並不是指通行的佛教。章太炎在演說中指出，今日通行的佛教，有許多雜質。淨土宗只求現在的康樂，子孫的福澤，並附會進燒紙、拜懺、化筆、扶箕等可笑可醜的事，信奉者因此只有那卑鄙惡劣的神情，沒有勇猛無畏的氣魄。「我們今日要用華嚴、法相二宗改良舊法。這華嚴宗所說，要在普度衆生，頭目腦髓都可施舍與人，在道德上最爲有益。這法相宗所說，就是萬法唯心。一切有形的色相、無形的法塵，總是幻見幻想，並非實在眞有，……在哲學上今日也最相宜。要有這種信仰，才得勇猛無畏，衆志成城，方可幹得事來。」在〈建立宗教論〉中，章太炎更具體地說明：「今之世，非周、秦、漢、魏之世也，彼時純樸未分，則雖以孔、老常言，亦足化民成俗。今則不然，六道輪廻。地獄變相之說，猶不足以取濟。非說無生，則不能去畏死心；非破我所，則不能去拜金心；非談平等，則不能去奴隸心；非示眾生皆佛，則不能去退屈心；非舉三輪清淨，則不能去德色心。」當時，鐵錚反對章太炎提倡佛學，認爲佛家之學非中國所常習，雖上智之士猶窮年累月而不得，況於一般國民，處水深火熱之中，乃望此迂緩之學以收成效，何異待西江之水以救枯魚。對此，章太炎在〈答鐵錚〉中解釋說：「僕非敢以大將臨河講誦〈孝經〉之術退黃巾也。顧以爲光復諸華，彼我勢不相若，而優勝劣敗之見既深中於人心，非不顧利害，蹈死如飴者則必不能以奮起，就起亦不能持久，故治氣定心之術當素養也。……法相或多迂緩，禪宗則自簡易，至於自貴其心，不依他力，其術可用於艱難危急之時，則一也。」在《民報》第十一號上的〈人無我論〉中，他也曾專門解釋了自己提倡佛學的用意，說：「民德衰頹，於今爲甚，姬、孔遺言，無復挽回之力，卽理學亦不足以持世。且學說日新，智慧增長，而主張競爭者，流入害爲正法論，主張功利者，流入順世外道論，惡慧既深，道德日敗。矯弊者，乃憬然於宗教之不可泯滅。而崇拜天神，既近卑鄙，歸依淨土，亦非丈夫榦志之事。……自非法相之理，華嚴之行，必不能制惡見而淸汙俗。若夫《春秋》遺訓，顏、戴緒言，於社會制裁則有力，以言道德，則纔足以相輔；使無大乘以爲維綱，則《春秋》亦摩挲法典，顏、戴亦順世外道也。拳拳之心，獨在此耳！」

〈人無我論〉說明了淨化道德的最高要求，就是人們眞正進入「無我」境界。「閔末俗之沉淪，悲民德之墮廢，皆以我見纏縛，致斯劣果。」正是根據這一判斷，章太炎要求人們了解「屬於內界」包括「八識六根以至一毛一孔」的「我」以及「屬於外界」包括「眷屬衣食金錢田園，以至一切可以攝取受用之物」的

「我所」，都並非恒常存在的實在，不可執著不放，而應當充分了解他們都在恒常的變動流轉之中，都只是幻有。他以爲，只有達到了這一境界，人們才能從貪生畏死、拜金主義的精神牢籠中解脫出來。無我，並非否定一切，核心是否定利己主義；對於獨立人格、自尊自信，他認爲還是應充分肯定的。〈答鐵錚〉中專門解釋了這一點：「僕所奉持，以依自不依他爲臬極。……及其失也，或不免偏於我見，然所謂我見者，是自信，而非利己，猶有厚自尊貴之風，尼采所謂超人庶幾相近。排除生死，旁若無人，布衣麻鞵，徑行獨往，上無政黨猥賤之操，下作懦夫奮矜之氣，以此揭櫫，庶於中國前途有益。」

然而，實踐很快就表明，通過建立宗教來提高人們的道德修養，只是章太炎一廂情願的空想。佛教的厭世主義同他所從事的革命格格不入，就是提倡佛教的一個致命弱點。對此，章太炎強辯說：「所謂世者，當分二事：其一，三界是無生物，則名爲器世間；其一，眾生是有生物，則名爲有情世間。釋教非不厭世，然其所謂厭世者，乃厭此器世間，而非厭此有情世間。以有情世間墮入器世間中，故欲濟度以出三界之外。」他還說：「譬之同在漏舟，波濤上浸，少待須臾，即當淪溺。舟中之人，誰不厭苦此漏舟者？於是尋求木筏，分賦浮匏，期與同舟之人共免淪陷。然則其所厭者，爲此漏舟，非厭同在漏舟之人明矣。」[29]這其實只是章太炎本人的態度，而並非佛教自身的態度。佛書梵語，暗昧難知，正忙於武裝鬪爭和政治論戰的革命者，沒有精力也沒有興趣對此埋首鑽研，章太炎的許多論文實際上便甚少讀者，更不

[29] 章太炎：〈建立宗教論〉，《民報》第九號。

用說一般民眾了。章太炎建立宗教的主張立意雖高，卻脫離了革命者大眾，這樣自然也就難以在革命進程和民眾生活中產生章太炎所期待的影響了。

辛亥革命轟轟烈烈席捲神州大地，轉瞬之間又告失敗，中華民國名存實亡的現實，很快就在實踐中證明了章太炎重視革命道德建設、重視提高國民道德素養，確實是卓有見地的。但是，企圖通過建立改進了的佛教來達到這一目標，卻又確實是書齋中的空想。他所期望的扶助道德進化的法相、華嚴兩宗的佛教根本無人問津，建立孔教的聲浪卻日甚一日，它與袁世凱復辟帝制互相推波助瀾，捲起思想界一陣陣惡浪。章太炎深感中土素無國教，將孔學樹爲宗教，必定「杜智慧之門，亂清寧之紀」㉚，「若直授佛法」，亦「未足救弊」，因爲佛法充其量只是「衛生之穀麥，非攻疾之藥石。」㉛這時，他終於不再熱衷於建立宗教了。

晚年，政治上的失望，對近代化的迷惘和消極，使章太炎對人們的精神迷失，特別是價值迷失、道德迷失感受更深，卻喪失了先前倡導革命之道德的銳氣。他在思想上、文化上趨於日益保守，道德論上轉向倡導儒佛相資、融通儒佛，不再有什麼新的創造性的見解。這也是他省察中國近代化之路而終於尋找不到正確答案的必然結局。

五、教育發展與教育革新的呼號尋思

㉚ 章太炎：〈駁建立孔教議〉，1913年9月25～26日《順天時報》。
㉛ 章太炎：〈致吳絸齋書〉（1917年6月26日），《章炳麟論學集》第377頁。

大力提倡和積極興辦近代教育，在十九世紀後半期，從洋務派的自強運動到康有爲發動的維新變法運動，一直是人們追求近代化時特別注重的一項任務。章太炎在省察中國近代化之路時，對教育如何發展、如何革新一直非常關注，不斷呼號，不斷尋思，力圖通過教育，造就適應於實現近代化需要的人才。

1897年章太炎在《時務報》發表的第二篇文章就專門論述了教育問題，這就是該刊第十九册發表的〈論學會有大益於黃人亟宜保護〉。這篇文章針對實行科舉制度以來教育純爲應付科舉考試而越來越脫離實際的問題，著重論述了教育如何通過改革以增強其實用性。文章指出，自孔子制法以後，七十子後學嬴糧奔走，任師道於四方，相續二千年，入於人心，「然而卷勇股肱之力、經畫取與之智不及俄羅斯；屈奇操嬴、使天下歛袂不及英吉利；弭兵善鄰、折衝於樽俎不及美利堅。」宋、明以來，專制君主以其權勢錮塞諸生，又懼其腹誹脣反，「則爲之餼廩利祿以羈縻之，而仍使不足以事其父母、畜其妻子」，逼使他們「營一生之不給，何暇爲眾生？救一室之不瞻，何暇慮五洲？」使教育越發脫離實際，不能解決社會現實所面臨的種種難題。爲了改變這一危急局面，章太炎提出要興辦新式學校，廣立學會，不能再繼續讓原先的學究們「捊去其新知，而錮之以故見」。同年，他發起建立興浙會，在所擬〈興浙會章程〉中從研究的內容、方向上很具體鈎畫出加強教育實用性的輪廓：對浙江先賢學術，重在他們的風節行誼、獨至之論，而不可墨守藩籬，不求進取；對百家諸史，當知其要義；對經世之學，「格致諸藝，專門名家；聲光電化，爲用無限；……大抵精敏者宜學格致，驅邁者宜學政治。」對方輿之學，中外共之；對於體育，「文弱之邦，惟體操足以變化氣質。……吾黨之責，不習體操，何以從事武備？天豈以熊經鳥伸空言導引哉？奔命紓死，憂患同之，是固不容少緩矣。」㉜中國傳統教育，初等教育讀《三字經》、《百家姓》、《千字文》，純爲識字；精英教育，讀四書、五經、諸史，純爲應付科舉考試。社會經濟、政治發展所急需的學問，基本上不在教育範圍。章太炎同其他維新志士一樣，力圖根本改變這一狀況。

戊戌政變後，黨錮禍起，章太炎倉皇南走臺灣，「民氣之剛柔，法禁之緩急，稍稍得大略」，對小學之塾「賓然成行列」產生很深印象，並進一步考察了日本及臺灣教育發展的情況㉝。結合對國外教育發展情況的了解，章太炎在《訄書》初刻本及修訂本中，進一步闡述了他在發展教育及選舉人才上的見解。

《訄書》初刻本〈改學〉分析了興辦洋務創設學堂以來的情況，指出：「今學校以算術、化、重爲臬極，三十年以設精橫，而共工氏不出。雖出，能議政乎？政治之學不修，使僝功審曲者議之，其勢將妄鑿垣牆而殖葭葦。且方聞之士，學政恒敏，學藝恒鈍。鈍而鮮用，與敏而有用，其效孰過？」這是批評洋務派只重視發展理、工等技術教育，指出那樣做的結果，卻並沒有造就出傑出的科學技術人才，即使出現了那樣的人才，由於政治之學不修，讓這些人來治理國家，「其勢將妄鑿垣牆而殖葭葦」，給國家造成巨大損失。爲此，他主張：「學校之制，校三而科四：一曰政治，再曰法令，三曰武備，四曰工藝。政、法必兼治，備藝必分治。」他認爲，這是防止「以工藝而議大政」之弊出現的

㉜ 見《經世報》第三册。
㉝ 章太炎：〈臺灣設書藏議〉，1898年12月18日《臺灣日日新報》。

最好辦法。這是在思考革新教育以增強教育的實用性方面新的設想，比之1897年的思考顯然已經有了很大的發展。

章太炎在這同時已經注意到，人材的造就與選舉僅靠教育的發展是不够的。他在同書〈官統〉中指出：「求材於學，治定之制也。今亟置學堂，待其畢業，猶十有八歲，將踣覆不可以待矣。」民族危機已等不及按步就班地通過教育來造就人材了，所以，他提出了「草昧一切之政，不舉於學校而舉於薦引」、「據亂則通封事，亂已定則置議院」等一系列主張。在《訄書》修訂本中，〈改學〉一文改成〈議學〉，除去批評只注重理、工技術教育外，還指出了現在雖有一批留學生到日本學習政法，由於「京師首惡於上，終為蝮蛇，治官之守，寧亡國不以畀夏人」，這些學習了政法的人一旦用事，也只能或期借權，或主調和，從諛權貴，以伺斗升之祿，發揮不了原先所希望起的作用。為此，他批評面對「寧贈友邦，不予家奴」的反動統治者而期待「興學教育以俟後來」乃是奢濶之談。

《訄書》修訂本指出了不進行推翻清廷統治的革命而單純發展教育，教育即使發展了，也將不可能達到原先預期的效果，並不意味著作者對教育應如何發展不復關心。在增強教育的實用性方面，新增的〈辨樂〉一文特別強調了發展音樂與舞蹈教育，成為當時教育革新主張中一個引人注目的特點。文章認為，中夏「民氣滯箸，筋骨瑟縮」，提倡音樂舞蹈，是為了有以宣導之。其間，尤以提倡舞蹈為要，「歌者所以悅耳，舞者所以練形，舞不具，其骨體無以廉勁，雖歌則猶無樂」。舞蹈動作「仰咽以申肺，張臂以擴胸，踶躍以利蹄足，蹲夷以堅髖髀」，尋橦、擊劍、角觝、旋馬，亦可使形體柔和強健。為此，文章要求「後王作者，因其繇俗嗜好，以爲度齊」。

主編《民報》與流亡東京時期，章太炎繼續關注著教育問題，而他的看法較前則產生了相當大的變化。

「學校爲使人求是，非爲使人致用」㉞，是章太炎這時提出的一個新的命題，是對包括他本人在內先前主張過的教育實用化的批評與修正。在發表於《民報》第二十二號上的〈哀陸軍學生〉中，章太炎指出：「原中國初設學校也，在貴族封建時代，其學非以求是，惟致用是務，出身事主爲尤急，當其入學，而所志固在升斗矣。」隋、唐以來，實行科舉制度，但唐、宋時錄取進士多重華辭，不關學術，「王安石始合學校、科舉爲一，……學校所務，亦舍科舉無他事」。宋時學者不滿這一狀況，開設書院，聚徒講學，「自名其家，以與學校、科舉相攻。」可是，到了明代，這些書院也「以其學合之學校、科舉。」到了近代，新設學校，並派遣留學生出國游學，然其宗旨與前一脈相承，「上之所望於學生，非爲求是，爲致用也；下之所以自處，非爲求是，爲出身事主也。」這裏所批評的教育實用化，實際上是指教育的官化，求是即是針對這一傳統而提出，其精神正是要使教育從政治化、官化的統治下解放出來。

提倡求是同提倡私學、反對教育的官化聯繫在一起。〈哀陸軍學生〉已指出：「學校在官，其汚垢與科舉等。」撰寫於1906年而發表於1910年的〈與王鶴鳴書〉曾對此作了專門論述，說：「科舉廢，學校興，學術當日進，此時俗所數稱道者，遠觀商、周，外觀歐、美則是，直不喻今世中國之情耳。」爲什麼呢？章

㉞ 章太炎：〈代議然否論〉，《民報》第二十四號。

太炎說：「中國學術，自下倡之則益善，自上建之則日衰。凡朝廷所闓置，足以干祿，學之則皮傅而止。」隋、唐實行科舉制以來，凡能自名家者，總是軼出科舉，「惡朝廷所建益深，故其自爲益進也。」近世以來，雖然創建了一些新式學堂，但「學校爲朝廷所設，利祿之途，使人苟偷」。而且「主幹學校者，旣在官吏，關節盈箧，膏粱之家，終在上第，窶人或不得望其門」，以此，章太炎斷言：「此爲使學術日衰，乃不逮科舉時也。」[35]在堅持學術不與政治相麗、學官與政官分途的〈代議然否論〉中，章太炎再一次明確指出：「綜觀二千歲間，學在有司者，無不蒸腐殠敗，而矯健者常在民間，方技尤厲。張衡、馬鈞之工藝，華佗、張機之醫術，李治、秦九韶之天元四元，在官者曾未倡導秒末，皆深造創獲，卓然稱良師。」

這一時期，章太炎在教育方面的思考另一個特點，就是熱烈地提倡平民普及教育，將教育的普及化問題放到了非常突出的地位。1910年他主持創辦《教育今語雜識》在東京刊出，便標明以提倡平民普及教育爲宗旨。這是一份白話文刊物。章太炎在上面發表了多篇演講記錄，其中多處直接論述了教育問題。在發表於該刊第四册的〈庚戌會衍說錄〉中提出：「學校的教育，可以拿定主意，向智育一方去；不必再裝門面，向德育一方去。」這是針對德、智、體三者的關係提出的。他在演說中說：「有人說，求學是爲修養道德，教人是爲使人修養道德。兄弟看起來，德育、智育、體育，這三句話，原是該應並重。不過學校裏邊的教

---

[35] 章太炎：〈與王鶴鳴書〉，《國粹學報》庚戌年第一號。章太炎自編《太炎集》編目註明此篇爲「丙午文」，該稿存北京圖書館。

育，倒底與道德不相干。」他認爲：「道德是從感情發生，不從思想發生，學校裏邊只有開人思想的路，沒有開人感情的路。且看農工商販，有道德的盡多，可見道德是由社會薰染來，不從說話講解來。學校裏邊修身的教訓，不過是幾句腐話，並不能使人感動。」在普及平民教育方面，章太炎還力主教育的根本是要從自國自心發出來。在發表於該刊第三册的〈論教育的根本要從自國自心發出來〉中，章太炎強調，衡量一種學說的好壞，主要看它的理論與事實是否相合，「理論和事實合才算好，理論和事實不合就不好」。爲此，他強調，在中國，必須從中國的事實出發，重視對中國自身學說的研究與教育，要反對只佩服別國的學說，對著本國的學說不論精粗美惡一概不採，或者在本國學說裏頭治了一項，便無視和詆毀其餘各項。尤其要反對按照外國人的品評來決定自己對本國學說的取捨揚抑。他提出：「自國的人，該講自國的學問，施自國的教育，像水火柴米一個樣兒，貴也是要用，賤也就要用，只問要用，不問外人貴賤的品評。後來水越治越清，火越治越明，柴越治越燥，米越治越熟，這樣，就是教育的成效了。」當然，這並不是說不要研究別國的學說，「別國所有中國所無的學說，在教育一邊，本來應該取來補助，……凡事不可棄己所長，也不可攘人之善。」章太炎認爲，這個問題對於教師說來特別重要，因爲教師一旦不够清醒，輕易附和那些具有很嚴重偏向的學說，勢必就要在事實上生出多少支離，學理上生出多少謬妄，使自己變成一種庸妄子，「用這個施教育，使後生個個變成庸妄子。」

發表於1910年《學林》第二册上的〈程師〉一文更專門論述了發展教育同教師的關係，對於教師提出了具體的要求。文章首先論證「作述者與師不可相無，而不可同職也」。所謂作述者，章太炎解釋說：「制法謂之作，因其法，能充實之謂之述。」作者，指設立條例、創立學說者；述者，指證驗駁正上述條例與學說者。所謂師，章太炎解釋說：「守其成聞，見過弟子，有比次之功，謂之師。」文章指出，作述者與師各有職守，兩者不可相混。教師的作用，主要表現在遵修舊文，循順舊術，使較爲成熟的學說得以普及。而作述者的作用，正是要不循故常，議前修，駁同列，創立新的學說。文章認爲，正因爲二者性質有如此差異，一旦相混，必造成損害：「以師爲作述者，則作述陋；以作述者責師，則師困。……世無師，則遵修舊文者絕，學不遍布；世無作述者，則師說千年無所進，雖有變復，非矯亂，則奇袤也。」這裏說明了，一國之中，需要有作述者，學術方能進步，但是，對於數以萬計的教師來說，其任務是傳授知識，不能以作述者要求他們。對於這些教師說來，襲蹈故常，雖有奇論妙理，皆采自他人成書，基本的要求是不奸權勢、說有符驗、行中禮樂，這樣可以避免部黨之造、異端之詭、聖人之擬，合格地完成其使命。根據這一要求，章太炎認爲，當時許多人晨朝卒業，比暮已成師，所習又僅一技，且以其業爲足，「循是以降，懼猶不如科舉之世。」爲改變這一狀況，章太炎建議要給這些師資以繼續學習、進修的機會，使他們的水平得到切實的提高。

這些思考與論述表明，這一時期，章太炎對教育問題的尋思方面更廣也更深入了。籌備建立南京臨時政府時，孫中山最初提議由章太炎擔任教育總長，顯然不是偶然的。儘管後來由於派系紛爭，教育總長改任蔡元培，但孫中山原來的建議已足以說明章太炎關於教育發展和教育革新的主張在當時的影響與地位。

章太炎重新注意教育問題並加論述，是在北洋軍閥統治摧殘教育以及新文化運動興起之時。1918年護國戰爭期間，他在四川所作的〈說求學〉講演，提出此時學校教育應將應用之學置於求是之學之先，這和他先前主張正好相反。他說：「求學之道有二：一是求是；一是應用。前者如現在西洋哲學家康德等是，後者如我國之聖賢孔子、王陽明等是。顧是二者，不可得兼。以言學理，則孔子不及康德之精深；以言應用，則康德不及孔、王之切近。要之，二者各有短長，是在求學者自擇而已。然以今日中國之時勢言之，則應用之學，先於求是。」爲什麼呢？他解釋原因：「中國今日之急務維何？即芟鋤軍閥是也。蓋今日中國，爲從古未有之變局，欲應玆變，非芟鋤軍閥，則雖有優良之社會制度，終托空想。無如今人每多昧此而務彼，玆可大懼者也。」㊱很明顯，這是因爲他正在爲推進鏟除北洋軍閥統治的護法戰爭而在大西南奔走跋涉，軍事上、政治上爾虞我詐、互相角逐、相持不下的局面，使他渴望從學界得到一臂之助，故而大聲疾呼，學界應將奮起芟鋤軍閥作爲當務之急。

時隔六年之後，章太炎在他所主編的《華國月刊》中再一次就教育問題發表了自己的見解。他先是在該刊第一卷第七期發表了但燾〈改革學制私議〉一文，批評是時學校教育存在着買賣教育、學額太多、多講論少自修、重外學輕國學、重清談輕實學等五大弊端，要求改革學校教育，輔以書院教育，以革五弊。這篇文章大段引述了章太炎的談話，實際上是闡發章太炎的見解。章太炎強烈反對當時北洋政府決定對入學聽讀者徵收聽讀之費，斥

㊱ 見《太炎學說》上册，辛酉春夜觀鑒廬印本。

責這是政府完全不知其義務:「今者政府設學教士而徵學費，則是設肆於國中，而以市道施於來學之士也。學生爲買主，而官校爲商場，畢業之證，廉價之券也。」國家財政困難，教育經費不足，完全實行義務教育勢難辦到，有鑑於此，章太炎建議:「今當定正額生如干，不取其費，額外則待繳半費、全費而後教之。」學生由此分成正額、增廣、附學三種，月一私試，半歲一公試，以行黜陟。「如此，則政府不以營業教育爲務，其半費、全費者，本額外增附者也，雖取之而不爲無名。」章太炎在該文之末還特加一段跋語，強調:「今者學校叢弊，業已不可爬梳。如一切廢置，則政府闕教育之責；如因循不改，則學校爲陷人之阱。余意惟有嚴定學額，不取學費，則國用足給，而學子亦不至以買主自大。」

最集中地反映了章太炎對這時教育狀況不滿的，是發表於《華國月刊》第一卷第十二期上的〈救學弊論〉。章太炎所最不滿而力圖加以糾正的，首先是師資的水平與品德。他說:「尊其所聞則高明，行其所知則光大，不足以致高明光大者，勿學焉可也。」可是，當下的情形卻是「學者皆趣側詭之道，內不充實，而外頗有謏聞，求其以序進者則無有，所謂高明光大者，亦殆於絕迹矣」。他認爲，自清末翁同龢、潘祖蔭一好談《公羊》、一好銅器銘文開啟了這一風氣，愈演愈烈，終導致這一結局，「夫翁、潘以奇詭眇小爲學，其弊也先使人狂，後使人陋。盡天下爲陋儒，亦猶盡天下爲帖括之士，而其害視帖括轉甚。」他所不滿及要加以糾正的，其次是教學中「期人速悟，而不尋其根柢，專重耳學，遺棄眼學，卒令學者所知，不能出於講義」，致使學生所知甚少；再次是學生生活過於優裕安適，失其勇氣，離其淳樸，「自是惰游之士遍於都邑，唯祿利是務，惡衣惡食是耻，微特遺大投艱有所不可，卽其稠處恒人之間，與齊民已截然成階級矣。」他寫道，「凡學者貴其攻苦食淡，然後能任艱難之事，而德操亦固」，目前學生以紛華變其血氣，「吾所憂者不止於庸行，懼國性亦自此滅也」。所謂國性，這裏指的主要是民族精神。他說：「計中國之地，則田野多而都會少也。能處都會不能處田野，是學子已離於中國大部；以都會爲不足，又必實見遠西之俗行於中國然後快。此與元魏、金、淸失其國性何異？」他所耽心的，是學子脫離中國實際，尤其脫離中國農村實際，這樣的教育，勢必會損害民族與國家的生存。怎樣根除這些弊病呢？他主張「今之學校先宜改制，且擇其學風最劣者悉予罷遣，閉門五年然後啟，冀舊染污俗悉已湔除，於是後來者始可教也。」

《華國月刊》的這些文章表明，章太炎對於當時學校教育中存在的大量問題是異常關切也異常憂慮的，但是，他提出的對策，卻有相當一部分是脫離當時實際的，因而也是做不到的。爲了使學子不忘中國實際，他反覆強調必須學習中國歷史、中國學術。但是，當他斷言文科必須以中夏之學爲主，惟理、工、醫、農等科可以輔以遠西之學時，實際上是在向後倒退，沾上了「中學爲體，西學爲用」的霉菌。1925年，他強調：「學校教士，國家選士，非樹立大法，則教化不流，政治無本。」怎樣建立學校大法呢？他說：「學校大法，必以《大學》爲本，其他形而下者，采遠西之所長，以供吾用可也。」㊲ 以《大學》格物、致知、誠意、正心、修身、齊家、治國、平天下爲學校大法之本，

㊲ 引自但燾〈學校大法論〉，《華國月刊》第二期第三冊。

生產知識技能等用西方所長，更清楚地顯示了他的這一傾向。

此後，章太炎經常到各學校講演，間亦論及教育問題。如1925年10月5日他在長沙晨光學校演說，便稱讚該校「以養成農村人才爲宗旨」，認爲這是「化除階級，熔合城野，最爲適用之教育。」[38] 1926年他在上海擔任了國民大學校長。晚年主持章氏國學講習會，形似近代學校，實際更多書院式私家講學性質。

綜觀章太炎三十多年的探索可知，舉凡教育發展與教育革新的意義、培養人才所應堅持的方向、學校教育所應承擔的任務、公學與私學的利弊得失、教育實用化的途徑及其與求是的關係、教育普及化的途徑及其與提高的關係、教育如何從教學內容到培養方法都切合中國實際、師資的素質及其培養改進、學生德智體諸育的關係、中國教育發展歷史與現狀的評價等等，他都曾反覆思索，根據不同的形勢下所獲得的不同認識闡明自己的見解。中國教育的發展與革新問題自身的複雜性，在激烈的政治、軍事鬪爭中所遇到的重重困難，近代社會大變動造成的滲透到一切方面的過渡性質使教育特別地不穩定，這一切，都制約著章太炎，他沒有也很難對上述所有問題一一作出成熟的答案。但是，縱觀他探索尋思的全過程，可以發現，他一直在努力促進教育的發展與革新，希冀使之成爲推動中國近代化和中國自立於世界文明民族行列的助力，他的探索對於近代中國教育自身的進步也是有益的。

---

[38]　〈章太炎在湘之兩演講〉，1925年10月11日《申報》，

六、喚起民衆的文辭宣傳與文學革新

維新、革命、建立民國、反對復辟帝制、維護臨時約法等等，都離不開文辭宣傳與鼓動。章太炎於淸末民初，以善爲文辭而擅場於一時，他所爲文辭，除去一部分學術著作外，幾乎全屬宣傳鼓動之作。他在〈與鄧實書〉中曾說：「僕之文辭爲雅俗所知者，蓋論事數首而已，斯皆淺露，其辭取足便俗，無當於文苑。向作《訄書》，文實閎雅，篋中所藏，視此者亦數十首。蓋博而有約，文不奄質，以是爲文章職墨，流俗或未之好也。」他對自己的文辭評價說：「夫忽略名實，則不足以說典禮；浮辭未翦，則不足以窮遠致。言能經國，絀於籩豆有司之守；德音孔膠，不達形骸智慮之表；故篇章無計簿之用，文辯非窮理之器。彼二短者，僕自以爲絕焉。」他還特別指出：「夫代文救僿，莫若以忠，撰錄文辭，諒非急務！」㊴ 這裏所說的並非急務的文辭，指的是那些遠離現實甚至無病呻吟的文辭，專爲撰錄文辭而寫的東西。

投身維新變法運動時，章太炎就專門討論過用什麼方法對民眾宣傳最爲有效的問題。他提出：「民不知變，而欲其速化，必合中西之言以喻之。」他解釋說：「喻人之術，橫說之則以《詩》、《書》、《禮》、《樂》，縱說之則以《金版》、《六弢》，其一曰宙極之史，其一曰六合之成事。人莫信其覝髦闊略之聲而信其目睹，是故陳古而閡，不如道今；有獨喜其覝髦闊略

㊴ 見《章氏叢書・太炎文錄初編》卷二。

之聲者，與道今而不信，則又與之委蛇以道古。故合中西之言以喻民，斯猶慈石之引鐵，與樹之相近而靡也。」他特別指出：「精其術，平其詞，是化民之至神也。」爲此，他號召「駿特倜黨之士，果于獨斷、堅于力行者」應當覺悟到這一點，一旦在這方面取得成效，「可以得變法之權矣！」㊵

《訄書》初刻本、修訂本以及章太炎這一時期發表於報刊上的政論、時評，都清楚地表現了他自己所倡導的這個合中西之言以喻之的特色。他一方面從中國古代文獻中發掘許多精采的論述，另一方面又在自己的著作中引用了日本和日譯西方一批重要著作，來說明自己的論點，增強其說服力。章太炎早年喜愛司馬相如、揚雄的文章，刻意仿傚，「文多奇字，危側趨詭，遂近僞體」，後來在譚獻的指導下，改師魏晉文章，「慚恨向作，悉畀游光。」㊶魏晉文章，於綺麗豐縟之中存簡質清剛之制，章太炎認爲較之漢代文章及唐、宋文章爲長：「雅而不核，近于誦數，漢人之短也；廉而不節，近于強鉗，肆而不制，近于流蕩，清而不根，近于草野，唐、宋之過也。有其利、無其病者，莫若魏、晉。」㊷

章太炎這一時期的文辭古雅宏麗，雄勁有力，在當時士大夫知識分子中有相當大的影響，譚嗣同評價他的文辭「眞鉅子也」㊸。1902年章太炎發表於《新民叢報》上的〈文學說例〉㊹對於文辭優劣如何評價曾有專門論述，從他所注意的重點以及他的臧

㊵ 章太炎：〈變法箴言〉，《經世報》第一册。
㊶ 章太炎：〈致譚獻書〉（光緒二十二年新正），上海圖書館藏。
㊷ 章太炎：〈論式〉，《國故論衡》卷中。
㊸ 譚嗣同：〈致汪康年、梁啟超書〉，《譚嗣同全集》第371頁。
㊹ 刊於《新民叢報》第五、九、十五號。

否可以看出他本人文辭的特點。首先，他強調要重視文辭與識字卽小學修養的關係。「世有精練小學拙於文辭者矣，未有不知小學而可言文者也。」他指出，爲文辭者，多用表象，漸次而至反以表象爲工，質言爲拙，忘卻了文辭以存質爲本幹，文益離質，表象益多，而病亦益甚。案一事，不是說「纖悉畢呈」，就是說「水落石出」；排一難，不是說「禍胎可絕」，就是說「釜底抽薪」；表象既多，鄙倍斯甚。對此，章太炎主張「斲雕爲樸」，「尙故訓求是之文」，並以爲「當文學陵遲，躁人喋喋，而欲救以淳質，非此莫由也」。精於小學，崇尙淳質，這正是章太炎這一時期文辭的第一個特點。其次，他強調要學習西方論理學，善於分析：「金之出礦必雜沙，玉之在璞必銜石，鍊鈃攻斲，必更數周，而後爲黃流之勺，終葵之圭。夫如是，則完具之名器，非先以破碎，弗能就也。破碎而後完具，斯眞完具爾。任天產之完具，而以破碎爲戒，則必以雜沙之金、銜石之玉爲鉅寶也。」而要使分析能够做到綜會雅言，眾皆理解，撰文必須尙文法，究文義，並根據社會人事變化恰當地運用外來語、新造語及前此已被廢棄之語。而這正是章太炎這一時期所撰文辭的又一個特點。

〈文學說例〉強調了口說與文辭的區別：「等是人言，出諸唇吻，而據實而書不更潤色者，則曰口說；鎔裁刪刊，緣質構成者，則曰文辭。」文章認爲，效戰國之口說以爲文辭者，語必傖俗，且私徇筆端，苟炫文采，浮言妨要，其傷實多。據此，文章主張「溝分畛域，無使兩傷，在文辭則務合體要，在口說則務動聽聞」。在這一思想支配下，章太炎所撰文辭，經常極爲凝練，遣詞造句，反覆推敲，典雅古奧，遠離口語。他希望用這些文辭進行宣傳，可是，對於廣大民衆來說，卻無法索解；即對有一定教育基礎的年青士子，準確理解亦有不少困難。當他轉向倡導革命，急欲通過宣傳鼓動喚起民衆之時，這一問題便格外突出，他自已也深有所感。以此，他對鄒容以淺顯文辭撰寫《革命軍》宣傳革命道理十分欣賞，在所撰〈革命軍序〉中寫道：「痛心疾首懇懇必以逐滿爲職志者，慮不數人。數人者，文墨議論又往往務爲蘊藉，不欲以跳踉搏躍言之，雖余亦不免是也。」他指出，「世皆囂昧而不知話言」，溫文爾雅地說理，不會使人們覺悟，「不震以雷霆之聲，其能化者幾何？」所以，他對鄒容的《革命軍》「壹以叫咷恣言，發其慚恚」充分給予肯定，並說：「若夫屠沽負販之徒，利其徑直易知，而能恢發智識，則其所化遠矣。藉非不文，何以致是也？」㊺

基於這一認識，章太炎的《駁康有爲論革命書》及發表於《民報》的大批宣傳革命的文章，注意到了適於更多讀者接受的能力，自然也就比較利於擴大這些文章的影響。《駁康有爲論革命書》一出版，上海市上人人爭購，高旭〈題太炎先生駁康氏政見〉形象地描繪了此書當時在社會上所引起的強烈反響：

蚩尤幻作霧，天地誰肅清？
當頭一棒喝，如發霹靂聲。
保皇正龍頭，頓使吃一驚。
從此大漢上，日月重光明。㊻

㊺ 章太炎：〈序《革命軍》〉，1903年6月10日《蘇報》。
㊻ 見1904年8月10日《警鐘日報》。

他在《民報》上發表的許多文章，在留日學生中，在國內，都產生了同樣的影響。景定成在《罪案》一書中曾說：「別的先莫說起，單是一篇〈革命之道德〉，便把學界全體激動起來。有多少頑固老先生見了這種議論，也都動魄驚心，暗暗地贊成了種族主義。我乘這時候，才聯絡人入同盟會。」

與此同時，章太炎還撰寫了〈逐滿歌〉等白話歌謠，在《民報》和《教育今語雜識》上發表了一批白話演說，擴大在下層民眾中宣傳革命的效果。他在〈逐滿歌〉中寫道：

滑頭最是康熙皇，一條鞭法是錢糧。
名爲永遠不加賦，平餘火耗仍無數。
名爲永遠免丁徭，各項當差着力敲。
開科誆騙讀書人，更要開捐騙貧民。
…………
兄弟原是漢家種，不殺仇人不算勇。
莫聽康梁誆爾言，第一仇人在眼前，
光緒皇帝名載湉！[47]

歌謠寫得通俗淺直，許多革命黨人因此專門印了這首歌謠，拿到新軍士兵、會黨中去宣傳，使之不徑而走，廣爲流傳。

在主持《民報》期間，章太炎旗幟更加鮮明地反對重形式、輕內容的舊習氣，反對雕琢、浮華、頹敗、陳腐的舊文風，而要求樹立形式與內容相統一的新風尚，樹立立誠、質樸、抒情、新

[47] 章太炎：〈逐滿歌〉，《復報》第五號。

鮮的新文風。他在國學講習會中所作的演講〈論文學〉及據以修訂而成的〈文學論略〉、復加增刪而成的〈文學總論〉對此反覆作了說明。

〈論文學〉㊽中，章太炎將著於竹帛的全部文分成有句讀文和無句讀文兩大類。無句讀文包括圖畫、表譜、簿錄、算草四種；有句讀文包括有韻文和無韻文兩部分，有韻文包括賦頌、哀誄、箴銘、占繇、古今體詩、詞曲六種，無韻文包括學說（諸子、疏證、平議）、歷史（紀傳、編年、紀事本末、國別史、地志、姓氏書等）、公牘（詔誥、奏議、文移、批判、告示、契約等）、典章（書志、官禮、律例、公法、儀注）、雜文（符命、論說、對策、雜記、述序、書札）、小說六種。他說：「凡有句讀文，以典章爲最善，而學術科之疏證類亦往往附居其列，文章皆質實而遠浮華，辭尚直截而無蘊藉。」他據此論定：「夫解文者，以典章、學說之法施之歷史、公牘，復以施之雜文，此所以安置妥帖也；不解文者，以小說之法施之雜文，復以施之歷史、公牘，此所以骫骳不安也。」

質實而遠浮華，直截而無蘊藉，直接針對晚清「惡夫沖淡之辭，而好華葉之語，違書契記事之本」㊾的傾向而發。這一傾向的代表者阮元堅持只有既用韻又尙偶儷的駢文方才可以稱作文，以立意紀事爲本者乃子、史正流，終與文章有別。章太炎不滿於韓愈、蘇軾等人倡導的古文，特別是到桐城派時已日暮途窮的古文；但是，對一味擡高專務華辭偶儷的駢文而貶低簡樸寫實的散體也不同意。他在〈與人論文書〉中強調：「修辭立其誠也，自

㊽ 見《國學講習會略說》，1906年9月日本東京秀光社印刷。
㊾ 章太炎：〈文學總略〉，《國故論衡》卷中。

諸辭賦之外，華而近組則滅質，辯而妄斷則失情。遠于立誠之齊者，斯皆下情所欲棄捐，固不在奇耦數。」[50]在〈文學總略〉中，他說：「論文學者，不得以興會神旨爲上。昔者文氣之論，發諸魏文帝〈典論〉，而韓愈、蘇轍竊焉。文德之論，發諸王充《論衡》，楊遵彥依用之，而章學誠竊焉。氣非竄突如鹿豕，德非委蛇如羔羊。知文辭始於表譜簿錄，則修辭立誠其首也。氣乎德乎，亦末務而已矣！」他這裏所反覆強調的「修辭立誠」，敍事尙其直敍，議論尙其明示，反對雕琢誇飾，以文掩事，以詞害義。

根據這一標準來衡定中國古代文辭，他認爲唯有魏、晉之文既最適於敍事，又最適於議論。他在〈論式〉[51]一文中說：「魏、晉之文，大體皆埤於漢，獨持論彷彿晚周。氣體雖異，要其守己有度，伐人有序，和理在中，孚尹旁達，可以爲百世師矣。」要眞正做到「依放典禮，辯其然非」，僅僅像漢代那樣多其記誦是不行的；要眞正做到「循實責虛，本隱之顯」，僅僅像唐、宋那樣利其齒牙，竄句游心於有無同異之間也是不行的；「效魏、晉之持論者，上不徒守文，下不可御人以口，必先預之以學。」對此，他還特別解釋說：「夫持論之難，不在出入風議，臧否人羣，獨持理議禮爲劇。出入風議，臧否人羣，文士所優爲也；持理議禮，非擅其學莫能至。……近世或欲上法六代，然不不窺六代學術之本，惟欲厲其末流，……以甄名理，則僻違而無類；以議典憲，則支離而不馴。」師法魏、晉之文，正是爲了糾正這些缺陷；也只有克服了唐、宋以來特別是近世文辭的這些缺陷，才

---

[50] 章太炎：〈與人論文書〉，見《章氏叢書・太炎文錄初編》文錄卷二。

[51] 見《國故論衡》卷中。

能把魏、晉之文學到手。

在〈與人論文書〉中，章太炎還特別討論了雅與俗的關係。他說：「徒論辭氣，太上則雅，其次猶貴俗耳。……李斯云：『隨俗雅化』。夫以俗爲縵白，雅乃繼起，以施章采，故文質不相畔。」他又說：「要之，文能循俗，後生以是爲法，猶有壇宇，不下墮于猥言饟辭，茲所以無廢也。」

章太炎所提出的文學理論和文學革新的主張不僅爲他本人所身體力行，而且產生了很深的社會影響。只要看一看胡適、陳獨秀等人在新文化運動中所提出的文學改良、文學革命的主張，就不難看出這一點。胡適1916年10月寄陳獨秀書中斷言：「綜觀文學墮落之因，蓋可以文勝質一語包之。文勝質者，有形式而無精神，貌似而神虧之謂也。欲救此文勝質之弊，當注重言中之意，文中之質，軀殼內之精神。」爲此，他建議「今日欲言文學革命，須從八事入手」：不用典；不用陳套語；不講對仗；不避俗字俗語；須講求文法之結構；不作無病之呻吟；不摹仿古人，語語須有個我在；須言之有物[52]。隨後，他在《文學改良芻議》中更具體地解釋這八項主張，並將「須言之有物」列爲第一項要求。陳獨秀的《文學革命論》說：「際茲文學革新之時代，凡屬貴族文學、古典文學、山林文學，均在排斥之列。以何理由而排斥此三種文學耶？曰：貴族文學，藻飾依他，失獨立自尊之氣象也；古典文學，舖張堆砌，失抒情寫實之旨也；山林文學，深晦艱深，自以爲名山著述，於其羣之大多數無所裨益也。」陳獨秀認爲，這三種文學公同的缺點是「其形體則陳陳相因，有肉

---

[52] 胡適：〈寄陳獨秀〉，《新青年》第二卷第二號。

無骨，有形無神，乃裝飾品而非實用品；其內容則目光不越帝王權貴，神仙鬼怪，及其個人之窮通利達，所謂宇宙，所謂人生，所謂社會，舉非其構思所及。」[53]將胡適、陳獨秀的這些觀點與主張同章太炎的〈文學說例〉、〈論文學〉、〈文學總略〉等文對照一下，便不難看出，章太炎的觀點和主張無愧于新文化運動中文學革命的先聲。

章太炎本人的文學創作活動，集中於詩、賦、歌、謠、頌、贊、銘、箴、傷辭、哀辭等韻文方面。《國故論衡》卷中〈辨詩〉一文比較系統地闡明了他有關詩賦創作的見解。

在〈論文學〉講演中，章太炎已一再指出，「有韻之文，誠以能動感情爲主矣」，「詩、賦、箴、銘、哀、誄、詞、曲之屬，固以宣情達意爲歸，抑揚宛轉是其職也」，儘管亦有不少例外，箴、銘、哀、誄、詩、賦、詞、曲、雜文、小說之類，確乎「以激發感情爲要」。〈辨詩〉堅持這一觀點，並用以考察古今韻文興衰變化的過程，發現「本情性，限辭語，則詩盛；遠情性，喜雜書，則詩衰。」

章太炎認爲，論辯之辭，綜持名理，不專以情文貴，後世所以常可陵轢古人，韻語主要是發揚意氣，和聰明思慧的發展沒有直接關係，由於這種意氣感慨代益陵遲，韻語遂至衰敗。〈辨詩〉以此論定：「由商、周以訖六代，其民自貴，感物以形於聲，餘怒未渫，雖文儒弱婦，皆能自致；至於哀窈窕，思賢材，言辭溫厚，而蹈厲之氣存焉。及武節旣衰，馳騁者至於絕臏，猶弗能企。故中國廢興之際，樞於中唐，詩賦亦由是不競。」詩賦吟詠

---

[53] 陳獨秀：〈文學革命論〉，《新青年》第二卷第六號。

情性，古今所同，由於聲律調度相異，四言、五言、七言相次盛於一時。四言詩、五言詩、七言詩的興衰同樣證明，一旦離其情性，失其聲律，詩賦必然走上末路。「蓋詩賦者所以頌善醜之德，泄哀樂之情也，故溫雅以廣文，興諭以盡意。」可是，「近體昌狂，篇句塡委，淩雜史傳，不本情性」，乃至「晚世賦頌，苟爲饒辯屈塞之辭，競陳誣罔不然之事」，到了宋代，詩中頻頻徵引小說、雜傳、禪家、方技之言，吟詠情性多在燕樂，詩勢遂盡。到了清代，章太炎認爲，「今詞又失其聲律，而詩尨奇愈甚，考徵之士，覩一器，說一事，則紀之五言，……蓋自〈商頌〉以來，歌詩失紀，未有如今者也。」

以此，章太炎主張，詩歌創作中對於先前各種詩賦，「今宜取近體一切斷之（唐以後詩，但以參考史事存之可也，其語則不足誦），古詩斷自簡文以上，唐有陳（子昂）、張（九齡）、李（白）、杜（甫）之徒，稍稍刪取其要，足以盡風、雅，盡正變。」他本人的韻文創作，贊、頌、箴、誄等多四言，詩多五言，晚年亦常有一些爲七言。他自述；「余作詩獨爲五言。五言者，摯仲治《文章流別》，本謂俳諧倡樂所施。然四言自風、雅以後，菁華旣竭，惟五言猶可仿爲。余亦專寫性情，略本鍾嶸之論，不能爲時俗所爲也。」[54]章太炎留下的韻文數量並不多，現在所見公開發表過的共一百數十首，確實體現了「在心爲志，發言爲詩」的創作精神。他在〈韻文集自敍〉中說：「余生殘清之季，逃竄東隅，躬執大象，幸而有功，餘烈未殄，復遭姍議，險阻艱難，備嘗之矣！旣壹鬱無與語，時假聲韻以寄悲憤，……采

[54] 章太炎：《自述學術次第》。

之夜誦，抑可以見世盛衰。」55 這些韻文作品，表明章太炎的創作活動正忠實地實踐了他的詩歌創作理論。

章太炎的韻文，按照內容，大體可分作三類：

一類，傾吐自己的憤懣與鬱悶，抒寫自己的志向與胸懷。1898年被張之洞、梁鼎芬逐出武漢時所寫的〈艾如張〉，表白自己：「顧我齊州產，寧能忘禹域？擊磬一微秩，志屈逃海濱。商容馮馬徒，逝將除受辛。」56 戊戌維新失敗被追捕時所寫的〈雜感〉，仰望黑沉沉的夜空：「舉頭望天畢，黯黯竟如何！濁流懷阿膠，誰能澄黃河？」57 1899年由日本返國時所寫的〈西歸留別中東諸君子〉說：「江海此分袂，涕流如雨雹。何以贈君子？舌噤不敢告。弓月保東海，蚡冒起南岳。」58 1900年所寫的〈名學會攝影書後〉：「天南餘燼思皇會，江左清談哲學家。地發殺機終爆烈，昭蘇萬蟄起龍蛇。」59 可以看作章太炎革命思想形成，最終與保皇派政治上決裂的一份忠實的歷史記錄。1903年爲蘇報案被捕時所寫的〈獄中贈鄒容〉：「英雄一入獄，天地亦悲秋；臨命須摻手，乾坤只兩頭。」60 以及〈獄中聞沈禹希見殺〉，1904年在獄中所寫的〈絕命詞三首〉，昂揚激越，視死如歸，充分顯示了爲革命獻身的英雄氣慨。1913年爲反對袁世凱而隻身入京時所寫的〈時危四首〉，高歌「時危挺劍入長安，流血先爭五步看」61，以及稍後所寫的〈八月十五夜詠懷〉、〈懷舊〉、

---

55 見《章氏叢書・太炎文錄初篇》文錄卷二。
56 見《章氏叢書・太炎文錄初編》文錄卷二。
57 見《清議報》第二十八册。
58 見《清議報》第二十八册。
59 見《選報》第十二期。
60 見《浙江潮》第七期。
61 見《雅言》第十一期。

〈長歌〉等，則是他冒死同袁世凱抗爭的生動記錄。晚年〈生日自述〉：「握中餘玉虎，樓上對香罏。見說興亡事，拏舟望五湖」，〈春日書懷〉：「僦居雖近市，弇闥如深湫。……夸父旣棄杖，東野方傾輈。文淵矜顧盼，終然困壺頭。」62 孤寂、空漠、失望、無可奈何的情緒躍然紙上。

二類，揭露醜類，痛剮痛疽，筆鋒銳利，有發必中。諷刺給清廷助紂爲虐的文人墨客的〈梁園客〉，刻畫這些人物「鵠餘乞食情無那，蠅矢陳庭氣尚驕。報國文章隆九鼎，小臣環玦繫秋毫。」63 抨擊保皇派的〈雜感〉和〈咏南海康氏〉，責問道：「羣公辛苦懷忠憤，尙憶揚州十日否？」斷言：「奪門偉業他年就，專制依然屬愛新！」64〈哀韓賦〉斥責韓國世族腐朽賣國，終於導致國家淪亡；〈哀山東賦〉揭露德、日侵略者「初旣蘭吾田稼兮，後又處吾之宮；彼姬姜之窈窕兮，充下陳于醮穎；驅丁男以負儋兮，老弱轉于溝澮。」65。〈肅政史箴〉與〈巡警總監箴〉、〈魏武帝頌〉與〈宋武帝頌〉，痛斥袁世凱血腥鎭壓和屠殺民眾，盜傡左纛，厚顏無頮。這些詩篇都具有雄勁的戰鬪力。

三類，贊頌志士，憑悼英雄，或慷慨激昂，滿腔熱忱，或纏綿悽惻，哀音似訴。〈祭維新六賢文〉、〈沈藎哀辭〉、〈徐錫麟、陳伯平、馬宗漢、秋瑾哀辭〉、〈山陰徐君歌〉、〈鵁鶄案戶鳴〉、〈熊成基哀辭〉、〈宋教仁哀辭〉、〈唐才常畫像

62 〈生日自述〉、〈春日書懷〉，俱見《太炎文錄續編》卷七下。
63 見《淸議報》第二十八册。
64 俱見《復報》第四號。
65 俱見《章氏叢書・太炎文錄初編》文錄卷二。

贊〉、〈鄒容畫像贊〉、〈頂羯羅君頌〉、〈安君頌〉、〈祭孫公文〉、〈祭黎公文〉等，都是傳誦一時的名篇，包含有非常強烈的時代色彩和飽滿的社會內容。對徐錫麟刺殺恩銘、安重根刺殺伊藤博文都有繪形繪色的生動描述。

章太炎爲喚醒民眾而作的文辭宣傳，他的文學革新的主張和詩賦創作的實踐， 凝聚了這位革命家昂揚的愛國熱忱與奮鬭精神，形象地表現了他的理想、熱情、痛苦和憤激，他渴望創造出具有充實內容的新文學、新文風、新文體，以喊出人們同狂風惡浪搏鬬的心聲， 成爲鼓舞和指引人們向舊世界衝決的利器。 但是，他追慕魏、晉，希冀給舊有的現成形式賦予新的功能、新的生命力，結果，他自己的詩與文反而往往格調過於高估，語言過於艱深，妨礙了社會效果的實現，他所喜愛與倡導的這種形式也就不能爲社會所接受。

第四章　認知方式的近代分析

一、認識過程解析的初次嘗試

春秋、戰國時代，是華夏農業文明從半原始的公社制階段，向以一家一戶爲社會細胞的小農經濟制佔支配地位階段轉折的歷史時刻，人們的思維方式，對宇宙和人生的看法發生了根本性的變化，認識論與世界觀的研究曾經興盛一時。然而，自從秦、漢大一統帝國建立以來，特別是在儒家思想逐漸取得支配地位並逐步嚴密化、細緻化、規範化以後，社會持久而穩定地保存和再生不再需要思維方式的不斷變革與創新。由於長期支配着人們的思維方式，是一種「通天人，合內外」的整體性思維，思維道德倫理化、單一化、等級化，排斥對於分別性、多樣性、嚴密理論思維的獨立研究，在漫長的歲月中，便很難形成獨立的哲學世界觀體系，認識論幾乎沒有什麼顯著的發展。

在近代中國所有啟蒙思想家中，章太炎是最重視哲學的了。他最敏感地察覺了人們的世界觀與思維方式的轉變在中國近代化進程中的巨大作用，並爲推動這一轉變的實現付出了辛勤的勞動與艱苦的努力。早在1899年初他在臺灣致書梁啟超便提出必須重視哲學方面的研究與宣傳:「來教謂譯述政書爲第一義，如青田退著《郁離》，他日因自試，惠我禹城，幸甚幸甚。鄙意哲學家言，高語進步退化之義者，雖淸眇闊疏如談堅白，然能使圓顱方趾知吾身之所以貴，蓋亦未始不急也。」❶在革命黨人中，他也最重視哲學在開濬民智中的作用。1906年7月，章太炎剛到東京，宋教仁往訪，他在日記中記述:章太炎「與余一見面時，甫通姓名，卽談及哲學研究之法，詢余以日本現出之哲學書以何爲最?余以素未研究，不知門徑對之，蓋孤負其意不小矣。」❷對哲學的這種一貫的高度熱忱推動着章太炎潛心思考，不倦向深處探究。

章太炎在《訄書》初刻本及與此同時撰寫的其他著作中開始了對認知過程的專門研究。

《訄書》初刻本〈公言〉上、中、下集中討論了認識論方面的問題。所謂「公言」，指的是人們共同的認識、公認的命題、普遍承認的公理。章太炎寫道:「黃赤、碧涅、修廣以目異，徵角、淸商、叫嘯、喁于以耳異，酢馥、甘鹺、苦濇、雋永百旨以口異，芳苾、腐臭、腥螻、膻朽以鼻異，溫寒、熙濕、平棘、堅疏、枯澤以肌骨異，是以人類爲者也。」種種不相同的色、聲、味、香、觸之所以能爲人們所感知並獲得相同的印象，是因爲人們有相同的感覺器官眼、耳、口、鼻、身，它們具有相同的感覺功能，對同一外界事物能够作出同樣的反應。這段論述，肯定了認識起源於感覺，並肯定了感覺是人的感官對外界事物的反映，

---

❶ 章太炎:〈答梁卓如書〉(1899年1月22日)，1899年2月5日《臺灣日日新報》。
❷ 宋教仁:《宋教仁日記》，1906年7月6日。

共同的認識根源於由共同的環境、共同的生理條件形成的共同經驗。〈公言〉進而指出，感覺器官不健全的人對一些現象往往不易如實地反映外界現象，外界事物還有大量現象是人們的感覺器官所不能直接感知。以視覺器官而言，正常的眼睛可以看到黃、紅、藍、黑等顏色，而患有色盲症者則往往會將顏色看錯，例如將火光錯看成青色；眼睛看東西，必須在一定距離之內，超過一定距離視覺便不能反映；還有一些東西，視覺只有憑藉其他工具才能感知，例如日光有七色，七色之外尚有「幻火變火」，即紫外線、紅外線，眼睛不能直接看到，但它們是客觀存在，「不見其光而不得謂之無色，見者異其光而不得謂之無恒之色，雖緣眸子以爲蓺極，有不緣者矣」，通過三稜鏡便可知日色固有七，通過「幻火變火」能够鎔金鐵這一事實，可以確定紫外線、紅外線的存在不容否認。聽覺器官也是如此，「故製鐘大不出鈞，重不過石，過是則聽樂而震，觀美而眩。聲一秒之動，下至於十六，高至於三萬八千，而聽不逮」。人所能聽到的只是一定聲波之內的聲音，未達到或超過這一聲波的都不能直接聽到，但這也不等於這些聲音不存在。爲了認識人們憑感覺器官所不能直接感知的事物，就必須在感覺的基礎上通過判斷與推理進行理性思維。

應當如何進行理性思維？〈公言〉認爲：「夫物各緣天官所合以爲言，則又譬稱之以期至於不合，然後爲大共名也。雖然，其已可譬稱者，其必非無成極，而可恣膺腹以爲擬議者也。今滋事不下於簟席，不出於屏攝，其不能從大共以爲名者，數也。若夫宗教之士，剸其一陬，以杜塞人智慮，使不獲知公言之至，則進化之機自此阻。」各種物質現象分別接觸眼、耳、鼻、舌、身等各感覺器官形成感覺，然後經過抽象而離開原先的感性直觀，形成具有普遍性品格的概念、範疇。概念、範疇的形成及運用它們進行演繹和推理，必須遵循一定的準則，不可恣意妄測。如果遇事不走出自己狹隘的一隅之地，不突破橫亘於自己面前的各種屏障，那麼，就決不可能正確地獲得深層的、具有普遍性意義的認識，這是自然之理。而宗教徒們死死抱住的一點帶有很大片面性的認識，使人們不了解概念、範疇及歸納、推理等意義，這就堵塞了認識發展的正確之路。在這裏，章太炎堅持了認識必須以感性直觀為基礎，但又不能滿足於感性直觀，強調了理性思維的重要，但又明確反對主觀主義的臆想，表明他在努力使認識的這兩個過程統一起來。

根據這一認識， 章太炎對先前各種論述及認知方式作了評介。

1899年初，他在《臺灣日日新報》上發表的〈摘《楞嚴經》不合物理學兩條〉中指出：「窮萬物之性質，辨人天之境界，與哲學相出入者，蓋莫尙於佛經。然專崇理想，而未憑實驗，故亦有違牾之義錯出其間，因是以論身心，而毫釐之差，謬千里者有之矣。」❸正是依據對「實驗之學」的推崇和重視，章太炎從認識論角度指出了傳統的天命論、天道觀的謬誤。對於建立在天人感應說基礎上的天命論，他指出：「禨祥之說，則上古愚人所以自惑，而聖人因其誣妄以為勸戒。」人們推迹五行，極陳災異，以效忠於人主，固然有救正的作用，但為害亦自此始，煩有司、竭財力、興徵調、盡民力，終以致敗亡，「實驗之學不出，而上古愚人之惑，亘千世而不解；……自今之世，有實驗也，而其惑始

❸ 見1899年2月19日《臺灣日日新報》。

足以淘汰。然都會而外，然疑未諦，眾不可以戶說。井里之民，上古民也，隕星曰流血矣，木鳴曰城墟矣，黨老稚子，奔走相告。國中治禳而依巫祝以求解者，猶上古之民也。」❹針對傳統的天道觀，他也根據「實驗之學」所提供的自然科學知識指出，事實上只有「視天」而並無「眞天」，「蓋日與恒星皆有地球，其阿屯、以太上薄無際，其間空氣覆厚，而人視之蒼然，皆眾日之餘氣，固非有天也」，以此，關於上帝造人並主宰予奪殃慶之說法也就完全不能成立❺。歷代帝王自稱天子，創業之主必稱其母有上帝親臨其身，章太炎指出，這是因爲「凡長人者，必雄桀足以欺其下，以此羑民，是故拱揖指麾，而百姓趨令若牛馬。」❻古代鬼神迷信，章太炎認爲，也是根源於遠古時代人們對變幻莫測的自然現象不能根據實驗之學作出科學的解釋，在巨大的自然力壓抑下感到自卑與脆弱，便把自然力臆想爲不可思議的神力，對它加以頂禮膜拜，希冀得到它的護佑。「當是時，見夫燕荑之萎於燕，鯨魚彗星之疊相爲生死，與其他之眩不可解者，而以爲必有鬼神以司之，則上天之祭，神怪魌頭之禓祓，自此始矣。」❼正是廣泛吸取了當時他所接觸到的實驗科學知識，章太炎對各種違背科學的神權迷信觀點的批判超過了前人與同時代其他人。

基於對「實驗之學」的這種重視，章太炎對清初顏元給予很高評價。「明之衰，爲程、朱者痿弛而不用，爲陸、王者奇觚而不恒，誦數、冥坐與致良知者既不可任，故顏元返道於地官。」

---

❹　章太炎：〈人定論〉，1899年1月24日《臺灣日日新報》。
❺　章太炎：〈視天論〉，1899年1月8日《臺灣日日新報》。
❻　章太炎：〈冥契〉，見《訄書》初刻本。
❼　章太炎：〈榦蠱〉，見《訄書》初刻本。

《訄書》修訂本〈顏學〉歷數顏元修習兵農、水火、錢穀、工虞，苦形爲藝，以抒民難的事蹟，稱讚他：「形性內剛，孚尹旁達，體駿駔而志齊肅，三代之英，羅馬之彥，不遠矣！」但是，章太炎在充分肯定顏元注重實際經驗的時候，同時又特別強調了理性思維的重要。〈顏學〉更多的篇幅其實正是批評顏元在這方面的不足與失誤。文章說：「獨恨其學在物，物物習之，而抽象概念之用少。……夫不見其物器而習符號，符號不可用。」然而，只知物器，而不知概括與抽象，必定會導致「嵬瑣於百物之眇枝，又舉其眇以爲大素，則道術自此裂矣」。不了解理論思維與書本知識的作用，事事靠自己親自實行，即使是從事水火、工虞之業，也必定會「十世以後將各持一端以爲教」。爲此，〈顏學〉斷言：「觀今西方之哲學，不齎萬物爲當年效用，和以天倪，上酌其言，而民亦沐浴膏澤。雖玄言理學，至於浮屠，未其無云補也。」它們的弱點是「不能實事求是，而䚡理紊紾者多，又人人習爲是言」，遂至「文實顚僨，國以削弱」，如果使它們與講求實事求是之學結合起來，則自可膏澤人事，無滯迹之有。在《訄書》修訂本〈訂實知〉中，他說：「夫不藉物而知，謂之鬼神；藉於物而知，謂之聖人。若上中仁智以下，雖藉物猶不知也。詹何聖於牛，楊翁仲聖於馬，樗里子聖於地，其術皆聖也。搏精壹思，不足以旁通，至於聖人則具矣。」他這裏所說的聖人，指的是「昭朗萬形，不滯一隅者」，不含有後世所加的神聖之意。這篇文章也承認「夫三統之復，文質之變，聖人以上知千世、下知千世，則不藉於物矣。」但是，全文主旨還是淸楚的，這就是進一步強調了「藉於物而知」並經過抽象而融匯貫通。

這是章太炎在認識論方面的最初探索，雖然只是初步的，卻已顯示出超越傳統認知方式的新水準。

二、認識過程的進一步解析

主編《民報》及旅居東京期間，由於精心研讀日本所翻譯的柏拉圖、康德、費希特、謝林、黑格爾、海爾巴特、叔本華、洛采、哈特曼等人的著作，對印度哲學除《瑜珈》、《華嚴》、《法華》諸經外，對吠檀多、婆羅門、勝論、數論都一一涉獵；對《墨子》及先秦名家學說進行了發掘。章太炎對認識方法、認知過程的研究較前一時期全面深化了。

認識論這一時期被提到了更高的地位。在《國故論衡・明見》中，哲學被扼要地解釋爲「見」。〈明見〉開宗明義寫道，宋代所謂道學，今之通言哲學，前者局於一家，後者名不雅，選擇葱嶺以南之典言，應當名之曰見。「見無符驗，知一而不通類，謂之蔽；誠有所見，無所凝滯，謂之智。」哲學在他這裏被解釋爲使認識有事實爲依據並能從具體上昇到抽象、個別上昇到一般的學問。其後，他又特別強調：「康德以來，治玄學者以認識論爲最要，非此所得，率爾立一世界緣起，是爲獨斷。」❽這也正是他本人重視認識論研究的新的立足點。

認識過程是怎樣開始的？章太炎從《瑜珈師地論》中借取了「作意、觸、受、想、思」這一組概念，在〈論諸子學〉中說：「大抵起心分位，必更五極：其一曰作意，此能警心令起；二曰

---

❽　章太炎：《菿漢微言》。

觸，此能令根（卽五官）、境、識和合爲一；三曰受，此能領納『順、違、俱、非』境相；四曰想，此能取境分齊；五曰思，此能取境本因。作意與觸，今稱動向；受者，今稱感覺；想者，今稱知覺；思者，今稱考察。」其後，他又從《成唯識論》中借取了「觸、作意、受、想、思」這一組概念，在《國故論衡·原名》中說：「名之成，始於受，中於想，終於思。領納之謂受，受非愛憎不著。取象之謂想，想非呼召不徵。造作之謂思，思非動變不形。」在〈明見〉中說：「官有五根，物有五塵，故知而有異。凡人之知，必有五遍行境，謂之觸、作意、受、想、思。」

兩種說法，一始於作意，一始於觸，略有差異。作意，指的是認識主體的感覺器官與思維器官在所認識的對象面前積極活動起來。觸，指的是認識主體與認識對象直接接觸。作意起始，更多地突出了認識的主體性；觸起始，更多地突出了認識主體與認識對象之間關係的產生對於認識發生的作用；兩者強調的重點有所不同，對於認識過程大體包括作意、觸、受、想、思五個階段則沒有疑義。值得注意的是章太炎在這些文章中對這幾個階段的認識活動作了具體的分析。

作意、觸、受是認識活動的最初階段。認識活動始於眼、耳、鼻、舌、身。五官從認識對象那裏接受色、聲、香、味、觸諸種表象。只有當各種色彩、形狀呈現於眼睛之前時，眼識才能產生相應的反映，攝取這些色彩與形狀的影像。耳識、鼻識、舌識、身識同樣只有當各種聲音、臭味、味道、冷熱硬軟分別呈現於它們之前時，它們才能分別產生相應的影像。這就是章太炎所說的

「夫五識者，待有五塵爲其對境，然後識得現起。」❾

章太炎認爲，在認識這一階段，各感覺器官不僅分別活動，各自攝取相對應的境相，而且經常同時活動，攝取紛繁複雜的多種境相，經由意識的活動綜合這種境相使之匯總成爲一個整體。「色、聲、香、味、觸……五者輻輳以至於前，五官同時當簿其物。雖異受，大領錄之者，意識也。」❿章太炎並強調，眼、耳、鼻、舌、身五識的活動，不能離開意識的活動而孤立地存在。視覺、聽覺、嗅覺、味覺、觸覺器官的活動，只有在與意識同時活動的情況下，才能獲得生動而豐富而生動的感性直觀，這就是所謂「意識與五識偕行」⓫。

想與思，是經由意識活動形成概念和作出判斷的過程。章太炎在〈論諸子學〉中說：「初起名字，惟由『想』成，所謂口呼、意呼者也。繼起名字，多由『思』成，所謂考呼者也。凡諸別名，起於取像，故由『想』位口呼而成；凡諸共名，起於概念，故由『思』位考呼而成。」初起名字或別名，指單個的，各別的、具體的概念；繼起名字或共名，指普遍的、綜合的、抽象的概念。章太炎在這裏說明了，只有經過意識自身的活動，通過『想』對五官所獲得的各種感性直觀作出綜合，方才能形成特定的稱謂（口呼）和形象（意呼），通過「思」對同類事物進行比較、分析，抽象出同類事物的共同本質，方才能形成推理與判斷（考呼）。

〈建立宗教論〉曾指出：「意雖猛利，於境不現前時亦得自

---

❾ 章太炎：〈建立宗教論〉，《民報》第九號。

❿ ⓫ 章太炎：《國故論衡・原見》。

起『獨頭意識』。然此『獨頭意識』亦非無端猝起；要必先有『五俱意識』與五識同時取境。境旣謝落，取境之心不滅，雖隔十年，『獨頭意識』猶得現前。」獨頭意識，指不與眼、耳、鼻、舌、身五識同時發生而突然出現的意念；五俱意識，指與五識共同活動並領納五識所接受的各種境相的意識活動。章太炎在這裏說明了，當所謂獨頭意識發生時，從形式上看，「對境」不在認識主體面前，但是，先前五俱意識與五識共同攝取的「對境」的影像，正是它由以產生的潛在根據。這就證明，一個完整的認識的產生，離開不了「想」與「思」，但是，整個意識活動，包括「想」與「思」在內，又都必須以作意、觸、受階段的感性直觀爲其基礎。在這一方面，章太炎堅持了和前一時期同樣的觀點。

〈論諸子學〉與〈原名〉利用荀況「緣天官」的說法及佛學中的緣生說進一步說明了意識的作用以及意識活動與五官感知活動的關係。〈論諸子學〉疏解《荀子・正名》「緣天官」一說時指出：「中土書籍少言緣者，故當徵之佛書。大凡一念之起，必有四緣：一曰因緣，識種是也；二曰所緣緣，塵境是也；三曰增上緣，助伴是也；四曰等無間緣，前念是也。緣是攀附義。此云緣天官者，五官緣境，彼境是所緣緣；心緣五官見分，五官見分是增上緣；……五官非心不能感境，故同時有五俱意識爲五官作增上緣；心非五官不能徵知，故復借五官見分作增上緣。」在〈原名〉中，章太炎寫道：「識之所對之境爲所緣緣，五識與意識疊相扶助，互稱爲增上緣。……增上緣者，謂之緣耳知聲、緣目知形，此名之所以成也。名雖成，藏於胸中，久而不渝，浮屠謂之法（色、聲、香、味、觸，皆感受者也；感受之境已逝，其相猶在，謂之法）。」在這兩段論述中，章太炎都突出了五官感性直觀及意識加工之間的密切聯繫，沒有前者，認識活動無由產生，而沒有後者，認識活動無法持續、深化和完成。

章太炎在這裏說明了這樣一個重要的事實：當認識對象作用於認識主體時，會在認識主體內留下感性印象或直觀素材，同時，又會觸發認識主體發揮其意識的主觀作用來攝取和整理這些印象與素材。在此之後，認識活動便由原先認識主體與認識對象的對峙轉變爲認識主體內部認識能力與感性素材的交互作用，即認識主體在其意識內部進行的主觀活動。章太炎借用「想」與「思」及法相哲學所持的「相分」與「見分」二分說，對認識主體意識之內的這一活動作了深入的分析。

章太炎在〈建立宗教論〉中指出，無論是眼、耳、鼻、舌、身五識，還是由大腦產生的意識，當他們開始活動時，必定會同時產生相、見二分，「由有此識，而有見分、相分依之而起。如依一牛，上起兩角。」相分，事實上就是指感性印象，直觀素材；見分，事實上就是攝取和整理這些印象與素材的能力。五識與意識雖然都包括相、見二分，活動的情況卻並不相同。

〈建立宗教論〉說：「五識唯以自識見分緣色及空以爲相分。心緣境起，非現行則不相續；境依心起，非感覺則無所存。而此五識對色及空不作色、空等想。」眼識以赤、白等「顯色」和方、圓等「形色」的有無爲其相分，耳識以聲之有無爲其相分，鼻識、舌識、身識分別以香、味、觸之有無爲其相分。這五識的感覺活動，只有當「色及空」實際地刺激五官時方才進行，一旦失去「色及空」的現行作用，五識的活動就要中止。而「色及空」也只有當五官對它們取相時，才能在五識中留下相分，離開五官的作用，人們就不會感知它們的存在。五識雖能攝取色、聲、香、味、觸諸境相，卻不能在五識自身中對這些境相進行思維。

章太炎認爲，意識除去儲存五識所接受的各種直觀素材之外，還能運用一系列「種子」或「原型觀念」來整理和加工這些素材。章太炎這裏所說的「種子」或「原型觀念」，相當於康德哲學中的感性直觀的純形式和知性的純粹範疇。他認爲，這些「種子」或「原型觀念」當意識尙未活動時卽已存在。「意識要有種子。若無種子，當意識不起時，識已斷滅，後時何能再起？若爾，悶絕、熟眠等位便當與死無異，云何得有覺寤？云何覺寤以後還復起心？由此證知，意雖不起，非無種子識在。」他在《齊物論釋》重定本中對「種子」或「原型觀念」的構成、作用、產生過程都作了論述。其構成：「世識、處識、相識、數識、作用識、因果識乃至我識，此七事者，情想之虎落，智術之垣苑」，「諸有知見，若淺若深，悉依此種子而現。」所謂世識，指現在、過去、未來等時間觀念；所謂處識，指點、線、面、體、中、邊、方位等空間觀念；所謂相識，指色、聲、香、味、觸等關於表象的觀念；所謂數識，指一、二、三等數量觀念；所謂作用識，指目的、行爲等關於造作的觀念；所謂因果識，指「彼由於此，由此有彼」等因果關係的觀念；所謂我識，指「人我、法我」等關於自身的觀念。這七種觀念是最基本的「種子」，「其他有無、是非、自共、合散、成壞等相，悉由此七種子支分觀待而生成。」其作用：「非獨籠罩名言，亦是相之本質。」這就是說，只有藉助這些「種子」或「原型觀念」，才能對感性印象、直觀素材進行整理、加工；概念的形成，推理與判斷的進行，都必須依賴於這些「種子」或「原型觀念」⑫。其產生過程:「種子」分作「本有種子」與「始起種子」兩類，「純無記〔即無善無惡〕者，名爲本有種子。雜善惡者，名爲始起種子。一切生物，無不從於進化之法而行，故必不能限於無記，而必有善惡種子與之雜糅。不雜糅者，惟最初之阿米巴爾。自爾以來，由有覆故，種種善惡漸現漸行，熏習本識成爲種子。是故阿賴耶識亦有善惡種子伏藏其間。」⑬始起種子或受熏之種是生物進化過程中不斷反覆接受外界影響並作出反應而形成的一般概念或範疇，而本有種子與認識主體俱生，它潛藏著後來受熏而形成始起種子的各種可能性。「種子」或「原型觀念」因之便都成了認識主體自身發展的歷史產物，同時，也突出了人的意識在認識外界事物中的主觀能動作用。

章太炎在〈原名〉中還結合《墨子》所提出的「親知、聞知、說知」學說，進一步說明了人們認識活動進行的過程。

墨家將認識世界的過程簡稱爲「辯」。《墨經・小取》說:「夫辯者，將以明是非之分，審治亂之紀，明同異之處，察名實之理，處利害，決嫌疑。」墨家將知識按其來源不同分作親知、聞知、說知三種。《墨經・經說上》:「傳受之，聞也；方不瘴，說也；身觀焉，親也。」親，就是憑藉五官直接去感知，章太炎以爲相當於因明學上所說的「現量」。聞，指通過傳授獲得的知識，章太炎以爲相當於因明學上所說的「聲量」。說，指借助推理獲得新知，章太炎以爲相當於因明學上所說的「比量」。章太炎認爲，在認識的不同階段，面對不同的認識對象，親、

---

⑫　以上所引，見《齊物論釋》重定本第15、55、6頁。
⑬　章太炎:〈俱分進化論〉，《民報》第七號。

說、聞這三種認識方法的功效各不相同。赤、白等顏色，方、圓等形色，宮、徵等聲，熏、臭等香，甘、苦等味，堅、柔、躁、溼、輕、重等觸，這些現象「遇而可知，歷而可識，雖聖狂弗能易」，認識這些現象的主要方法是「親」，卽直接感知，而衡定認識是否正確，也主要依靠直接經驗，「以身觀爲極」。另一類事物，無法直接感知，必須藉助於間接經驗，才能加以認識。「往古之事，則徵史傳；異域之狀，則察地志，皆非身所親歷，亦無術可以比知，其勢不能無待傳受。」這種認識方法卽是「聞」。這些認識是否可靠，「以傳受之爲極」，卽受制約於這些史傳地志的記載是否符合實際。還有一類事物，「阻於方域，蔽於昏冥，懸於今昔，非可以究省」，既不能通過感性直觀而認識，又不能靠傳受而得知，便只有通過「以其所省者善隱度其未所省者」，對這些事物或「檢之以率」，或「齊之以例」，或「儀之以物」，力求「近得其眞」，這就是「說」的認識方法。

〈原名〉強調：「今辯者所持，說爾。違親與聞，其辯亦不立。」突出了親身感知的和經由他人感知的知識在認識過程中的決定性作用，離開了人們的直接經驗與間接經驗，綜合、分析、歸納、演繹、推理、判斷等等便無從進行。然而，「親知」與「聞知」所獲得的認識又畢竟有很大的局限。簡單地說「凡以說者，不若以親」或「原物之質，聞不若說，說不若親」，都會使認識誤入歧途。遠視黃山，氣皆青，俯察海波，其白皆爲蒼，易位視之而變，今之親者非昔之親者，親有同異，就必須以說觀其宜，這就是親不如說的地方。也有一些事物，目所未睹，體所未御，推理又無類可以比例，這時，親與說便往往不如聞。以此，〈原名〉主張：「凡原物者，以聞、說、親相參伍，參伍不失，故辯說之術奏。未其參伍，固無所用辯說。」

所有這些論述表明，章太炎這一時期對認知方法的探究，在如何感知、如何上升到理性認識上，在如何從事實給予的感性素材出發、又如何充分發揮人的意識在認識過程中的能動作用上，較《訄書》時期都有了很大的發展。在近代中國思維方式變革的探索和新的思維方式創建上寫下了新的一章。

三、宇宙本體「真如」及其認知

康德在其早期，曾經相當科學地說明了太陽系的「系統結構」以及它形成與發展的過程，建立了唯物主義宇宙觀的基礎。然而，深入的研究使他發現，建立在古典力學基礎上的物質機械運動不足以解釋生命、思維活動，於是他猜想在人們關於每一件事物的少許知識背後存在著一種神秘的「自在之物」。一方面是人們通過感性、知性、理性的認識活動形成關於種種現象的知識，另一方面是獨立於意識而存在的「自在之物」，這二者之間的分離與對立成爲康德哲學的一個主要特徵。

章太炎也經歷了一個與此相類似的過程。

十九世紀九十年代，章太炎就力圖利用他當時一知半解地所掌握的近代天體運行學說、細胞學說、分子學說和進化論成就，來解開宇宙運動、人類形成、生命與意識活動的奧秘，表現了異常明顯的唯物主義傾向。在〈視天論〉中他着重說明了天體運行物理特徵：諸天體浮行於太空之中，「以己力繞本軸，以攝力繞重心，繞重心久，則亦生離心力，而將脫其韁鎖」，這裏不存在任何創世者或第一推動力；地球繞太陽而動，太陽繞銀河而動，銀河之外又有星羣，諸星羣可能又都繞北極而動，「雖然，圓球則無不動矣，北極雖大，寧獨無所繞乎？」宇宙時間、空間上都是無限的，天體處在不斷的運動之中，宇宙的奧秘完全可以而且只能從它自身的這種物質性、運動性中解開。在〈菌說〉中，他專門論述了生物進化的過程，說明了從無機物到有機物，從最簡單的微生物到高級動物，從魚到馬到獸最後演變爲人，都是自然史的過程，其動力是它們自身內在的「欲惡去就」所產生的「愛力、吸力」、「離心力、驅力」的矛盾；這些對立的力量彼此「相易、相生、相摩」，「漸以化爲異物」，使舊物種演化爲新物種，使生命運動由簡單而複雜，這裏絕無什麼不可思議的神秘力量或冥冥主宰。在〈儒術眞論〉中，他着重說明了人的生命活動是一個正常的生理過程，「人所以有知者，分於父母，精蟲、胚珠是也。二者又攝引各點以爲我有，使成官骸，而七情益擴。故成此知識，由於兩精相搏，以生神明也。」人的官骸一旦全部死亡，氮、氧、炭、氫諸氣與鹽、鐵、燐、鈣諸質散而逸出，人的生命便將不復存在。在《訄書》初刻本〈族制〉中，他引用遺傳規律和生存競爭學說來解釋人種與民族的興衰：「核絲之遠近，蕃萎繫焉；遺傳之優劣，蠢智繫焉；血液之均雜，強弱繫焉；細胞之繁簡，死生繫焉。」而要使遺傳的優秀部分得到發揮，則需要後天的努力，「夫自然之淘汰與人爲之淘汰，優者必勝而劣者必敗。」所有這些論述表明，章太炎力圖用物質自身的運動說明宇宙和大千世界。

然而，章太炎很快就發現，任何一種確定的物質，都不能充當宇宙全部事物的本體；任何一種具體的運動形式與運動規律，都不足以概括宇宙紛歧複雜的變化。他從佛學法相宗的經論中受到啟發，提出「眞如」方才是萬物之源，宇宙運動的本體。

眞如，相當於康德所說的「自在之物」，《葑漢微言》中便說過:「康德見及物如，幾與佛說眞如等矣。」康德哲學中的「物如」或「自在之物」，是唯一的具有普遍性與永久性品格的客觀實在，是宇宙間所有現象卽所有相對的、暫時的、有條件的存在共同的本體。在章太炎這裏，眞如具有同樣的品格。《葑漢微言》強調「眞如本識，非因緣生」，「眞如本識，無有緣起」，就是突出眞如是自在自爲的存在，是宇宙萬象的總根本、世界萬物的總根源。眞如，又稱如來藏。「如來藏自性不變，卽是佛性，卽是眞我，是實、是遍、是常。」突出的正是眞如具有實在性、普遍性與永恒性的品格。在〈建立宗教論〉中，章太炎說明: 眞如「在遍計所執之名言中，旣無自性；離遍計所執之名言外，實有自性」。所謂遍計所執之名言，指從哲學角度來對事物作出質和量的規定與判斷時所使用的各種概念、範疇，如色與空、自與他、內與外、能與所、體與用、一與異、生與滅、斷與常、來與去、因與果等，皆「由意識周遍計度刻畫而成」，「離於意識，則不得有此差別」。運用這些概念、範疇來確定事物的性質，並不改變事物自身的實際。眞如作爲宇宙萬物本體，便不可用這樣一些概念、範疇來限定自己的性質和趨向。「離遍計所執之名言外，實有自性」，不以一般的概念、範疇加以界定，便可發現，眞如絕非虛無縹緲不可捉摸，而具有確鑿無疑的客觀實在性。

伊跌耶，是柏拉圖哲學的最高概念 idea 的音譯，指事物所包含的一般、普遍、共性。柏拉圖以爲，只有伊跌耶才是眞實的存在，各種變化無常的具體現象都是非眞實的存在。章太炎認爲，就這些方面而言，眞如與伊跌耶「比例亦多相類」⓮。但是，柏拉圖將伊跌耶世界與現實世界看成兩個不同的世界，前者先於後者，並高於後者，章太炎認爲，就這一方面而言，眞如與伊跌耶不同。眞如不同於所有具體的形相，但並不游離於處於經常變化之中的所有這些具體形相而另成一個獨立的世界，眞如的存在就體現在一切具體形相的無窮變化之中，以此，他批評柏拉圖將伊跌耶說成獨立的世界純屬「懸想」，「本無而強施爲有」⓯。在〈建立宗教論〉中，他特別寫道：「如柏拉圖，可謂善說伊跌耶矣。然其謂一切個體之存在，非即伊跌耶，亦非離伊跌耶。伊跌耶是有，而非此則爲非有，彼個體者則兼有與非有。夫有與非有之不可得兼，猶水火相滅、青與非青之不相容也。伊跌耶既是實有，以何因緣不遍一切世界，而令世界尙留非有？復以何等因緣，令此有者能現影於非有，而調合之以爲有及非有？若云此實有者本在非有以外，則此非有亦在實有以外。既有『非有』可與『實有』對立，則雖暫名爲『非有』，而終不得不認其爲有。其名與實適相反矣。」柏拉圖一面以伊跌耶爲唯一的實在，同時，又在「非有」的名義下給另一個世界、另一個本體留下了地盤，終於陷入二元的及自相矛盾的境地，這也正是伊跳耶不同於眞如的一個重要方面。

《韓非子·解老》以「道」爲「萬物之所然，萬理之所稽」、「萬物之所以成」。章太炎在《國故論衡·原道》中說：「此其言道，猶浮屠之言『如』耶（譯皆作眞如，然本但一如字）。」〈解老〉指出，萬物各循其理，道則盡稽萬物之理。這裏的理，

⓮ 章太炎：〈建立宗教論〉，《民報》第九號。
⓯ 章太炎：〈規《新世紀》〉，《民報》第二十四號。

指的是萬事萬物各別的規律，道，指的是所有這些規則的統會與綜合。理的差別性反映了各種事物之間的差異性，道的一元化則反映了世界的統一性。章太炎認爲，道與理的這種區別和眞如與眞如差別之相的區別相類似。

康德認爲，「自在之物」並非認識對象。章太炎批評說：康德「終言物如非認識境界，故不可知。此但解以知知之，不解以不知知之。卓犖如此，而不窺此法門。」⑯以不知知之，出於《莊子·知北游》；指憑藉直覺與靈感領悟不可通過聞、見、說而認識的道。章太炎認爲，通過這種方法，「自在之物」是完全可知的。這也正是章太炎的眞如與康德的自在之物兩者一個重要不同之處。章太炎在《菿漢微言》中還利用《成唯識論》所說的「心心所四分法」來說明眞如可以親自證知。心心所四分法，指人們的意識活動，除去能覺的「見分」和所覺的「相分」外，還有「自證分」與「證自證分」。他認爲，康德之所以認定自在之物不可知，就是由於「彼知有相、見二分，不曉自證分、證自證分故」。所謂「自證分」，就是直覺、靈感。「不依見聞，不依書史」，「猝然念得」。所謂「證自證分」，就是確信自已直覺、靈感所獲得的認識正確無誤的冥思、本能。

眞如可以被認識，但是，眞如作爲存在，並不是直接轉變爲思維。從眞如到眼、耳、鼻、舌、身五識及意識的認知活動，中間還有兩個中介環節，這就是第七識末那識及第八識阿賴耶識。

阿賴耶識是萬物本體眞如的外在化，是包含有現實世界全部

---

⑯　章太炎：《菿漢微言》。

景相與潛能的活動著的實體。阿賴耶識，玄奘譯義爲藏識，無始時來。它的含義是臧，是持，是處，就是指它蘊集有展現爲大千世界紛繁複雜情狀的「種子」與潛在的能力。阿賴耶識「有種種界，如蜀黍聚。卽此種種界中，有十二範疇相，有色空相，有三世相。乃至六識種子，皆在阿賴耶識中。」[17]阿賴耶識不僅具有潛能，而且處在不斷的運動之中，「阿賴耶識恒轉如瀑流」[18]，正是在這種永恒的運動中，它所潛藏的各種種子才會演化爲色、聲、香、味、觸、法等六塵，眼、耳、鼻、舌、身、意等六根，眼識、耳識、鼻識、舌識、身識、意識等六識。而阿賴耶識的這種運動，純然是它自身自在的運動，「萬物之生，皆其自化，則無作者。」「佛典言十二緣生，第一支爲無明，第八支爲愛。無明發業，愛欲潤生，由是一切法生，流注不絕。」[19]

章太炎指出，阿賴耶識儘管蘊含著萬有種子，所有這些種子自身卻都不能直接表現爲關於自己的觀念。他說，阿賴耶識也分爲能見分與所見分兩個部分，但「賴耶惟以自識見分緣自識中一切種子以爲相分」，同時，「賴耶雖緣色空、自他、內外、能所、體用、一異、有無、生滅、斷常、來去、因果以爲其境，而此數者，各有自相，未嘗更互相屬，其緣此自相者，亦惟緣此自相種子，而無現行色空、自他、內外、能所、體用、一異、有無、生滅、斷常、來去、因果等想」，認識活動純屬意識運動，阿賴耶識雖然蘊涵著能够認識的能力以及被認識的各種景相的種子，它本身卻不可能形成關於這些景相的各種觀念。「若色、若

[17] 章太炎：〈建立宗教論〉，《民報》第九號。
[18] 章太炎：《葑漢微言》。
[19] 章太炎：《葑漢微言》。

空、若自、若他、若內、若外、若能、若所、若體、若用、若一、若異、若有、若無、若生、若滅、若斷、若常、若來、若去、若因、若果，離於意識，則不得有此差別。」⑳而從阿賴耶識轉變爲意識及眼、耳、鼻、舌、身識，必須經過一個中間環節，這就是末那識。

末那，譯義爲「意」。作爲「意根」，它一方面與阿賴耶相聯結，另一方面又與眼、耳、鼻、舌、身、意六根相聯結。與阿賴耶相聯結時，「末那唯以自識見分緣阿賴耶以爲相分，即此相分，便執爲我，或執爲法」，但「雖執賴耶，以此爲我，以此爲法，而無現行我法等想。」㉑與眼、耳、鼻、舌、身、意相聯結時，阿賴耶中所儲存的種子方才能够經由眼識、耳識、鼻識、舌識、身識、意識轉化爲意識中的觀念，方才能够形成一定的觀念體系。

康德之後，他的哲學體系中的「自在之物」在哲學界引發了激烈的爭端。康德的許多後繼者，如費希特、叔本華以及在日本哲學講壇上很有影響的哈特曼，都把「自在之物」看成康德哲學的一個贅疣，或一個無足輕重的東西，可以完全被忽略或者被拋棄。但是，確認「自在之物」的存在，卻正是防止認識走向主觀唯心論或成爲單純理念演繹的一塊難以動搖的基石。章太炎的眞如論，可以說，正是康德「自在之物」論的堅持與發展。他從自己前一階段唯物主義的宇宙論出發，爲了避免重蹈將宇宙本體歸結爲某一種或某幾種物質或質點的覆轍，他方才選擇了眞如爲宇宙萬物的本體。他在《國故論衡・辨性》中說：「蟓生者之察萬

---

⑳　章太炎：〈建立宗教論〉，《民報》第九號。
㉑　章太炎：〈建立宗教論〉，《民報》第九號。

物，得其相，無由得其體。……有文教者得其體矣，太上有唯識論，其次有唯物論。識者，以自證而知；物者，以觸、受而知。皆有現量，故可就成也。」又說：「凡非自證及直覺、感覺所得者，皆是意識織妄所成。故不能眞知唯識者，寧持唯物。」這些論述都明表，眞如作爲具有普遍性與永久性品格的客觀實在，作爲宇宙萬物之源和萬物之本，是從機械唯物論向前進了一步，既爲現象界萬事萬物的統一性尋得了客觀實在的依據，又避免了舊唯物論者執著於某種具體物質的缺陷。儘管章太炎的許多論述並不嚴密，但確實表現了超越同時代其他中國思想家的眞知灼見。

四、「神我」論、唯物論評析

章太炎認爲，要正確認識眞如爲宇宙普遍的、永久的實在，必須切實在世界本源問題上的兩種偏向：一是「於無，無因強立爲有」的「增益執」，將人們的主觀意念或正在變幻中的某些具體事物規定爲萬物本源、客觀實在；二是「於有，無因強撥爲無」的「損減執」，即拒不承認宇宙萬象都自有「種子」爲其客觀依據。

古印度數論派和近代西方費希特所代表的主觀唯心主義和唯我主義，在章太炎看來，就是由「增益執」導致的第一種顚倒了的世界觀。

數論，音譯僧佉，古代印度哲學中的一派，以所謂二十五諦構成其哲學體系。二十五諦分成三個部分：其一，由「憂德、喜德、闇德」三要素組成的「自性」，這是「作者」，因爲三要素互相衝突，會產生一系列變易；其二，變易，由「自性」生「大」（或名覺、想、智、慧），由「大」生「我慢」（或名轉異），「我慢」生「五唯」（聲、觸、色、味、香）、「五知根」（耳、皮、眼、舌、鼻）、「五作根」（口、手、足、男女根、大遺根）、「心根」，加上「五唯」所產生的「五大」（空大、風大、火大、水大、地大），合爲二十三諦；其三，「神我」，以「思」或「知」爲其根本，不生不滅，是爲「見者」。數論以爲，整個世界便由這二十五諦構成，而其中起決定作用的是獨立自在的「神我」，它與「自性」相結合，便產生「變易」，顯現二十三諦。章太炎認爲：「僧佉（譯曰數論）之說，建立神我。以神我爲自性三德所纏縛，而生二十三諦。此所謂唯我論也。」㉒他評論這一派觀點說：「說神我者，以爲實有丈夫，不生不滅。其說因於我見而起。乃不知所謂我者，舍阿賴耶識而外，更無他物。此識是眞，此我是幻，執此幻者以爲本體，是第一倒見也。」㉓

1908年3月，政聞社機關報《政論》第三號發表了該社總務員馬良在日本的一篇演說，以神我爲國家根本。馬良說，凡有血氣者，莫不自愛我，然所謂我者，有形我、又有神我。禽獸知有形我，而不知有神我，故永世不能以爲羣。人類者，非徒以形我之安佚而自滿，必更求神我之愉快。惟因知有神我，遂使家族而興，並進而爲部落、爲國家。野蠻人不能爲國家，而文明人能爲之，因是爲文明人能擴充神我。針對馬良的這一神我論，章太炎特撰〈駁神我憲政說〉，發表於《民報》第二十一號，逐一加以

㉒　章太炎：〈無神論〉，《民報》第八號。
㉓　章太炎：〈建立宗教論〉，《民報》第九號。

批駁。

章太炎首先反對使形我、神我分離爲二，強調「我但一耳，寧有形、神之別！形我者，即數論所謂五知根、五作根，不容與神我對立。」禽獸知有形我、不知有神我之說，章太炎認爲也不能成立。「禽獸與人知識明暗雖相遠，其有我慢與五知、五作一也。……人與禽獸知識慮有短長，至謂禽獸有見量而無比量，則亦夸誣之論。……且心所有五遍行境，人與禽獸所同也。作意、觸、受，無過動向感覺之倫，乃至想以取境分齊，思以構造善惡，禽獸雖愚，于此豈異於人耶？特其別境五事，則不必盡與人間，要所缺者，惟定慧勝解耳。未來之欲，過去之念，此亦非有異人也。以此鄙夷禽獸，既非其實，以尋常知識之本體，而被以神我之名，其名實亦不相應矣。卒之禽獸之所以劣於人類者，在其少自覺心，不在其不知神我。」至於人能擴充神我，遂產生家族、部落、國家，章太炎指出：「其言擴充神我，尤不可通。神我本自不增不減，無微塵數量，神我不爲之損，有恒沙數量，神我不爲之增。如鵝羽衣，不受水染；如金剛石，不作浮漚；縱欲擴充，亦無擴充之處。」至於家族、部落、國家，章太炎認爲，「雖事有鉅細，對境不過五大、五唯，士用不過五知、五作，特以此二十事展轉交叉遞相蕃變。即實而言，家族作用特男女根之戲爾，部落作用特手根之執足根之步爾，國家作用並此三者益以舌根之言爾。……斯正可謂形我耳。是故馬氏欲以家族、部落、國家供養神我，神我所不受也。」馬良說野蠻人不能爲國家而文明人能爲之，是因爲文明人能擴充神我，章太炎認爲事實並非如此。他說，路德的宗教改革之所以在北歐很有成就，在南歐很少應和者，「實以北歐文明過淺，人人有平均之信仰」；國家亦然，「凡能成國家者，必其人民於國家平均之信仰也」，這不是因爲神我擴充，恰恰因爲神我不發達，「若信仰神我者，則不容有團體」。以此，他斷言，以文明、野蠻爲國家有無之準，是極端的紕戾之論。

章太炎認爲，費希特的自我，叔本華的我的意志，與數論派的神我很相近。

費希特、叔本華都曾受康德哲學很深影響，但是，他們都否定了康德哲學中的「自在之物」，於是走的唯心主義、唯我主義。費希特「自在之物」看成一種純粹的虛構，完全沒有實在性，認爲離開了自我，一切都是虛構。自我是獨立自在的本源性實體，宇宙運動就是自我建立本身、自我建立非我、自我與非我統一的過程。叔本華將康德的「自在之物」解釋爲生活意志、生存意志或生命意志，說正是這一意志構成了世界的內容與本質，它既是每一特殊事物的內在本質和核心，也是全部事物的實質和核心，既表現於盲目的自然力中，也表現於人的自覺的行爲中。他宣稱，世界上的形形色色事物，都是這個意志的表現、客觀化，世界只是這個意志的一面鏡子，而且，任何一切屬於世界或可能屬於世界的東西都只是爲了主體而存在，都爲主體所決定。由此，可以說，世界是我的表象。章太炎認爲，費希特、叔本華的這些觀點和數論派的觀點本質上一致，「似僧佉派而或進或退者，則前有吠息特，後有索賓霍爾是也。」㉔

章太炎認爲，費希特、叔本華將我看作恒常不變的絕對實在，同神我一樣，都是一種「倒見」。他指出：「尋其界說，略

㉔　章太炎：〈無神論〉，《民報》第八號。

有三事：恒常之謂我；堅住之謂我；不可變壞之謂我。質而言之，我者，即自性之別名。此爲分別我執，屬於遍計所執自性者。」分別我執，《成唯識論》分析說，「由現在外緣力故，非與身俱，要待邪教及邪分別，然後方起，故名分別。唯在第六意識中有。」所謂遍計所執自性，指對事物進行普遍的分析比較時將意識活動所獲得的結論執著爲絕對實在，這種絕對實在實是由意識周遍刻畫計度而成。在發表於《民報》第十一號的〈人無我論〉中，章太炎反覆論證了這種作爲絕對實在的我是不存在的，因爲它不可能游離於因緣關係之外，或者只是因緣關係的起點或終點。文章針對我具有恒常性、堅住性、不可變壞性指出：「我非形色，亦非領受，亦非名號，亦非作業，亦非心識，不應與彼五蘊和合而稱爲我，若不和合，所謂我者，畢竟何在？」我若常住不變，便「不應更待思覺方能造作」；造作事業之本因若爲常，「即無變異，既無變異，即不得有所造作」，若無常，「此造作事業之本因體是變異，而言我變異，不應道理」；造作事業之我若爲有動作之我，「我既是常，動即常動，作亦常作，不應有時不作，有時而作」，若爲無動作之我，「無動作性而有所作，不應道理」；我若與流轉相相應而有流轉止息，「世間現有五種流轉相可得：一曰有因，二曰可生，三曰可滅，四曰展轉相續生起，五曰有變異」，雖無有我，亦能流轉及能止息，則「何必於此假設丈夫之身，而橫計爲有我？」若不與流轉相相應，則有流轉止息便不可解釋；如是等等，都足證遍計所執自性所立之我不可能是常、是遍、是實。

章太炎認爲，費希特和叔本華將自我、我的意志看成恒常、普遍、實在的本體，同數論派將神我看成恒常、普遍、實在的本體一樣，都是不了解「眞如」方才是世界本體。我相，一爲形色、領受、名號、作業、心識五蘊集合而成，二爲意根念念執持阿賴耶識以爲自我，由阿賴耶識所變的我相。「昔人惟以五蘊爲眞，仍墮法執」，所以五蘊集合而成的我相不可能是恒常、普遍、實在的本體；阿賴耶識爲我相所依，「此識含藏萬有，一切見相，皆屬此識枝條，而未嘗自指爲我」，「阿賴耶識爲情界、器界之本，非局限於一人，後由末那執著，乃成我相」，這一我相同樣不可能是恒常、普遍、實在的本體。在〈建立宗教論〉中，章太炎特別指出：「一切眾生，同此眞如，同此阿賴耶識。是故此識非局自體，普遍眾生，惟一不二。若執自體而言，則惟識之教，即與神我不異。」阿賴耶識是眾生所共同的普遍本質，所以，它不可能成爲每一個體單獨的本質。我、神我，費希特的自我，叔本華的我的意志，都將非常、非遍、非實的我相視爲各個個體獨立的本質，當然便不能免於陷入謬誤。

章太炎將唯物論看成由「增益執」而產生的「第二倒見」即第二種顚倒了的世界觀。他這裏所說的唯物論，除去古代素樸的唯物主義、近代的機械唯物主義外，還包括休謨等人唯心主義的經驗論。所以，休謨和培根、霍布士、洛克等人在這裏一併給列爲唯物論者。

章太炎將古代印度唯物論劃爲兩大派，「一據有方分言」，以阿耨、鉢羅摩怒、電子、原子四大種子爲萬物之源；「一家復說爲無方分」，以堅、濕、煖、輕四種造色種子爲萬物之源。近代唯物論，也被他劃分爲同樣兩大派。〈建立宗教論〉指出：「說物質者，歐洲以爲實有阿屯，印度以爲實有鉢羅摩怒，執爲極細，而從此細者剖之，則其細而於無窮。名家所謂『一尺之捶，日取其半，萬世不竭』者，彼不能辭其過矣。」這是對執持某種極微物質粒子爲本體者直接的批評。該文接著指出：「執爲無厚（無厚，卽非延長，謂其本無形式，非粗非細），離於色、聲、香、味、觸等感覺所取之外，惟其中心力存。此雖勝於極細之說，然未見有離於五塵之力，亦未見有離力之五塵。力與五塵，互相依住，則不得不謂之緣生。旣言緣生，其非本體可知。」這是對執持物質的若干特徵爲本體者的批評。這兩方面的批評，前者針對「據有方分」說物質者，後者針對「據無方分」說物質者，〈建立宗教論〉據此斷言這兩大派唯物論都不能成立。

在《齊物論釋》和《齊物論釋》重定本中，章太炎對兩派唯物論循著同樣的思路作了批判。他責問立極小粒子爲物質本原者，「若有方分，剖解不窮，本無至小之倪，何者爲原？誰爲最初之質？」他強調：「據有方分言，分析無盡，非種非原。」他責問以堅、濕、煖、輕爲物質本原者，「離五識所感以外而求，堅、濕、煖、輕之相依何成立？」對此，他具體分析道：「若無方分，此不可見、聞、臭、嘗、觸、受，則非現量；此最遍性，則無比量（比量皆以通明局，以遍明狹，物界最遍，故無比量）。……今計無方分之實質，非接非譔，本在知識之外，實不可得。……若依無方分物質言，唯是非量。以無方分者無現量，非色、非聲、非香、非味，且非是觸。無現量，故亦無由成比量（凡成比量者，必不能純無現量。若得一分現量，猶可推以例他。今此無方分之物質，雖求一分現量亦不可得，則無成比量法）。」

在發表於《民報》第二十二號上的〈四惑論〉中，章太炎將唯物論作爲今人以爲神聖不可干的四惑之一專門加以析論。

文章說:「惟物者，自物而外，不得有他。」按照這一標準，勝論所說的阿耨，伊壁鳩盧所說阿屯，萊布尼茲所說的毛奈陀，卽漢語所譯的原子，「彼實軼出經驗以外，以求本根於無方分者」，而且，「其所謂原子，非獨物有，亦許心有，則仍是心物二元」，都不是眞正的唯物論。文章指出，「眞持唯物論者，在印度有斫婆迦師，在歐洲有吼模〔卽休謨〕耳。」斫婆迦「以爲現量誠諦，比量虛妄」，只承認感覺所得，不承認因果聯繫，「又謂地、水、火、風任運流轉，自斯而外更無心量，卽彼地、水、火、風者，亦但有現行，初無種子」，卽只承認現象，不承認無法直接感知的本質，這才是眞唯物論。休謨也同樣遮撥因果，並惟許現象，不許本質，同以原子爲萬物本體的唯物論相異。在這裏，章太炎實際上是用唯感覺是信的經驗論否定以物質微粒爲本體並確信因果關係及本質聯繫的機械唯物論。

文章進而宣布，斫婆迦和休謨的所謂「眞唯物論」是「眞唯心論」的一部分:「卽實而言，唯物之與唯心，其名義雖絕相反，而眞惟物論乃卽眞唯心論之一部。所以者何? 不許因果，不許本質，唯以現所感觸爲徵，此則所謂『現見別轉，遠離一切種類、名言、假立、無異諸門分別』者，是正唯心論之現量。」在這裏，章太炎肯定斫婆迦與休謨以因果、本質俱爲「心之妄念」而非客觀實在這一基本觀點，並認定這一看法同唯識哲學將「遍計所執自性」視爲「意識周遍計度」的產物不謀而合。但是，章太炎對斫婆迦及休謨的肯定也僅此而已，由此再進一步，他同他們便分道揚鑣了。

斫婆迦與休謨將因果關係和事物本質都看成純主觀的產物，章太炎則不然。他堅持有自在之物「眞如」爲宇宙本體，堅持因果聯繫原於阿賴耶識中所蘊藏的「種子」或原型觀念，「因果非物，乃原型觀念之一端」。他談到斫婆迦與休謨唯感覺印象是信的缺陷時指出：「顯色、形色雖可以印象爲緣，而數量卽無印象。如人見三飯顆，若只緣印象者，感覺以後，當唯生飯顆、飯顆、飯顆之想，必不得生三飯顆之想。今有三飯顆之想者，……必有原型觀念在其事前，必有綜合作用在其事後。……雖然，此猶感覺以後事也。而當其初感覺時，亦有悟性爲其助伴。」

在〈建立宗教論〉中，章太炎提出以遍計所執自性、依他起自性以及圓成實自性三性說來衡定人的各種觀念，說明人的認識正誤由以產生的認識論根源。遍計所執自性，是意識在認識外界事物時將用來區別事物的各種概念絕對化爲事物自身的差別。依他起自性，由第八阿賴耶識、第七末那識與眼、耳、鼻、舌、身五識產生各自的見分、相分，形成認識活動，但不像偏計所執自性那樣周遍計度執著名言。圓成實自性，由阿賴耶識還滅而成，「在遍計所執之名言中，卽無自性；離遍計所執名言之外，實有自性，是爲圓成實自性。」在《國故論衡・辨性》中，章太炎指出：「唯物者，雖不知圓成實性，猶據依他起性」，比之認定遍計所執自性爲實在者要勝過一籌。唯物論以「現量」爲認識的出發點，比之以意識產生的觀念爲出發點要合理，「識者以自證而知，物者以觸、受而知，皆有現量，故可就成也。」正是基於這一點，章太炎認爲這種唯物論儘管有缺陷，卻可以有條件地加以接受：「凡非自證及直覺、感覺所得者，皆是意識識妄所成。故不能眞知唯識者，寧持唯物。」

五、有神論、唯理論評析

以神爲萬物本體和創造者的有神論，被章太炎評爲由「增益執」造成的「第三倒見」。〈建立宗教論〉中說：「不能退而自觀其心，以知三界惟心所現，從而求之於外，於其外者，則又與之以神之名，以爲亦有人格。此心是眞，此神是幻，執此幻者以爲本體，是第三倒見也。」

〈建立宗教論〉分析了有神論產生的認識方面的根源，指出：「說神教者，自馬步諸逑而上，至於山川土谷，稍進則有祠火與夫尊祀諸天之法，其最高者，乃有一神、泛神諸教。其所崇拜之物不同，其能崇拜之心不異。要以藐爾七尺之形，饑寒疾苦，輻輳交迫，死亡無日，樂欲不恒，則以爲我身而外必有一物以牽逼我者，於是崇拜以祈獲福。此其宗教，則煩惱障實驅使之。或有山谷之民，出自窟穴，而於高原大陸之上，仰視星辰，外睹河海，而爽然自哀其形之小，所見所聞，不出咫尺，其未知者，乃有無量恒河沙數。且以萬有雜糅，棼不可理，而循行規則，未嘗衍於其度，必有一物以鈐轄而支配之，於是崇拜以明信仰。此其宗教，則所知障實驅使之。」煩惱障是人駕馭不了社會，社會成爲不可思議的異己力量時產生的一種屈從；所知障是人由於眼界的狹窄和偏頗，對宇宙繁雜而又有規則的運動困惑不解，產生的一種對某種不可知力量的崇拜。煩惱障與所知障相結合，人們便在宇宙萬有之上製造了一個獨立於世界之外的造物主，由這個造物主創造和主宰著世界。這種有神論，從原始的崇拜草木、龜魚、徽章、咒印，到崇拜大梵、耶和華的吠陀、基督、天方諸教，在認識論上共同的失足之處都是「以遍計所執自性爲圓成實自性」，他們對於自己所崇拜的對象，「以爲道祇在是，神祇在是」，其實都是「限於一實，欲取一實以概無量無邊之實，終不離於遍計。」

章太炎不僅批判了原始的圖騰崇拜、各大宗教對於自己所樹立的人格神的崇拜等不同層級的有神論，而且依循同一思路，批判了以非人格神「高等梵天」爲崇拜對象的吠檀多派的理論、斯賓諾莎的泛神論、哈特曼的神是精神的理論，以及康德的神不可知論。

吠檀多派，是古代印度的一個重要哲學派別，以闡釋吠陀和奥義書的原來教義爲其主要使命。在近代，印度著名哲學家辨喜曾大力提倡吠檀多哲學。章太炎在當時流亡日本的印度革命者影響下，對吠檀多哲學產生了濃厚的興趣。在〈無神論〉中，他對這一哲學作了扼要介紹，並且依據自己的立場對這一哲學作了評析。

吠檀多派將世界分成兩大部分，一曰高等梵天；二曰劣等梵天。高等梵天，無屬性，無差別，無自相。劣等梵天，有屬性，有差別，有自相。而這三者皆由無明而起。所以，劣等梵天成於迷妄。吠檀多哲學認爲，高等梵天者，離言說相，離名字相，離心緣相，謂之實在而不可得，謂之圓滿而不可得，謂之清淨而不可得，因爲實在、圓滿、清淨皆由虛妄分別而成，非高等梵天之自性。人之所思想者，皆劣等梵天，唯正智所證者，方才是高等梵天。吠檀多哲學這裏所說的梵天，相當於一般哲學所說的「有」或「存在」。高等梵天，是純粹的有、純粹的存在；劣等梵天，是雜染的有與雜染的存在。無明，指人對於自身本性、自身與梵天之間眞實關係的無知，由於這種無知，導致有或存在異化形成幻有，形成劣等梵天種種差異、衝突。人們只有通過正智證得，才能了解自身就是高等梵天、劣等梵天種種俱屬非實在的存在。

章太炎認爲，吠檀多派的觀點與唯識哲學有相似之處，但強行把作爲本體而存在的「有」名之爲「高等梵天」，把世界萬事萬物名之爲「劣等梵天」，卻是「根本謬誤」。他說，「吠檀多教立高等、劣等之分，劣等者既自無明而起，則雖有創造，其咎不歸於高等梵天」，但是，深入探究一下，便可發現，這中間包含著難以自解的矛盾：「若高等梵天有士夫用，則不得不有自性；既有自性，則無任運轉變，無明何自而生？劣等梵天依何而起？若高等梵天無士夫用者，則無異於佛家之眞如。眞如無自性，故即此眞如之中得起無明，而劣等梵天者乃無明之異語。眞如、無明，不一不異，故高等梵天與劣等梵天亦自不一不異。若是，則當削去梵天之名，眞名眞如、無明可也。」士夫用，指直接的因果作用。章太炎在這裏指出，高等梵天若是具有自性的絕對物，那麼，它就不可能任運轉變，也就不可能經由無明產生劣等梵天；反之，高等梵天若不是一個具有自性的絕對物，像眞如一樣與無明不一不異，本體與現象世界不一不異，那麼，高等梵天便將失去全部神性而與眞如相合。爲此，章太炎說：「由吠檀多之說，若變爲抽象語，而曰眞如、無明，則種種皆可通。若執此具體語，而曰高等梵天、劣等梵天，則種種皆不可通。此非有神教之自爲障礙耶？」

對於斯賓諾莎的泛神論，章太炎評價很高。他在〈無神論〉中寫道：「近世斯比諾莎所立泛神之說，以爲萬物皆有本質，本質卽神。其發現於外者，一爲思想，一爲面積。……是故世界流轉，非神之使爲流轉，實神之自體流轉。離于世界，更無他神；若離于神，亦無世界。此世界中，一事一物，雖有生滅，而本體則不生滅，萬狀相支，喻如帝網，互相牽掣，動不自由。乃至三千大千世界，一粒飛砂，頭數悉皆前定，故世必無眞自由者。」對於斯賓諾莎的這一理論，章太炎評論說：「觀其爲說，以爲萬物皆實，似不如吠檀多教之離執者。若其不立一神，而以神爲寓於萬物，發蒙叫旦，如鷄後鳴，瞻顧東方，漸有精色矣。萬物相支之說，不立一元，而以萬物互爲其元，亦近《華嚴》無盡緣起之義。雖然，神之稱號，遮非神而爲言。號曰泛神，則神名亦不必立。此又待於刊落者也。」在這裏他充分肯定了斯賓諾莎萬有皆有本質、萬有卽本質自身運轉的觀點，贊許了斯賓諾莎萬事萬物互相聯繫和互相制約的思想，對於以萬物皆是實在的立論則提出異議，對於實際上取消了神而又保留了神這個名稱更深爲惋惜。斯賓諾莎認爲自然中沒有任何偶然的東西，一切事物的運動都受必然性支配，章太炎早在〈儒術眞論〉修改手稿中就作過批評：「荷蘭哲學家蘇比諾薩云：萬物變化，皆隨定理，無不整齊，雖一物不能遁。故一粒砂礫，隨風飄至，亦有定法。若使此砂礫飄往他處，他物不得居其處，而又將往他處，則秩序爲之紊亂矣。是則以爲天地未祛，數旣前定，……斯近釋氏之羯磨，而益使生民束縛於昊宰，斯又迂也。」㉕在〈建立宗教論〉中，章太炎評論斯賓諾莎之所以停留於泛神論而未能再向前躍進一步走向無神論，同有神論者一樣，都是犯了「增益執」的錯誤，自己創造

㉕ 北京圖書館藏手稿。

了某種觀念卻又讓這種觀念來統治自己：「諸事神者，皆起於增益執。泛神之說雖工，而由不了依他，故損減自心而增益外界。」

哈特曼是十九世紀晚期力圖調和黑格爾的泛理性主義與叔本華的泛意志主義的一位德國哲學家，代表作是一八九六年出版的《無意識哲學》。哈特曼在這部著作中說，宇宙的本體是「無意識者」，它有兩重屬性：一是理性，二是意志。無意識者是絕對精神和神，理性和意志則分別產生宇宙惡和人格惡。章太炎在〈菌說〉的修訂稿中概略地介紹了哈特曼的這些觀點，說：「近世西方論善惡者分理性、非理性。塞倫古〔謝林〕變堪德〔康德〕之說，以爲人能自由，終成惡果，而此能自由以造惡因者，亦上天賦之。先是黎步尼知〔萊布尼茲〕嘗作神惡論矣，自塞氏後，赫路托門〔哈特曼〕補苴其說，大抵謂：神賦人善，而與以自由。六根之欲，亢極過程，惡在根本者，則曰宇宙惡，出於理性者也。好惡異人，貢高辟戾，惡不緣於情欲者，則曰人格惡，此爲消極，出於非理性者也。夫此諸家言神惡、宇宙惡，其淵衷理照，蓋與荀子微近矣。惜乎其以哲學雜景教，猶未能墮除門戶也。」㉖在〈無神論〉中，章太炎再一次評論了哈特曼的這些論點，指出：「赫爾圖門之說，以爲神卽精神。精神者，包有心物，能生心物。此則介於一神、泛神二論之間。」文章着重分析了精神包有心物、能生心物這一命題的內在矛盾，指出神若爲包有心物者，則無論他同於囊橐，或同於囊橐中的種子，都必有其造就者，「此則神亦心物所成，先業所引，復坐心物，是心物當

㉖ 手稿藏於北京圖書館。

在神先矣」；若神爲神自身所生，則「今神爲先神所生，當有過去之神矣：今神復生後神，及生一切心物，當有未來之神矣。過去之神，精神已滅；現在之神，精神暫住；未來之神，精神未生。」他引用達摩波羅所說的「若法能生，必非常故；諸非常者，必不遍故；諸不遍者，非眞實故」，證明神旣能生能滅，必定不是永恒、普遍、眞實的存在，那麼，他也就沒有什麼可珍貴。至於哈特曼的世界由無意識而產生的論點，章太炎認爲「此則竊取十二緣生之說，……神旣盲動，則仍與吠檀多教相近。」

各種有神論都難以成立，而康德的神不可知論卻爲上帝及有神論的存在保留了地盤，章太炎在評析了各種有神論之後，便對康德的神不可知論提出了批評。他在〈無神論〉一文中說：「精如康德，猶曰『神之有無，超越認識範圍之外，故不得執神爲有，亦不得撥神爲無』，可謂千慮一失矣。」爲什麼呢？章太炎說：「物者，五官所感覺；我者，自內所證知。此其根柢堅牢，固難驟破。而神者，非由現量，亦非自證，直由比量而知。若物若我，皆俱生執，而神則爲分別執。旣以分別而成，則亦可以分別而破。」神旣不可能靠感覺像物那樣被直接感知，又不可能靠自證像我那樣被認識，他是靠推論而被證明的，同樣便可用推論的方法被推翻。康德之所以說神不可知，正是因爲他不懂得這一點。文章分析說：「凡現量、自證之所無，而比量又不可合於論理者，虛撰其名，是謂無質獨影。今有一人，自謂未生以前，本是山中白石。夫未生以前，非其現量、自證之所知，卽他人亦無由爲之佐證，此所謂超越認識範圍之外者也。而山中白石之言，若以比量推之，又必不合，則可以直撥爲無。惟神亦然，不可執之爲有，而不妨撥之爲無，非如本體、實在等名，雖非感覺所知，而無想滅定之時，可以親證其名，則又非比量所能摧破也。」文章還從名與相相依的關係指出：「一切名種分別，悉屬非眞，況於神之爲言，惟有其名，本無其相，而不可竟撥爲無乎？」

「以無體之名爲實」的還有唯理論。章太炎在《國故論衡・辨性》中說：「蜧生者之察萬物，得其相，無由得其體。雖得之，不橫以無體爲體。有文教者得其體矣，太上有唯識論，其次有唯物論。……最下有唯理論師，以無體之名爲實，獨據遍計所執性，以爲固然。」他所說的唯理論師，指謝林、黑格爾、蒲魯東等人。

唯理論者將世界的本源說成絕對精神、絕對理念，這是先於自然界與人類社會而存在的宇宙精神。在黑格爾那裏，宇宙全部運動被說成絕對精神自我異化而又自我復歸的過程，包括邏輯階段、自然階段、精神階段或有、無、成（正、反、合）三個階段。章太炎認爲，所謂絕對精神，所謂有、無、成，都是「無體之名」。〈辨性〉寫道：「無體之名，浮屠謂之不相應行（非心非物，故曰不相應行。《成唯識》有不相應行二十四種。康德所說十二範疇，亦皆不相應行也）。意識用之以貫萬物，猶依空以置器，而空不實有。海羯爾〔黑格爾〕以有、無成爲萬物本，笛卡爾以數名爲實體，此皆無體之名。莊周曰：『名者，實之賓。』（〈逍遙游〉）尹文曰：『有形者必有名，有名者未必有形。』（〈大道上〉）今以有名無形者爲實，此蜧生所不執也。」所謂不相應行，指其體相無從確知的那些概念。不相應行二十四種，如得、無想定、滅盡定、無想天、命根、眾同分、生、老、住、無常、名身、句身、文身、異生性、流轉、定異、相應、次第、勢速、時、方、數、和合、不和合，眾同分中如色同分、心同分、物同分、人同分，名身如天人、男女等，都既非心，又非物，是人們對變遷、流動、造作中的諸現象作出的概括。章太炎認爲，黑格爾所說的有、無、成，笛卡爾所說的數學與幾何學「天賦觀念」，都是不相應行。可是，笛卡爾與黑格爾卻將它們獨立起來，將它們說成超越於人們思想並存在於事物之先的純粹的實體，這就完全顚倒了名與實的關係。當時，日本哲學界有不少人認爲黑格爾的絕對精神與馬鳴《大乘起信論》中所說的「如來藏」非常相近，對此，章太炎截然反對，說：「吾觀日本人說佛教者，或以馬鳴哲學比之海格爾說，徒以形式相同，強爲比傅，其義絕遠。斯正隨文之過耳。」㉗章太炎所說的眞如，只表示客觀的永恒的實在，它存在於變化著運動著的宇宙萬物之中，而黑格爾的絕對精神則是先於物質世界而存在並成爲世界終極目標的純粹概念。他在說明「眞如卽是唯識實性」時強調過：「若執識外別有眞如者，卽與計有、無爲實物者同過。又此土學者，或立道，或立太極，或立天理，要之非指物卽指心，或爲綜計心物之代語，故亦無害。若謂心物外別有道及太極、天理者，卽是妄說。」㉘他不承黑格爾的絕對精神，理由相同。

章太炎尤其不同意黑格爾將宇宙運動納入由「有」經「無」而至於「成」的簡單公式。他在〈五無論〉中說：「或竊海格爾說有、無、成義，以爲宇宙之目的在成，故惟合其目的者爲是。夫使宇宙而無所知，則本無目的也。使宇宙而有所知，以是輕利安隱之身，而倏焉生成萬物以以自蠹？譬諸甘食不休，終生蟯蚘

㉗ 章太炎：〈答夢庵〉，《民報》第二十一號附錄。
㉘ 章太炎：《國故論衡·辨性下》自註。

之害，其卒必且自悔，……然則宇宙目的或正在自悔其成，何成之可樂？調御丈夫，當爲宇宙之懺悔者，不當爲宇宙所漂流者。且人之在斯世也，若局形氣以爲言，清淨染汙，從吾志耳，安用效忠孝於宇宙目的爲？若外形氣以爲言，宇宙尙無，何有目的？」這是對目的論的嚴厲抨擊，也是對於以合乎宇宙目的與否來衡定是非的截然否定。宇宙運動以成而告終結，章太炎認爲也不符合事實。他寫道：「小亞細亞學者海邏克梨提〔赫拉克利特〕之言曰：『爭者羣生之父，萬物之王。一日息其爭戰，則宇宙將自滅亡。』其言雖悖，而適合於事情。」他著重論證了矛盾衝突的絕對性與永恒性，說「殺機在前，生理在後。若究竟無殺心者，即無能生之道。……一切法我、人我、法爾，以殺爲生，無殺則三界自然絕紐。」

在〈四惑論〉中，章太炎進一步批評了黑格爾等人以力代神、以邏輯代替實在，使人們在強權和社會宰制之下失去了自由。他寫道：「如布魯東〔蒲魯東〕氏之說，則曰：『天下一事一物之微，皆將有而非現有，轉變化成，體無固定。而百昌之在恒沙世界，節族自然，盤旋起舞，合于度曲，實最上極致之力使然。有此極致，故百昌皆向此極致進步無已。是雖必然，而亦自由，是故一切強權，無不合理。凡所以調和爭競者，實惟強權之力。』此以互相牽掣爲自由，其說已暗昧難知矣。原其立論，實本於海格爾氏，以力代神，以論理代實在。采邑有殊，質地無改，旣使萬物皆歸於力。故持論至極，必將尊奬強權。名爲使人自由，其實一切不得自由。」黑格爾將規律性、必然性及邏輯公式的作用絕對化，必然會陷入命定論，扼殺人們的自由。文章進而指出：「後此變其說者，不欲尊奬強權矣，然不以強者抑制弱者，而張大社會以抑制個人，仍使百姓千名互相牽掣，亦由海格爾氏之學說使然。名爲使人自由，其實亦一切不得自由也。」

神我論、唯物論、有神論、唯理論，都注意到了宇宙本體。〈建立宗教論〉說到他們「無不建立一物以爲本體，其所有之實相雖異，其所舉之形式是同」；同時又指出，他們共同的錯誤是「于本體之中，復爲之構畫內容，較計差別，而不悟其所謂有者，乃適成遍計所執之有，于非有中起增益執，其本體卽不成本體矣。」這一批評不能不說是非常正確，表現了他哲學思維的深度，儘管在對由增益執所產生的各種理論的評述中有著不少不準確之處。

六、闢「損減執」種種

在〈建立宗教論〉中，章太炎說明，爲了正確認識世界萬象及其本體眞如，除去破除「增益執」及由此而產生的種種偏見外，還必須破除「損減執」及由此而產生的種種包含有重大片面性的觀念。他認爲，康德將時間與空間看作人們感性直觀所固有的一種主觀形式，將十二範疇看成人們知性先天就具有的用以整理感性材料的架構，將人們藉助空間、時間和十二範疇所獲得的關於對象的知識都看成非客觀實在，不承認所有這些都各有其客觀依據，卽「或以我爲空，或以十二範疇爲空，或以空間、時間爲空」，以及「計五塵爲不空，而計法塵爲空」，都是犯了「損減執」的錯誤。

損減執最突出的表現首先是以空間、時間爲空。對此，章太炎反詰道：「假令空是絕無，則物質於何安置？假令時是絕無，則事業於何推行？故若言無空間者，亦必無物而後可；若言無時間者，亦必無事而後可。」既然物與事並非絕無，那麼，空間和時間自然也就不可能是絕無。他進而指出：「若空間，則於五塵之靜相有所關繫矣；若時間則於五塵之動相亦有所關繫矣。關繫者，何也？所謂觀待道理也。馬鳴有言：『虛空妄法，對色故有；若無色者，則無虛空之相。』由此言之，亦可云色塵妄法，對空故有；若無空者，則無色塵之相。」空間、時間與色、聲、香、味、觸五塵的靜相和動相互為存在的條件，沒有無事物的空間和時間，也沒有無空間和時間的事物，這就是空間、時間與五塵靜相、動相之間的觀待道理。

《菿漢微言》談到空間起源與本質時說過：「空間者，起於我慢。例如，同時同地，不能並容二物。何以不容？則因我慢而有界閡，因界閡而有方所。滌除我慢，則空間亦無自建立矣。」我慢，這裏所指的是六根、六塵自身的廣延性。沒有六根、六塵的廣延性，才不會有空間；既然六根、六塵及其廣延性必然存在，空間就必然存在。《齊物論釋》談到時間起源與本質時說過，時間起於「心法生滅相續無已」：「即自位心證自位心，覺有現在；以自位心望前位心，覺有過去；以自位心望後位心，比知未來。是故心起即有時分，心寂即無時分。」心法生滅相續無已，指真如或阿賴耶識運動的相續性。正如章太炎在〈四惑論〉中所解釋的那樣：「凡言心者，正當言識，以心本義為心藏，引伸為識之代詞。」

康德證明空間和時間都是主觀的感性形式，而非客觀存在的一個重要理由，就是世界在時間裏有開始、在空間裏有界限這一正題和世界在時間裏沒有開始、在空間裏沒有界限這一反題同時都能成立。〈建立宗教論〉介紹康德這一論點說:「彼其所以遮撥空、時者,以前此論空間者,或計有邊,或計無邊,論時間者,或計有盡,或計無盡,互爲矛獱,糾葛無已,於此毅然遮撥爲無,而諍論爲之杜口。」章太炎認爲,康德這一論證及其結論都不能成立。他指出,無限這一概念只是對難以窮盡的有限事物所作的一種很不準確的概括:「無量者,由於心起分別,先以大小長短相形,至不可形,而立無之名。」窮究下去,便可發現,其實任何事物都是既無限大,又無限小,都是有限與無限的統一:「彼所謂無量者,謂其至大無外、至長無際耳。然至大者,極於無量,而取最小之微塵遞分析之,其小亦無有量。至長者,極於無量,而取最短之一刹那爲之分析,則復有其短者,遞析遞短,而其短亦無有盡。」「以吾形而比於華藏,以吾壽而比於永刼,並細且短不可以量計也;若復取吾形而比於遞分之微塵,取吾壽而比於遞析之刹那,其大且長,又不可計其量矣。」在《齊物論釋》中,他又強調,有限與無限其實也是相比較而存在的:「小不可令至無厚,大不可令至無外;一瞚不可令無生住,終古不可令有本剽。其猶一尺之捶,取半不竭,故雖等在處識、世識之中,而別相卷舒,非棐蔓壺箭所能定也。」「斷割一期故有始,長無本剽故無始。」阿賴耶識恒轉如瀑流,無始無終,無所不在,時間、空間因此也無始無終、無邊無際,然而,阿賴耶識、眞如的運動又是具體的。時間、空間因此又必然有始有終、有邊有際。明瞭有限與無限之間的這種關係,以及阿賴耶識活動的根本特點,就不會將空間、時間看成沒有任何客觀基礎的純主觀東西。〈建立宗教論〉還以有邊無邊、有盡無盡之辨也完全適用於事物爲例,責問康德既然承認物質之五塵爲幻有,而歸其本體於物如，又爲什麼要否認空間、時間爲幻有，爲什麼不許空間、時間有空如、時如？他認爲，在空間、時間問題上，康德這一點上的失誤就是「不識此義，而謂惟有空名，都無實性」，這正犯了損減執的錯誤。

在空間、時間問題上，章太炎還特別強調了它們都要受到事物運動形態和運動速度的影響。機械論的時空觀將時間看成絕對均勻的流駛，將空間視爲固定不變的絕對空虛，當事物的運動形態和運動速度發生變化之時，它們也絕對不變。章太炎對此也提出了異議。《齊物論釋》在分析「心起卽有時分，心寂卽無時分」卽阿賴耶識活動時卽有時分、靜止時卽無時分時寫道：「心起卽有時分，心寂卽無時分。若睡眠無夢位，雖更五夜，不異刹那。然則時非實有，宛爾可知。但以衆同分，心悉有此相，世遂執着爲實。終之甲乙二人，各有時分。……所以者何？時由心變，甲乙二心，界有別故。由此可知，時爲人人之私器，非衆人之公器。且又時分總相，有情似同；時分別相，彼我各異。」這裏所說的時非實有，指時間不是另有單獨存在著並絕對均勻流駛著的實在；時由心造，指時間起於阿耶賴識自身的運動。時間的流駛速度在這裏似乎被說成人們感覺不一，實際上是指每一事物自身運動的速度不一，時爲人人之私器，時分別相彼我各異，都是時間這一本質所決定的。由於衆同分而形成時分總相，這是必然的，但不可因此便指這一時分總相爲實在。這樣，方可免於重蹈損減執之覆轍。

計法塵爲空，是損減執又一突出表現。〈建立宗教論〉介紹「計五塵爲不空、而計法塵爲空」所持的理由是：「此五塵者，亦有能詮，亦有所詮；此法塵者，惟有能詮，絕無所詮。有所詮者，必有本體；無所詮者，惟是空名。」章太炎認爲，這一理由實際上完全不能成立。他寫道：「損減執者，不知五塵、法塵同是相分，此諸相分同是依識而起。由有此識，而有見分、相分依之而起，如依一牛，上起兩角。故意識見分親緣法塵以爲相分之時，此法塵者未嘗離於意識之外，卽五識見分正緣五塵以爲相分之時，五識亦未嘗自起分別，以爲此五塵者離于五識之外。然則法塵在意識中，五塵在五識中。若云五塵之名有所詮者，則法塵之名亦有所詮；若云法塵之名無所詮者，則五塵之名亦無所詮。所以者何？其所詮者皆不在外，惟爲現行之相分而已。今者排擯意識，以爲所見法塵惟是妄想而無外境，又取此五識所見之外境在五識中本不分別以爲外境者，卻從意識所分以爲外境。於彼則排擯意識，於此則又不得不借資於意識，矛盾自陷，尙可通乎？」五塵，指色、聲、香、味、觸；法塵，指由色、聲、香、味、觸共同構成的物體、現象；五塵由眼、耳、鼻、舌、身直接感知；法塵由意識對眼、耳、鼻、舌、身五識所獲得的直觀印象綜合加工而感知。章太炎在這裏證明，如果要將法塵與五塵加以比較，那就必須承認它們都有自己的見分與相分，卽能詮與所詮，亦卽認識能力與認識對象。要說法塵之名沒有特定的外在對象而只有空名，那麼，五塵之名也應當同樣給說成沒有特定的外在對象而只有空名，因爲五識和意識的認識活動都是感知「現行之相分」卽感知認識主體所已獲得的直觀印象，在這一點上它們是共同的。以此，章太炎說：「離心〔識〕而外，卽不能安立五塵。是則五塵之安立，亦無異於法塵之安立。五塵固幻有也，而必有其本體，法塵亦幻有也，寧得謂無本體？於幻有中起損減執，其空名亦無由爲空名矣。」五塵、法塵都是幻有，卽都是非實、非遍、非常的存在，　都只有通過人們的認知活動方才能够爲人們所認知，但是，這並不能抹煞五塵、法塵自有其本體，尤其不能一邊承認五塵有其本體，一邊否認法塵有其本體。將幻有絕對化，並以爲法塵之名惟是空名，不承認法塵同樣有其本體，這當然會使人們的認識陷於損減執。

以我爲空，以十二範疇爲空，同樣都不能成立。

章太炎反對由增益執而產生的種種倒見，是爲了反對把各種個別的、特殊的、暫時的存在及觀念看成一般的普遍的、永恒的存在，看成事物的本體。他反對由損減執所產生的各種說法，則是爲了防止拒不承認各種個別的、特殊的、暫時的存在及觀念的產生都離不了眞如本體，將這一切看成純然主觀的產物或空無。顯然，他力圖用反對增益執與損減執這兩種傾向的辦法，解決認識作爲主體活動而必然具有的主觀性同認識對象自身所固有的客觀性之間的矛盾。簡單化地斥責章太炎的認識論及他的整個哲學爲極端的主觀唯心主義，明顯地是不恰當的，至少是對章太炎認識論及章太炎哲學的嚴重誤解。章太炎所反對的實際上主要是形而上學的絕對主義和形形色色的宿命論、機械論。他對有神論、唯我論、唯物論、唯理論的評析表明，他讚賞它們確認宇宙本體的存在並以此給萬事萬物以一元化的解釋，但反對它們或以主觀意志、或以虛構的絕對精神以至上帝與神、或以某一物質微粒與物質屬性爲萬物本體，批評它們這樣做分別犯了以主觀代客觀、以精神代實在、以局部概全體的錯誤。他認定人們的各種觀念形態及這些觀念所描繪出來的外界境相都是人們主體的活動，並不就是客觀實在，但是，也不同意根本否認獨立自在的客觀實在的存在。他使用的哲學語言是「萬法惟心」、「追尋原始，惟一眞心」，所有這些心、眞心其實都是萬物本體眞如或阿賴耶識的別稱。眞如是不以人們主觀意志爲轉移的眞實、客觀、普遍、永久的存在，正是它的存在，方才使宇宙具有其統一性，並在運動變化之中產生非普遍、非永久的各種事物。對增益執和損減執所作的評析，更淸楚地顯示了章太炎哲學的基本性格。

七、「依真有妄，轉妄即真」的真理論

章太炎說過：「哲學者，有學而無術，故可以求是，不可以致用。」[29]求是，卽認識世界；致用，主要是指改造世界；章太炎在這裏強調了哲學的作用是幫助人們正確地認識世界；由於缺少必要的操作手段，哲學通常不能直接致用。他承認求是與致用的分別也不是絕對的，當哲學和實踐中間有了過渡環節時，哲學便也可致用。《菿漢微言》爲此說：「學術無大小，所貴在成條貫。制割大理，不過二涂：一曰求是，再曰致用。下諭動物、植物，上至求證眞如，皆求是耳。人心好眞，制器在理，此則求是、致用更互相爲矣。」章太炎的哲學研究正是這樣，以求眞爲自己的目的，但也並非不考慮致用，這最淸楚地表現在他的眞理論上。

在眞理論方面，章太炎首先引人注目的行動，就是他極其激烈地反對將人們所概括的命題、公式、結論逕直宣布爲客觀的自然法則、不可移易的自然規律，反對以人們主觀的需要與好惡作爲評判萬物變化的價値標準。在〈四惑論〉中，他指出：「所謂

---

[29] 章太炎：〈規《新世紀》〉，《民報》第二十四號。

自然規則者，非彼自然，由五識感觸而覺其然，由意識取象而命爲然，是始終不離知識，即不得言本在物中也。」任何自然規則，都是人的感覺與意識經由自己積極的活動概括出來的，它不可避免地就要帶有這種認識的主觀性:「夫就勝義言之，名、相二者皆由分別妄念所成。若就俗諦言之，相則在物，可認爲眞；名乃在心，惟認爲假。故縱不說物爲心造，而不容不說自然等名爲心造。」正因爲這種認識具有不可避免的主觀性質，人們所說的自然規律便常常概括不了全部事實，而帶有很大的片面性。他舉火爲例說，火之自性是自然而熱，火之作用是自然而燒，可是，人之按火覺其熱，死灰沙礫則無熱覺，亦不可得燒，可見，「火但是火，而熱與燒者惟一部物質對火之名，即不得言火本有熱、火本能燒矣。」至於事物的發展是否合乎自然法則，他認爲，同樣受到人的認識主觀性的支配。〈建立宗教論〉對此已作過專門論述。該文指出:「凡取一物一事而斷其合法與否，此亦惟在自心，非外界所能證也。而人心之斷其合法與否者，有時亦無一成之規則。」文章以鐘錶計時爲例，甲者符合晷景，乙者遞行則遞遲，丙者遞行則遞速，丁者乍速乍遲，世俗以甲者爲合法，乙、丙、丁者不合法，實際上後三者雖不與晷景相應，而亦自循其法而未嘗踰越，「于此則被以不合法之名，于彼而被以合法之名，此特人心之自爲高下，而于物何與焉?」文章還指出:「且合法者，對不合法而言耳。有生之物，以有自由而舉止率多逾法。彼無生者，旣無自由，則不得不由他物相牽而動，萬物相支，互爲推蕩之，合法亦奚足羨?」〈四惑論〉針對這一問題進一步指出:「言自然規則者，則膠於自性，不知萬物皆展轉緣生，即此展轉緣生之法，亦由心量展轉緣生。」至於價値評判，文章指出:「就人間社會言之，凡所謂是非者，以侵越人爲規則爲非，不以侵越自然規則爲非。人爲規則固反抗自然規則者也。……循乎自然規則，則人道將窮。於是有人爲規則以對治之，然後烝民有立。」但並不能以此評定自然規則之是非，「以自然規則本無與於人道，順之非功，逆之非罪云爾。」對於自己所總結、概括出來的自然法則頂禮膜拜，甚至不敢越雷池一步，章太炎認爲，這同崇拜神靈、相信宿命沒有什麼區別:「自我觀之，承志順則，自比於厮養之賤者，其始本以對越上神，神教衰而歸敬於宿命，宿命衰而歸敬於天鈞，兪穴相通，源流不二。世有大雄無畏者，必不與豎子聚談猥賤之事已!」

從形式上看，章太炎似乎截然否定任何客觀眞理，其實，他一再強調注意認識和確定眞理過程中的主觀性，目的是爲了反對人們屈從於自己所創造出來的某一種觀念，承認自己對於眞理的認識與闡釋不可避免地會帶有若干片面性、局限性。在《葑漢微言》中，他反覆說明:「依眞有妄，轉妄卽眞，如水與波，非是二物，如廊與繩，非有二性。執着卽是磨外，離執便爲聖智。」眞理中包含著謬誤，謬誤中包含著眞理，二者會互相轉化，關鍵是不要執著於其中某一方面，機械地認爲二者絕對排斥。同書還指出:「倒見之極，幾於正見。譬如周行地球者，自東發足，向西直行，一往不回，仍還歸發足之地。諸有違異，皆宜以此會之。」據此，他激烈地反對獨尊某一種思想觀點而罷黜其他各種與之相異的思想觀點:「以道莅天下者，貴乎微眇玄深，不排異已。不知其說，而提倡一類之學，鼓舞太甚，雖善道，亦以滋敗，李斯之法律、平津之經術、西晉之老莊、晚明之王學是已。……且以琴瑟專一，失其調均，亦未有不立弊者。」《齊物論釋》

重定本中也突出地說明了各派理論都包含有眞理的顆粒，錯誤的理論往往只是對眞理顚倒的理解：「凡諸儒林白衣大匠祆師所論，縱無全是，必不全非。邊見但得中見一部，不能悉與中見反也。倒見但誤以倒爲正，不能竟與正見離也。」

《蓟漢微言》還指出，無論是天才賢聖，還是凡夫俗子，思維方式並無本質的差別，因此，都能够在認識眞理方面作出自己的貢獻：「陸子靜言：『東海、西海聖人此心同，此理同。』通論總相，其說誠當。至若會歸齊物，和以天倪，豈獨聖人？卽謂東海有菩薩，西海有凡夫，此心同，此理同，東海有磨外，西海有大覺，此心同，此理同可也。此義云何？一類眾生，同茲依正，則時、方之相，因果之律及一切名言習氣，自爲藏識中所同具故。其思侖之軌、尋伺之途，卽須據是爲推，終已莫能自外。其間文理詳略，名相異狀，具體言之，雖不一概，而抽象則同。……是故世俗凡聖愚智諸名，皆是程度差違，而非異端之謂也。」

不可盲目崇拜自己所概括出的所謂自然法則，那麼，在自然發展與社會發展之中，有沒有什麼眞理特別值得人們尊重呢？〈四惑論〉提出：「非有正處、正味、正色之定程，而使萬物各從所好。」其後，《齊物論釋》及其重定本集中對此作了論述。

章太炎爲這部著作所寫的序言中有兩句話：「體非形器，故自在而無對；理絕名言，故平等而咸適。」只有不以任何特定的形器而以眞如爲萬物本體，萬物才能獨立自由地發展；眞理只有超越了人的認識主觀性的全部限制，才能普遍地適用於世界。這兩句話成爲這部著作的中心。

體非形器，故自在而無對。《齊物論釋》對此作了詳細分析。章太炎指出，若以形器爲本體，一要說其義界，二要責其因緣，三要尋其實質。要界定形器，實際上只是同義反覆，「諸說義界，似盡邊際，然皆以義解義，以字解字，展轉推求，其義其字，惟是更互相訓」；要推究因緣，本無眞因可求，「諸責因緣，推理之語是也。然責因實不可得。」如動之依據還卽在動，毋苦參能退熱病之依據卽在能退熱病，非另有因；尋其實質，如果是以極微粒子爲實質，這些粒子旣可以無限細分下去，它們就不可能成爲本源；如果以抽象的物質爲實質，這抽象的物質不可感覺而得，也不可成比量，當然也同樣不可能成爲本源。「如上所論，一說義界，二責因緣，三尋實質，皆依分析之言成立自義。當其成立時，亦卽其毀破時，成毀同時，復通爲一，故達者不用而寓諸庸，以終不能知其由然故。」深入一步可以發現，「求義界者卽依我執、法執而起」，「求根極者，亦依我執、法執而起」，「求實質者，亦依我執、法執而起」，故無意根，卽人不去思考、探究，這一切也就不會產生。正是基於這一論點，章太炎說:「隨俗諦說，物固有所然，物固有所可。依勝義說，訓釋三端不可得義，無義成義，則雖無物不然、無物不可可也。」按照世俗之理，萬物的存在都有其合理性與現實性；按照義界、因緣、實質的推究皆起於我執、法執這一實際情況，則更應承認萬物存在的合理性與現實性。「物固有所然，物固有所可。無物不然，無物不可。」出自《莊子·齊物論》。章太炎早在〈四惑論〉中便曾用黑格爾的著名命題「凡是現實的都是合理的，凡是合理的都是現實的」來解釋這一段話：「若夫莊生之言曰:『無物不然，無物不可。』與海格爾所謂『事事皆合理，物物皆善美』者詞義相同。」在這裏，他進一步闡述了這一論點。體非形器，並不是抹煞一切形器，而是以此確認一切形器存在的合理性與現實性，而這就是「自在而無對」。

「齊物之至，本自無齊。」《齊物論釋》還從萬物與我爲一之說、萬物皆種以不同形相禪之說、無盡緣起之說三個方面對此作了論證。書中寫道：「彼一一無生、有生諸行，非獨同類，其實本無自他之異，故復說萬物與我爲一。詳《華嚴經》云『一切卽一，一卽一切』。法藏說爲『諸緣互應』，〈寓言篇〉云『萬物皆種也，以不同形相禪』，義謂萬物無不相互爲種。《大乘入楞伽經》云：『應觀一種子與非種同印，一種一切種是名心種種。』法藏立無盡緣起之義，與〈寓言篇〉意趣正同。彼作〈法界緣起章〉云：『本一有力爲持，多一無力爲依，容入旣爾。多一有力爲持，本一無力爲依，容入亦爾。』其《華嚴經指歸》云：『此一華葉，理無孤起，必攝無量眷屬繞此。』此一華葉，其必舒己，遍入一切，復能攝取彼一切法，令入己內，義皆與〈寓言篇〉同，欲成一切卽一、一卽一切之義。」書中還舉了事例加以說明，如一人體，含有無始以來種種動物形性，至單細胞而止。依此人力，又能生起各種細胞。且如精子，亦由各種飲食展轉同化，如是精子亦緣無量異性生命集成，其更相爲種。章太炎在這裏突出了萬事萬物之間的普遍聯繫，以此進一步說明了從自然界到人類社會一切存在的內在的統一性。當然，他不忘說明，凡此萬物與我爲一之說，萬物皆種以不同形相禪之說、無盡緣起之說，「惟依如來藏緣起說作第二位」。因爲「若執是實，展轉分析，勢無盡量，有無窮過」，所以，他說：「依幻有說，萬物與我爲一；若依圓成實性，唯是一如來藏。」論證了不齊的萬物具有統一性因而相互平等之後，他作出的結論，就是郭象所說的「物暢其性，各安其所安，無有遠近幽深，付之自若，皆得其極，則彼無不當、而我無不怡也。」他評論說：「子玄斯解，獨會莊生之旨。」很明顯，他反覆說明萬物變動不居而又互相聯繫，萬物不齊而又統一於如來藏，還是爲了確認萬物存在的合理性與現實性。

《齊物論釋》劈頭解釋「齊物」二字的涵義說：「齊物者，一往平等之談。詳其實義，非獨等視有情，無所優劣，蓋離言說相，離名字相，離心緣相，畢竟平等，乃合齊物之義。次卽《般若》所云字平等性、語平等性也。其文旣破名家之執，而卽泯絕人、法，兼空見、相，如是乃得蕩然無閡。若其情存彼此，智有是非，雖復泛愛兼利，人我畢足，封畛已分，乃奚齊之有哉？」萬事萬物只要超越人們主觀意念所加予他們的種種界定和價值評判，直達眞如本體，就能達到眞正的平等，這就是萬物各從所好，各得自在。章太炎繼續寫道：「夫託上神以爲禰，順帝則以游心，愛且蹔兼，兵亦苟偃。然其繩墨所出，斠然有量；工宰之用，依乎巫師。苟人各有心，拂其條教，雖踐屍喋血，猶曰秉之天討也。夫然，兼愛酷於仁義，仁義憯於法律，較然明矣。齊其不齊，下士之鄙執；不齊而齊，上哲之玄談。自非滌除名相，其孰能與於此？」屈服於人們所製造的帶有偏見與局限性的種種觀念，並以之衡量一切是非，強行將所有不同的事物納入一個模式，無論西方的博愛，還是中國儒家的仁義，名義儘管非常動聽，實踐中卻必然不免踐屍喋血。章太炎認爲，只有破除了種種觀念的束縛，不屈從於任何特定的具體的名與相，才有可能給萬事萬物以應有的獨立、自由及眞正的平等。這就是他所說的「齊物要旨」之一。

這一理論運用於社會現實，章太炎認爲最重要的就是要打破文明與野蠻的成見，承認各個民族、各個國家存在及按照自己意願獨立自主地向前發展的合理性、現實性。面臨帝國主義列強挾其文明以俱來的嚴重威脅，他強調：「應務之論，以齊文野爲究極。」他要爲落後民族的生存權、落後國家的獨立主權找到哲學上的根據。爲此，他鄭重寫道：「原夫齊物之用，將以內存寂照，外利有情。世情不齊，文野異尙，亦各安其貫利，無所慕往。饗海鳥以大牢，樂斥鷃以鐘鼓，適令顚連取斃，斯亦眾情之所恒知。然志存兼併者，外辭蠶食之名，而方寄言高義，若云使彼野人獲與文化。斯則文野不齊之見爲桀跖之嚆矢明矣。」他強調說：「物有自量，豈須增益？故寧絕聖棄知，而不可鄰傷也。向令〈齊物〉一篇方行海表，縱無減於攻戰，輿人之所不與，必不得藉爲口實以收淫名明矣。」《齊物論釋》還寫道：「齊物之用，廓然多塗，今獨以蓬艾爲言。何邪？答曰：文野之見，尤不易除。夫滅國者假是爲名，此是檮杌窮奇之志爾。如觀近世有言無政府者，自謂至平等也，國邑州閭泯然無間，貞廉詐佞一切都捐，而猶橫著文野之見，必令械器日工，餐服愈美，勞形苦身以就是業，而謂民職宜然，何其妄歟！」正是針對這一現實，他認爲首先要破除文野之見，讓各個民族、各個國家根據自己的實際情況決定自己的命運。與此相聯繫，他還針對城市與鄉村的對立，提出「俗有都野，野者自安其陋，都者得意於嫺，兩不相傷，乃爲平等。」

理絕名言，平等而咸適。《齊物論釋》從眞理論的角度進一步說明了爲什麼必須正視並衝破認識由於其主觀性而必然具有的種種局限。

章太炎首先要求人們認淸言與義卽能詮名與所詮義之間的關係，了解它們之間既有相統一的一面，又有相矛盾的一面，而這正是意識活動的必然結果。他寫道：「言之與義一方相類，一方不相類，二方和合，輻輳寄於意識。」先前，在〈原名〉、〈論諸子學〉等論著中，他較多地論證過名與實互相統一，名反映實。在這部《齊物論釋》中，他則更多地論證了能詮名與所詮義互不相稱。「問曰：云何能詮、所詮互不相稱？答曰：當以三事明之：一者本名，二者引伸名，三者究竟名。」本名，如水說爲水，火說爲火，「尋其立名，本無所依」，由本名孳乳，如由水言準，由火言毀，「本名既無所依，所孳乳者竟何所恃？」而且，州國殊言，「一所詮上有多能詮」，凡此，都足證本名與義果不相稱。引伸名，由兩個以上本名構成新名。如公主二字本義平分燭熜，新名義爲帝女；校尉二字本義木囚火伸，新名義爲偏將；鴻臚二字本義大雁肥腹，新名義爲主賓贊官；凡此之類，「若本名與本義相稱，引伸名與現義卽當相違；若引伸名與現義相稱，本名與本義便亦相違」，足證「夫能取意念、所取事相廣博無邊，而名言自有分齊，未足相稱，自其勢也。」究竟名，「尋求一實，詞不能副，如言道、言太極、言實在、言實際、言本體等。」道本是道路，太極本是大棟，但這裏一者解釋爲遍一切地，一者解釋爲無內無外。實在、實際本包含有體積、邊際之義，但這裏意思卻是不住不箸、無有處所封畛。本體，本以有形質故言體，但這裏義爲非有質礙、不可摶掣。凡此又足證「能詮之究竟名與所詮之究竟義不能相稱」。本名、引伸名、究竟名的名與義這一狀況，說明：「夫語言者，惟是博棋、五木、旌旗之類」，只具有象徵意義，「名實本不相依。執名爲實，名家之封囿；淫名異實，狂人之龜愚。殊途同歸，兩皆不可。」無論是將概念、觀念看成實在，還是認爲概念、觀念與實在毫無關係，章太炎認爲，這兩種傾向都是不可取的。

其次，章太炎要求人們充分注意認識的有限性。他指出，物量無窮，天地未足以定至大之域，「持世之道，因乎常識，六合有外，人人可以比量知其總相，其外何狀，彼無現量，無由知其別相」，爲此，他贊成對此存而不論，「存則無損減，不論則無增益，斯爲眇契中道。」宇內之事也多至無限，對此，章太炎認爲，「遠古之託，異域之傳，有可論列」，但是，古今中外人情旣異，則不應「平訂是非」；卽在員輿之內，「夫其風紀萬殊，政教各異，彼此擬議，率皆形外之言，雖其地望可周省，俗終不悉」，事有象而理難徵，對此，也應當承認認識有難以克服的限制。以此，章太炎讚賞孔子所說的「知之爲知之，不知爲不知，是知也」，告誡人們不要企望無所不了然，否則，「騖馳愈遠，本量愈乖」。

認識主體不同，或同一認識主體處於不同時期、不同場合，認識結果會有重大差異。對於同一客體產生的這種認識上的差異，章太炎認爲更值得注意。他舉例說，冰寒火熱，世以爲塵性必然，但款冬在冰地開花，火鼠在烈燄中嬉戲，前者並不以冰爲寒，後者並不以火爲熱，可見，冰寒火熱只是一部分認識者的感覺，就另一部認識者而言，這種感覺不存在，「則知冰未必寒，火未必熱。」又如，火能焚，風能盪，亦世以爲塵性必然，但火不焚水，風不吹光，證明火與風只對一部分物體能焚、能盪，對於另一部分物體則不焚、不盪。「則知火不能焚，風不能盪。」

蚳醢古人以爲至味，燔鼠粵人以爲上肴，口之所適酸腐皆甘旨，愛之所結嫫母亦清揚，都足證「能覺者旣殊，則所覺者非定」，「五感所取，任運分別所得，明見相本無定法」。若謂「塵性自然，物盛同爾」，則解釋不了這些現象。

特別是對於被認識客體的價值評判，章太炎認爲，更常常直接決定於認識主體：「是非所印，宙合不同，悉由人心順違以成串習。雖一人亦猶爾也。……是云非云，不由天降，非自地作，此皆生於人心。心未生時，而云是非素定，斯豈非以無有爲有邪？」當然，這並不是說，在現實生活中可以不辨是非曲直。他所激烈反對的是以一種永久不變的標準去衡定一切是非。他說：「道何所依據而有眞僞？言何所依據而有是非？向無定軌，惟心所取。」道本無常，與世變易，所以，必須反對以今非古或以古非今，以異域非宗國或以宗國非異域，「昔人所印是非亦與今人殊致，而多辯論枉直、校計功罪，猶以漢律論殷民、唐格選秦吏。」章太炎以爲這些都是顚倒之說、一孔之見。是非曲直不是絕對的，而是相對的，對於人們來說，正確的要求應當是「繫乎他者，曲直與庸眾共之；存乎己者，正謬以當情爲主。」章太炎在此還特別強調：「夫齊物者，以百姓心爲心。……聖人未始有天，未始有人，未始有始，未始有物，與世偕行而不替，所行之備而不洫。」

體非形器、理絕名言，都是通過將認識的主觀性極度強化、繼而對它到達純粹眞理的能力作出否定答案的辦法來論證的。「齊物，本以觀察名相，會之一心。」事實表明，章太炎看到了人們迄今總是爲自己造出關於自己、關於世界的種種虛假觀念，並常常十分虔誠地按照自己關於神、關於天理公理及其他美好理想的觀念來建立自己的生活和世界。他認為，人們對於這些虛假觀念的迷信和屈從，正是社會不公、人類經常為苦難所困擾的根源。他抗議人們作為創造者竟屈從於自己的創造物，要求人們從自己所造出的幻想、觀念、教條、想像的存在物中解放出來，不再在這些東西的枷鎖下呻吟掙扎。這不僅是對傳統觀念統治的抗議，而且是對迄今為止整個現實世界的抗議。但是，他以為，人們一旦從頭腦裏拋掉這些幻想、觀念、教條、想像的存在物，用符合眞如哲學的思想來代替它們，當前的現實就會崩潰，世界就可到達眞正自由、平等的境界，實際上用的是同樣的以為思想統治著世界的思維方式。他相信思想、觀念、想法產生、規定、支配著現實世界，而不了解，所有這些幻想、觀念、教條、想像之所以被人們製造出來並為人們所禮拜遵從，自有其客觀的社會歷史條件。人作為主體通過自己的觀念作用於世界，世界又產生了人及人們的觀念。不改變使人們屈從於自己創造出來的神靈、形器及其他觀念的環境，而僅僅改變若干觀念，非但現實世界不可能就此改變，而且人們還會不斷繼續創造出各種虛假觀念並繼續迷信和屈從這些虛假觀念。這正是章太炎的眞理論同時也是他的哲學致命弱點之所在。

章太炎在《菿漢微言》中總結自己思想變遷之迹時說過：「自揣平生學術，始則轉俗成眞，終乃回眞向俗。」儘管章太炎將認識的主觀性的作用極度誇大了，他自己的觀點、理論卻仍然根植於塵俗世界，是為了解決現實生活中的實際問題。他在《齊物論釋》中解釋莊子「其特別志願本在內聖外王，哀生民之無拚，念刑政之苛殘，必令世無工宰，見無文野，人各自主之」，其實正是夫子自道。《菿漢微言》對《莊子・齊物論》有一綜合評價:「〈齊物〉一篇，內以疏觀萬物，持閱眾甫，破名相之封執，等酸鹹於一味。外以治國保民，不立中德。論有正負，無異門之釁，人無愚智，盡一曲之用，所謂衣養萬物而不爲主者也。遠西工宰亦粗明其一指，彼是之論，異同之黨，正乏爲用，攖寧而相成，雲行雨施而天下平。故〈齊物論〉者，內外之鴻寶也。」這一段話，也正是章太炎《齊物論釋》一書的精神所在。攖寧，出於《莊子・大宗師》:「其爲物，無不將也，無不迎也，無不毀也，無不成也，其名爲攖寧。」成玄英疏:「攖，擾動也。寧，寂靜也。」陳者必去，新者必來，凡物都會滅亡，又都必然產生，世界正是在不斷的新陳代謝中運動著的。在這裏，章太炎用自己的整個理論證明，他已非常敏銳地看到了他所處的時代和他爲之獻身的革命事業極深的內在矛盾，他希望通過一種新的認知方法，一種新的世界觀來認識這些矛盾，解決這些矛盾。他的努力包含著許許多多失誤，但是，在他那一代人中，可以說，還沒有其他任何一個人曾像他這樣在如此廣濶的哲學領域中縱橫馳騁，以勇猛的氣勢對傳統的世界觀進行撻伐，努力使他所生活的那個時代的時代矛盾、時代精神在哲學中得到昇華。他確實以自己的業蹟爲中國哲學的發展開闢了一個新的歷史階段。

章太炎所致力的是一場名副其實的哲學革命，卻又是一場中途夭折了的哲學革命。他的哲學，企圖用一種新的認知方法，引導人們從世界觀的高度去認識和解決時代、國家、革命所面臨的一系列根本性問題。但是，人們幾乎完全沒有理睬他的這些努力。這種冷淡，當然與他的論著過於晦澀抽象、許多眞知灼見淹沒在大量相對主義和虛無主義說教中有關，更重要的理由，卻是因爲革命者和他們的對手當時都沉浸在激烈的政治風暴中，人們沒有精力、時間、興趣、毅力去對那些似乎遠離現實的抽象問題進行深入的思考。整個國家都缺乏哲學氛圍，因此，章太炎便常常是孤身一人在奮戰。他的哲學，自然也就沒有能够像康德哲學、黑格爾哲學那様薰染一大批人，滲透進許多學科，成爲風靡一時的時代思潮，並以肯定的或否定的形式一代一代延續下去，推向更高的峰巔。他被袁世凱軟禁在北京絕食求斃時曾經不勝悲愴地感嘆說：「經史小學，傳者有人，光昌之期，庶幾可待。文章各有造詣，無待傳薪，惟示之格律，免入歧途可矣。惟諸子、哲理，恐將成廣陵散耳。」㉚哲學不僅沒有傳人，沒有多少知音，甚至沒有一些可以嚴肅而認眞地與之論辯的反對者，這是多麼令人心寒的寂寞。

㉚　朱希祖：〈致潘景鄭書〉，1936年7月20日，見朱佑等《朱逖仙先生訃告》。

第五章 章氏友朋與章門弟子

一、章太炎與康有為

1898年戊戌變法失敗後，康有爲輾轉逃至日本，西太后密令駐日公使，令謀縛康有爲，若不能，亦必設法殺之，同時，開動宣傳機器，對康有爲肆意詆毁。章太炎於12月流亡至臺北，立卽給康有爲寄去一信，對他表示熱情的支持，明確表示，將與他共相扶持，聲討西太后和舊黨的種種罪惡，堅持「百日之政」所已開始的「旋轉乾坤」的事業。12月28日（舊曆十一月十五日）康有爲卽復一書致章氏，云:

> 枚叔先生仁兄執事：曩在強學會，辱承賜書，良深感仰，卽以大雅之才、經衞之懿告卓如。頃者政變，僕爲戮人，而足下乃拳拳持正議，又辱書教之，何其識之絶出尋常，而親愛之深耶！ 臺灣瘴鄉，豈大君子久居之所？ 切望捧手，得盡懷抱。馳騁歐美，乃僕夙願，特有待耳；兼容並包，教誨切至，此事至易明，僕豈不知，而抱此區區，蓋別有措置也。神州陸沉，堯臺幽囚，惟冀多得志士相與扶

之，橫睇豪傑，非足下誰與？惟望激昂同志，救此淪胥。爲道自愛，書不盡言。十一月十五日，有爲再拜。

章太炎接到此書後，寫了長長一篇識語，並原書一道發表於1899年1月13日《臺灣日日新報》。識語云：

余于十一月上旬馳書長素工部，其稿爲同人持去，業登報章。數旬以來，屏居枯坐，戚戚寡欲，念夙好之凋零，悲天綱之潰決，疢懷中夜，不能奮飛。昨者晨起，殷憂塡膈，忽得工部報書，眉宇盱揚，陽氣頓發，蓋不啻百金良葯也。書中稱譽，不無過情，然工部非妄有阿借者。至其自述懷抱，卓詭切至，語不繳繞，而入人肝脾，志士誦之，靡不按劍。故錄其原稿，登之報章，以備賢哲省覽焉。

或曰：子與工部，學問涂徑故有不同，往者平議經術，不異升元，今何相暱之深也？余曰：……所與工部論辯者，特左氏、公羊門戶師法之間耳，至於黜周王魯、改制革命，則未嘗少異也（余紬繹周秦西漢諸書，知左氏大義與此數語吻合），況旋轉乾坤以成旣濟之業乎？……學無所謂異同，徒有枉直焉耳。持正如工部，余何暇與論師法之異同乎！陰曆十二月朔，支那章炳麟識。

康有爲來書和章太炎這一段識語都極感人，它們非常眞切地反映了這兩位大師「論學雖殊，而行誼政術自合」所結成的特別情誼。

章、康交往始於1895年冬。是時，康有爲路過杭州，特往詁經精舍拜訪俞樾，並贈以所著《新學僞經考》。俞樾對章太炎說:「爾自言私淑劉子駿，是子專與劉氏爲敵，正如冰炭矣。」❶《新學僞經考》反對劉歆，反對古文經學，宗法《春秋公羊傳》而斥《春秋左氏傳》爲僞經，和正在撰寫《春秋左傳讀》、《駁箴膏盲評》的章太炎觀點正好針鋒相對，所以俞樾作如是說。但是，章太炎儘管在學術上和康有爲代表相互對立的兩個不同學派，在政治上對康有爲在京發動「公車上書」和組織強學會，則十分敬佩。他參加上海強學會以及離開詁經精舍去時務報館，便是這一立場最清楚不過的表現。實際上，在學術上，他當時也接受了康有爲的一些影響。〈論學會有大益於黃人亟宜保護〉一開始就說:「整齊風俗，範圍不過，若是曰大一統；益損政令，九變復貫，若是曰通三統。通三統者，雖殊方異俗，苟有長技則取之。」❷便是借用《春秋》公羊學大一統、通三統的理論，來舖墊維新變法和學習西方的合理性。

章太炎同康有爲第一次正面衝突發生於時務報館中，爲反對康有爲「尊孔設教」的主張而在1897年4月14日遭到康氏門徒的圍攻與毆打。章太炎在〈致譚獻書〉中曾詳述此事經過:

> 康黨諸大賢，以長素爲教皇，又目爲南海聖人，謂不及十年，當有符命。其人目光炯炯如巖下電。此病狂語，不值一欭。而好之者乃如蛣蜣轉丸，則不得大聲疾呼，直攻其妄。……私議及此，屬垣漏言，康黨銜次骨矣。會譚復笙

❶ 《太炎先生自定年譜》光緒二十二年丙申。
❷ 見《時務報》第十九册。

來自江南，以卓如文比賈生，以麟比相如，未稱麥（孟華）君，麥忮忌甚。三月十三日，康黨麕至，攘臂大哄。梁作霖復欲往毆仲華，昌言於衆曰：昔在粵中，有某孝廉詆諆康氏，于廣坐毆之，今復毆彼二人者，足以自信其學矣。噫嘻，長素有是數子，其果如仲尼得由，惡言不入于耳邪？遂與仲華先後歸杭州，避蠱毒也。❸

這場衝突當然是很傷感情的。但是，雙方並不是就此決裂。章太炎在〈致汪康年拒絕挽留書〉中說：「凡事離之則雙美，合之則兩傷。常以筆墨相交，則紀念自生。恐又自此開釁，不如早離爲要。」❹他在政治上繼續保持對康有爲堅決支持的立場。這一立場，在章太炎1898年春同梁鼎芬、王仁俊、朱克柔的論爭中特別鮮明地表現出來。

張之洞、梁鼎芬等得知章太炎與康有爲學術上的分歧，邀請章太炎到武昌主編《正學報》，即是想利用章氏來打擊康氏，削弱康氏的社會與政治影響。章太炎離開時務報館後，曾杜門謝客，撰寫《新學僞經考駁議》，脫稿之前曾到溫州向孫詒讓請教。孫詒讓在學術上也不同意康有爲的見解，但是，他認爲，康有爲關於變法維新的主張洞見中國問題的癥結，必須給予保護和支持，而公開批駁《新學僞經考》，必然會助長反對維新變法者的氣焰，因此勸他愼重考慮。章太炎深覺有理，隨即中止了《駁議》一書的寫作。現在，當時務報館的衝突在感情上引起的波瀾

❸ 見譚獻《復堂日記續錄》錢基博〈跋記〉。

❹ 見《汪穰卿先生師友書札》，上海古籍出版社1986年5月版，第二册，第1949頁。

早已過去之時，張之洞、梁鼎芬等想藉章太炎之刀來揮向康有爲，章太炎就非常淸醒了。對於圍繞著對康有爲的態度在武昌發生的這場衝突，章太炎也有一段記述：

> 曩客鄂中，時番禺梁鼎芬、吳王仁俊、秀水朱克柔皆在幕府，人謂其與余同術，亦未甚分涇渭也。旣數子者，或談許鄭，或述關洛，正經興庶，舉以自任，聆其言論，洋洋滿耳。及叩其指歸，齤卷逡巡，卒成鄉愿，則始欲割席矣。嗣數子以康氏異同就余評隲，並其大義亦加詆毀。余則抗脣力爭，聲震廊廡。舉室瞠眙，謂余變故，而余故未嘗變也。及革政難起，而前此自任正學之數公者，乃皆垂頭闔翼，喪其所守，非直不能建明高義，並其夙所誦習，若云陽尊陰卑、子當制母者，亦若瞠焉忘之。嗚呼！……今之自任正學而終于脂韋突梯者，吾見其若是矣。❺

這番經歷和章太炎的態度表明，在他內心深處，擇友之道是非常明確的，不僅要看學術上是否氣味相投，還要看政治大義是否相合，更要看一個人的人格，理論上所持是否眞正願意付諸實施，是否在遇到危難之時仍能堅持所守。正因爲如此，他對梁鼎芬之流嗤之以鼻，而在康有爲遭到反動勢力圍剿時挺身而出，爲康有爲辨誣。1899年5月他在《淸議報》上發表了〈答學究〉，即專門駁斥所謂康有爲「泄秘謀以速主禍，非忠也；訐宮闈以崇婞直，非恕也」一類攻擊康有爲的論調，充分肯定了康有爲大聲

---

❺　〈康有爲復書識語〉，見1899年1月13日《臺灣日日新報》。

疾呼討伐西太后爲首的反動勢力的做法，指出廣大士夫怯懦痲木，山崩陵阤而宴臥者如故，康氏嘩釦而與天下陳其義，正可激起他們的義憤，使之奮起。是年10月，他又在《五洲時事匯報》上發表了〈翼教叢編書後〉，指出中國學者之疑經，不始於康有爲；詆其說經而並及其行事，此一孔之儒之迂論。文章更進一步駁斥了《翼教叢編》從政治上攻擊康有爲的謬論，指出：

今之言君權者，則痛詆康氏之張民權；言婦道無成者，則痛詆康氏之主男女平等。清談坐論，自以孟、荀不能絕也。及朝局一變，則幡然獻符命。舐痛痔惟恐不亟，並其所謂君權婦道者亦忘之矣。夫康氏平日之言民權與男女平等，汲汲焉如鳴建鼓，以求亡子，至行事則惟崇乾斷、肅宮闈，雖不能自持其義，猶不失爲忠於行事。彼與康氏反唇者，其處心果何如耶？

章太炎與康有爲分道揚鑣，並不是因爲他宗法經古文學，康有爲宗法經今文學，二人學術上處於對立地位，而純然出於政治上作出了不同的抉擇。

康有爲生於1858年，比章太炎年長十一歲。他也生於一個書香世家，祖父是個舉人，做過縣教諭、州學正、州訓導，父親做過江西補用知縣，論家世，與章太炎家差不了多少，雖然家境略好一些。但是，章家世代所宗，多爲漢學、中醫。康家則「世以理學傳家」。康有爲的祖父專以程朱之學提倡後進，對康有爲也從小就以程朱理學加以教誨。青年師代，章太炎進詁經精舍從俞樾、黃以周、高學治等漢學名家學習，康有爲則進南海禮山草堂師事朱次琦。朱次琦對乾嘉期間學者不宋學而漢學非常不滿，提倡程朱陸王之學，康有爲對朱氏傾倒備極，一意歸依。他在致友人書中曾說：

> 將近冠年，從九江朱先生游，乃知學術之大，于是約己肆學，始研經窮史，及為駢散文詞，博採眾涉，漁獵不休。如是者六、七年，二十四、五乃翻然于記誦之學近于謏聞，乃棄小學、考據、詩詞、駢體不為。于是內返之躬行心得，外求之經緯世務，研辨宋、元以來諸儒義理之說，及古今掌故之得失，以及外夷政事、學術之異，樂律、天文、算術之瑣，深思造化之故，而悟天地人物生生之理及治教之宜，陽闔陰闢，變化錯綜，獨立遠游。至乙酉（1885年）之年而學大定，不復有進矣。❻

康有爲思想形成的這一過程，對他日後的政治實踐影響極大。康有爲與宋明理學如是之深的關係，使他的思想與行動形成三個顯著的特點：一，善於從宏觀的範圍體系化地考察和思索問題，所以，他在同時代人中，能够最早洞見中國問題癥結之所在；也正因爲較早就使思想觀念體系化，要改變就相當困難；二，思想觀念形成之後，便以理學家的心性、激情執拗地去將之付諸實施，雖驚世駭俗、舉世非之，亦鮮反悔；三，嚴峻的理必輔之以眞切的情，而一旦形成眞誠的情結就難以解開，甚至不免最後以情蔽理。

---

❻ 康有爲：〈與刑部沈子培書〉，《康有爲全集》第一卷，上海古籍出版社1987年10月版，第380頁。

在戊戌政變之後，康有爲從堅持維新變法走到頑固地執守保皇主義，可以說，正是這些特徵在他身上起了作用。他自詡對於中國的改革已經作了全面的正確的規劃，並不避艱險堅持實行這一規劃，而光緒皇帝的知遇之恩，卽對他的理解和支持，更使他以情緒化支配了自己的感情與理智。所以，在流亡期間，組織保皇會，只反對以西太后爲代表的守舊勢力，而拒絕任何會危及光緒皇帝的形象、未來的權威以及他本人已有的構想的意見、主張和行動。

章太炎研治漢學，重視歷史的演變、制度的沿革，堅持從事實出發尋求對策，他沒有像康有爲那樣早就形成一個包羅萬象的思想體系，與淸王朝特別是光緒皇帝沒有康有爲那樣解不開的情結，因之，在戊戌維新運動失敗後，他對於依靠淸廷或光緒皇帝實行變法是否有成功的可能漸漸發生了懷疑，而在看到淸廷包括光緒皇帝在內八國聯軍之役中的表現後，他就斷然作出了否定的結論。他肯定康有爲所堅持的道路必走不通。但是，其時，他還不願正面批評康有爲。1901年8月他在東京《國民報》第四期上發表的〈正仇滿論〉，所批評的對象局限於梁啟超，雖然梁啟超所宣傳的正是康有爲的觀點。

〈正仇滿論〉以下一段論述，集中地表明章太炎與康有爲有爲政治上根本分歧之所在:

觀梁子所論，……其知滿洲全部之當去也明矣。所極不忘者，獨聖明之主耳。夫其所謂聖明之主者，果能定國是、厚民生、修內政、御外侮，如梁子私意所料者耶？彼自乙未以後，長慮卻顧、坐席不暖者，獨太后之廢置我耳。殷憂內結，智計外發，知非變法無以交通外人，得其歡心，非交通外人得其歡心，無以挾持重勢而排沮太后之權力。故戊戌百日之新政，足以書于盤盂、勒于鐘鼎，其迹則公，而其心則只以保吾權位也。曩令制度未定，太后天殂，南面聽治，知天下之莫予毒，則所謂新政者，亦任其遷延墮壞而已。何也？滿、漢二族固莫能兩大也。今以滿洲五百萬人臨制漢族四萬萬人而有餘者，獨以腐敗之成法愚弄之錮塞之耳。使漢人一日開通，則滿人固不能晏處于域內，……滿人雖頑頓無計，而其怵惕于漢人，……雖無太后而掣肘者什伯于太后，雖無榮祿而掣肘者什伯于榮祿，……由是言之，彼其爲私，則不欲變法矣；彼其為公，則亦不能變法矣。進退無所處，而猶隱愛於此一人，何也？

1903年的〈駁康有爲論革命書〉重申了這些論點，並直接摘引了〈正仇滿論〉中大段論述，恰正證明了這一段駁論正是針對康有爲。1900 年章太炎所寫的〈咏南海康氏〉只有短短四句:「北上金臺望國氛，對山救我帶猶存；奪門偉業他年就，專制依然屬愛新。」❼正概括了〈正仇滿論〉這一主旨。

〈駁康有爲論革命書〉寫成後，章太炎託人帶到香港轉新加坡交給康有爲本人。這是一份公開信，目的是要消除康有爲政見書的社會影響，但是，將信託交康有爲收閱，正表明章太炎儘管在政治立場上同康氏已處於對立地位，但對康氏本人還是尊重

❼ 見《復報》第四號。

的。檢閱這封長信，不難發現，章太炎對康氏還是抱有一線希望的，眞誠地希望他能够有所覺悟。駁康書最後一段寫道：

> 若長素能躍然祗悔，奮厲朝氣，內量資望，外審時勢，以長素魁壘耆碩之譽聞于禹域，而弟子亦多言革命者，少一轉移，不失為素王玄聖。後王有作，宣昭國光，則長素之像屹立於星霧，長素之書尊藏于石室，長素之迹葆覆于金塔，長素之器配崇于銅柱，抑亦可以尉薦矣。……以視名實俱喪，為天下笑者何如哉？

可是，康有爲沒有回應。晚清經學的這一組雙星從此也就中止了他們的友情。

二、章太炎與孫中山

章太炎在時務報館時從路透社孫逸仙在倫敦被清朝使館綁架的電訊中最初得知孫中山其人。電訊報導孫逸仙名文，是中國變政黨人，是醫生，被人誑誘監禁在清朝倫敦使館，後由英國外部大臣照會使署，提出強烈抗議，使署方才不得不放人。章太炎閱後，卽詢問梁啟超，從他那裏得知孫中山「蓄志傾覆滿政府」❽，「主張革命，陳勝、吳廣流也。」❾

章太炎首次會見孫中山，是1899年7月在橫濱旅途中。他在

---

❽ 朱希祖：〈本師章太炎先生口授少年事蹟筆記〉，《制言》第二十五期。

❾ 章太炎：〈民國光復〉，見《章太炎先生講演集》。

給汪康年的信中敍述了這次會見的印象：

興公亦在横濱，自署中山樵，嘗一見之。聆其議論，謂不瓜分不足以恢復。斯言卽流血之意，可謂卓識。惜其人閃爍不恒，非有實際，蓋不能為張角、王仙芝者也。⑩

在梁啟超横濱居處由梁啟超作介紹的這次會見，雖然一下子就討論了中國如何改造的問題，但確實兩人還相知不深。

章太炎眞正引孫中山爲自已的同志，是在1900年8月他割去長辮以示同清王朝決裂之時。當時，他給孫中山寫了一封充滿革命激情的書信，其中寫道：

中山先生閣下：去歲流寓于横濱，梁君座中得望風采。先生天人也。鄙人束髮讀書，始見《東華錄》，卽深疾滿洲，誓以犂庭掃閭為事。惟顧藐然一書生，未能為此，海內又鮮同志。數年以來，聞先生名，乃知海外自有夷吾，廓清諸夏，非斯莫屬。去歲幸一識面，稠人廣眾中，不暇深議宗旨，甚悵悵也。今者滿政府狂悖恣行，益無人理，聯軍進攻，將及國門，覆亡之兆，不待蓍蔡。……鄙人……憤激蹈厲，遽斷辮髮，以明不臣滿洲之志，……玆將〈拒滿蒙人入會狀〉及〈解辮髮說〉篇寄呈左右，所望登之貴報，以示同志。雖詞義鄙淺，儻足以激發意氣乎？……時遭陽九，天下事尚有可為，惟為四萬萬人珍攝。肅此敬

⑩　見《汪康年師友書札》㈡，第1956頁。

問起居。章炳麟。

孫中山接到這封信，興奮異常，即指示在香港出版的《中國旬報》將章太炎寄來的兩篇文章及這封信全文發表並以中國旬報館名義寫了一篇熱情洋溢的後記：

> 章君炳麟，餘杭人也，蘊結孤憤，發為罪言，霹靂半天，壯者失色，長槍大戟，一往無前。有清以來，士氣之壯，文字之痛，當推此次為第一。⑪

由於共同的革命立場，章太炎與孫中山一下子互相在思想與感情上接近了。他們彼此之間雖然沒有經過深入的交談，卻產生了強烈的共鳴，表現了相互深切的理解。

1902年2月底章太炎因躲避清廷追捕再次流亡日本，時孫中山正旅居橫濱，倆人獲得了密切往還好機會。孫中山每十天從橫濱來一次東京，章太炎也多次由東京去橫濱，倆人就中國革命的一系列重大問題進行了認真的討論。章太炎《訄書》修訂本中〈定版籍〉、〈相宅〉便記錄了他們進行這類討論的情況。章太炎原先只考慮到革命後如何改革賦稅制度，是孫中山引導他注意解決農民土地問題。特別值得指出的是，孫中山強調土地是自然物，不應聽由地主壟斷，不耕不稼不付出勞力者，不得有尺寸耕土，而工商業的貧富不均是由於付出的勞力、智力不同，所創造的價值彼此不同，所以，土地佔有應當平均，而工商貧富則不可

⑪ 以上俱見《中國旬報》第十九期。

平均，使章太炎對經濟變革問題的思考有了一個新的理論基礎。章太炎與孫中山的這番交往，對孫中山來說，也有很重要的意義。因爲通過章太炎及其好友秦力山的中介，孫中山和留日學生開始接觸，互相得到了了解，從而使孫中山的革命活動同留日學生的愛國鬪爭結合起來。章太炎在〈秦力山傳〉中曾特別強調了這一點：「時香山孫公方客橫濱，中外多識其名者，而游學生疑孫公驍桀難近，不與通。力山獨先往謁之，會余亦至，孫公十日率一至東京，陳義斬斬，相與語，歡甚，知其非才常輩人也。諸生聞孫公無他獷狀，亦漸與親，種族大義始震播横舍間。」⑫也正因爲如此，孫中山對章太炎非常尊重。4月26日舉行支那亡國二百四十二年紀念會後，孫中山在橫濱永樂樓公宴章太炎等，倡言全體與會者「各敬章先生一杯」，章太炎一下子喝下了七十多杯，便生動地表現了他們這種親密歡洽的關係。

這一次倆人往還前後不過三個月，章太炎不僅和孫中山相識，而且，確認了孫中山是中國正在醞釀中的革命當之無愧的領袖。所以，1903年當章士釗將白浪滔天庵（宮崎寅藏）的《孫逸仙》譯成中文出版時，他慨然爲這部傳記寫了一首序詩：「索虜昌狂泯禹績，有赤帝子斷其嗌。掩迹鄭、洪爲民辟，四百兆人視茲册。」以赤帝子喻孫中山，確認孫中山將繼承鄭成功、洪秀全的反清精神和事業而成爲民眾的領袖，充分表現了他對孫中山是如何衷心地擁護。

1906年7月章太炎因《蘇報》案被禁期滿第三次流亡日本時，孫中山正在南洋活動。10月，孫中山返回日本，章太炎與他久別

⑫　見《太炎文錄續編》卷四。

重逢，都爲革命形勢的迅速發展感到高興，每天都要步行到他的寓所中去和他共同商討革命方略，指導同盟會的工作。

然而，蜜月很快便告結束，齟齬和衝突產生，後來甚至發展到反目成仇。事端起於1907年3月孫中山被日本當局逼迫離境，當時，東京證劵商鈴木五郎資助孫中山一萬元，另日本外務省秘密交付孫中山八千元，孫中山以一千元用于舉行告別宴會，以二千元交章太炎作《民報》經費，將其餘款項帶往南洋籌劃在南方邊境發動起義。日本方面向同盟總部成員透露了外務省秘密贈款一事，引起了對孫中山的疑忌。章太炎因《民報》經費困難，曾要求將鈴木贈款全部留給《民報》使用，聽說孫中山又接受了日本政府的秘密贈款，未作深入了解，便斷定孫中山這樣做違背了革命的道德，便氣憤地取下了民報社中所懸掛的孫中山像。5月、6月孫中山所指揮的黃岡起義、七女湖起義相繼失敗，消息傳來，猶如火上澆油，章太炎與張繼便要求罷免孫中山同盟會總理職務。經黃興等調解，事態稍許平息。但是，不久，又因運械事件，雙方誤會進一步加深。運械事件，指9月萱野長知、宮崎寅藏等在日本購得一批槍械，送往廣東，爲供應廣東欽、廉起義應用，章太炎、宋教仁等從平山周、和田三郎處獲知這批槍械陳舊，不堪作戰，章、宋急忙電告香港《中國日報》，說械劣難用，請停止另購。這批槍械在運往汕尾海面時，因接運失誤，未能卸下。裝運槍械的日輪轉往香港，被港英當局勒令立即返日，返抵日本港口時，又爲日本警察當局將槍械全部扣留。這件事的背後，明顯有着日本方面的陰謀，清廷當時也已獲得情報，孫中山卻認爲全是章太炎、宋教仁洩漏機密，破壞戎機，對同盟會總部不復信任，雙方關係幾近決裂。

事實證明，章太炎、孫中山、黄興、宋教仁等人在推翻清朝政府統治、引導中國走向民主共和、使中華得以振興方面，有着共同的信念，當他們的交往保持在這一層面上時，他們的關係是異常融洽的。當他們的交往一進入革命運動的具體操作的層面時，他們不同的教育、環境、經歷和他們不同的思想、性格和運作方式的影響，便立即突現出來。外部特別是日本有關方面從中播弄是非，製造和擴大矛盾，而同盟會總部內部又缺乏處理這類歧見的成熟經驗及合理程序，雖然只是一些枝節問題，卻往往演變爲很大的糾紛。

隨後，孫中山極少過問《民報》之事。章太炎在《民報》上發表許多談哲學、宗教、佛教的文章，孫中山更有意見。而章太炎面臨《民報》社內饔餐已絕，人跡不存的困難，求孫中山有所接濟而不果，對孫成見加深。《民報》被日本封禁後，孫中山派汪精衛來東京背着章太炎秘密復刊，使章太炎更覺得受了莫大侮辱。雙方終於決裂，章太炎發佈〈僞民報檢舉狀〉，香港《中國日報》則稱章太炎爲中國革命黨之罪人，滿洲鷹犬，互相競往對方身上潑髒水。最終導致組織上分裂：孫中山將許多地方的同盟會改組爲中華革命黨，章太炎與陶成章等則重建光復會。

武昌起義爆發後，章太炎從報上獲悉孫中山即將回國，從革命發展全局考慮，先前爲革命運作上的一些分歧而掀起的陣陣爭吵突然變得毫無意義，他便主動捐棄前嫌，自東京致電滬軍都督陳其美：

> 探悉大革命家孫君逸仙已于前日乘輪回國，不日即可抵埠，請貴處派員妥爲招待，以便與之協商北伐，攻寧之

策，俾得早定大局，以蘇民困。[13]

孫中山歸國後，同盟會中一些人仍對章太炎心存芥蒂，爲此，他特別申明：「太炎君等，則不過偶於友誼小嫌，決不能與反對民國者作比例。尊隆之道，在所必講，弟無世俗睚眦之見也。」[14] 在聘請章太炎爲總統府樞密顧問時，孫中山致書章太炎，更正面給予很高評價：

> 執事目空五蘊，心殫九派，擷百家之精微，爲並世之儀表。敢奉國民景仰之誠，屈爲樞密顧問。庶幾碩儒聞風，英彥景附，昭大業於無窮，垂型範於九有。[15]

但是，隨即發生的一系列事變，包括陶成章被刺身死，潮汕光復會所部民軍被廣東都督陳炯明下令繳械，許雪秋等首領被槍決，等等，不能不給章太炎和孫中山的關係蒙上層層陰影。因此，被任命爲臨時大總統樞密顧問後，他只到南京同孫中山見了一次面，便藉口上海、南京郵遞甚便，不必常宿值廬，返回上海。隨後，環繞着漢冶萍借款與定都北京抑或南京等問題，他同孫中山意見相左；袁世凱繼任爲臨時大總統後，他爲袁氏謀劃，同孫中山等意見更多不一；他們的私人關係也就自然日趨冷淡。

---

[13] 〈章炳麟由東京致滬軍都督電〉，見《民國軍行政軍用文稿》第三集。

[14] 孫中山：〈復蔡元培函〉，見《孫中山全集》第二卷，中華書局1982年版，第19頁。

[15] 孫中山：〈致章太炎函〉，《孫中山全集》第一卷，第81頁。

直到宋教仁被狙殺案件發生以後，章太炎、孫中山等人對袁世凱的反動面目都有了較清楚的認識。都深深體會到革命黨人內部互相猜忌導致革命力量分散，內耗而爲敵所乘的危害，雙方的誤解與前嫌方才逐漸熔解。陳其美在1913年4月23日國民黨總部全體職員爲歡迎章太炎而舉行的會議上，稱章太炎「鼓吹革命，本吾國先覺，學問道德皆高尙純潔，四萬萬人仰爲泰山北斗」，又稱他爲「民國主張公理人道代表。」⑯這些稱譽，說明國民黨領導人們已經引章太炎爲自己的同志。1913年6月15日，章太炎在哈同花園同神州女學的教師湯國梨舉行結婚典禮，孫中山、黃興、陳其美都盛服出席，由蔡元培擔任主婚人。這時，他們政治上日趨一致，感情上也重新融洽起來。

其後，二次革命、護國戰爭、護法戰爭中，章太炎與孫中山都保持了相當友好的關係。特別是1917年一同居住在上海那一段時期，對於反對段祺瑞脅迫黎元洪和國會同意參加第一次世界大戰，反對張勳復辟等等，他們倆人經常一道發出通電。對一些問題的看法倆人不盡一致，但這並沒有妨礙他們政治上協同行動。

孫中山晚年改組國民黨，實行聯蘇、容共政策，章太炎詳情不了解。1924年冬，馮自由、居正、田桐、馬君武、但燾、周震麟、茅祖權等齊集上海，在章太炎家中聚會，聯名發出〈護黨救國公函〉，推定章氏撰稿並領銜。他們籌畫重新集合團體，次年2月，即組成辛亥同志俱樂部，準備鎔同盟會、光復會、共進會、灤州派等於一爐，以與改組後的中國國民黨相抗衡。但是，

---

⑯　〈國民黨歡迎會記〉，1913年4月26日《民立報》。

儘管如此，對孫中山本人，他還是尊重的。1924年11月17日，孫中山爲北上召集國民會議途徑上海，在滬逗留五日，章太炎特地前往探視。當得知孫中山在京病重時，章太炎又手疏醫方，託但燾帶往北京。3月12日孫中山在京逝世，章太炎立即趕往孫中山上海居所，商議治喪事宜，主張在正式政府成立前，由家屬及人民以禮行葬，待正式政府成立，再行國葬，反對由段祺瑞政府下令國葬。就孫中山去世一事，章太炎發表談話指出:

> 三民主義爲先生所首創。惟民族主義因有憑藉，故先生能集其大成以達目的；至民權二字，照國內現狀觀之，尚能求完全做到； 至民生二字，一切實施，則更爲幼稚。總之，先生做事，抱定奮鬪精神，堅苦卓絶，確爲吾黨健者。深願大家竟先生未竟之功，努力救國，則追悼先生始有價值也。⑰

他專門寫了一篇感人的〈祭孫公文〉，歷數孫中山一生的功業，最後有一段專門敍述他同孫中山的關係，對他多次同孫中山交惡的情況一併作了反省。這一段文字是:

> 烏呼哀哉! 天生我公，爲世鈐鏵。調樂專壹，吐辭爲矱。百夫雷同，臚句傳諾。余豈異鄉，好是諤諤? 蘭之同臭，石之攻厝。⑱

---

⑰ 見湯志鈞編《章太炎年譜長編》下册，第799頁。
⑱ 見《太炎文錄續編》卷七之上。

其後，他又撰有一篇〈民國五更贊〉，第一首便是〈孫文贊〉:「香山先覺，激揚民主。狎交宗帥，不更戎旅。私智自矜，賴茲匡輔。迫竄良將，夷其肢股。屢跌復振，逢天之祜。」⑲這是他對孫中山及自己同孫中山交友的一個總結。

三、章太炎與劉光漢

劉光漢，原名師培，字申叔，光漢係1903年他到上海得識章太炎、蔡元培等人後，以攘除清廷，光復漢族爲志而新起的名字，這個名字大約用到1908年，前後使用了約五年。

劉光漢生於1884年6月24日，小於章太炎十五歲。他出生於一個漢學世家，曾祖父劉文淇、祖父劉毓嵩、伯父劉壽曾，以三世之力，編纂《春秋左氏傳舊注疏證》，最後亦未能定稿，可見用力之深。他的父親劉貴曾，舉人，母李氏，漢學都有很高素養，劉光漢十四歲時父親去世，即由母親講授《毛詩》鄭箋、《爾雅》、《說文》。生活在這樣的家庭中，加上自幼聰穎，過目成誦，劉光漢十二歲即讀畢四書及五經，1901年十七歲中秀才，1902年十八歲即中舉。1903年他赴京參加會試，但名落孫山，未考中進士。一直春風得意的這位青年，心情抑鬱，南歸途中，滯留上海，得晤章太炎和愛國學社其他教員，聽到他們反對滿清、倡導民主共和的言論，覺得非常新鮮，立即表示贊成，而且一下子變得特別激進，自稱「激烈派第一人」。他後來曾自述十九歲時思想突然發生這一大轉折的原因和過程:

⑲ 同上。

師培淮南下士，束髮受書，勉承先業，略窺治經家法，旁及訓故典章之學，意欲董理故籍，疏通詮明，以步戴、段、阮、王之後。適時值艱虞，革命之説播于申江，揭民族主義爲標。托言光復舊物。師培年未逾冠，不察其誣，竊以中外華夷之辨默合於麟經。又嗜讀明季佚史，以國朝入關之初行軍或流于慘酷，輒廢書興嘆，私蓄排滿之心。此雖由于《蘇報》之刺激，然亦以家庭多難，泯其樂生之念，欲借此以祈遄死也。⑳

這段自白表明，這位年輕人確實才氣横溢，而他之轉向革命，固然是由于章太炎等人言論的刺激，也由于他本人有着年輕人的激情、輕信、追逐時髦以及風頭主義。他的性格中這些特徵，在以後幾年中表現得更加淋漓盡致。

章太炎和劉光漢結識後，對他漢學方面的修養和才華極爲欣賞。劉光漢返鄉時，他給劉寫去好幾封信。首先，他對劉光漢先輩所著的《春秋左氏傳舊注疏證》及劉家世傳之學非常嚮往：

仁君家世舊傳賈（逵）、服（虔）之學，亦有雅言微旨匡我不逮者乎？孟瞻（劉文淇之字）先生所纂《正義》，秘不行世，鄙人素治玆書，……數歲以來，籀繹略盡，惜其不成，仍當勉自第次。學術萬瑞，不如説經之樂，心之所繫，已成染相，不得不為君子道也。㉑

---

⑳　〈劉師培與端方書〉，見《建國月刊》第二十卷第四期。
㉑　〈章太炎與劉申叔書〉，《國粹學報》乙巳年第一號。

劉師培從家鄉給他寄來他所著的《駁太誓答問》、《小學發微》，章太炎閱後，立即復書：「下走數歲以來，以世無㘋人，自分臣之質死。今者奉教君子，吾道因以不孤。積年鬱結，始一發舒，勝得清酒三升也。」在信中，除去討論劉光漢的兩種著作外，還再一次談到劉家世傳《春秋左傳》之學，並表示希望有機會讀到這些著作：「《舊疏考證》，家有是書，《正義》雖未完具，終望諷誦一過，未知他日可以借閱否？甚懇懇也。」[22]不久，章太炎即因《蘇報》案而繫獄；劉光漢因在家鄉宣傳革命，遭到追捕，於是年夏，秋間逃抵上海，在章士釗、陳獨秀等主持的《國民日日報》參與筆政，後又和蔡元培等一道創辦《俄事警聞》、《警鐘日報》，對於身陷囹圄的章太炎，他深爲懷念，在〈歲暮懷人〉一詩中他寫道：

枚叔說經王、戴倫，
海濱絶學孤無鄰。
薑齋無靈晚村死，
中原遍地多胡塵。[23]

章太炎主編《民報》期間，劉光漢由上海于1907年2月來東京。章太炎熱忱歡迎他的到來。《民報》第十三號首篇文章就是他所寫的〈利害平等論〉；十四、十五號又接連發表了他的〈清儒得失論〉、〈辨滿人非中國之臣民〉、〈悲佃篇〉，署名韋

[22] 章太炎：〈與劉光漢書〉，《太炎文錄初編》文錄卷二。
[23] 見1904年10月24日《警鐘日報》。王，王念孫；戴，戴震；薑齋，王夫之；晚村，呂留良。

裔。〈悲佃篇〉稱：「夫今之田主，均大盜也，……今奪其所有，以共之于民，使人人之田，均有定額，此則仁術之至大者也。夫陳涉起于佣耕，劉秀興于隴畝，鄧茂七亦起自佃民，雖所圖之業或成或墮，然足證中國之農夫，非不足以圖大舉。世有陳涉、劉秀、鄧茂七其人乎？公理之昌可計日而待矣。」這些觀點，和章太炎〈定版籍〉、〈革命之道德〉的觀點及提倡「平民革命」的主張如出一轍，理所當然地爲章太炎所器重。

劉光漢經張繼介紹，結識了幸德秋水、堺利彥等人，立刻爲更爲激進的社會主義和無政府主義思想所吸引。他和他的妻子何震於是在東京創辦了《天義報》，宣布以破壞固有之社會、顛覆現今一切之政府、抵抗一切之強權、以實行人類完全之平等爲其宗旨；同時，與張繼創辦社會主義講習會，每周集會一次，邀請幸德秋水、堺利彥、大杉榮、山川均等日本志士和講習會成員主講，以昌明社會主義學說，防止民族主義的光復之說果見實行，會造成以暴易暴的後果。對於創辦《天義報》和開辦社會主義講習會，章太炎都熱忱給予支持，他爲了更方便地和劉光漢共同切磋學問，還遷出《民報》社，和劉光漢一起住到小石川久堅町二十七番地宅邸。

但是，出乎章太炎預料，就在這年年底，劉光漢已向兩江總督端方自首，成了端方的密探。挾持和脅迫劉光漢走上這一步的是他的妻子何震及姻弟汪公權。汪公權生活放蕩，揮霍無度，和劉光漢、何震住在一起，與何震更形同夫婦，宣言公夫公妻不諱。爲取得大筆錢財，他最先爲端方所收買。他們還用可以從張之洞、端方處謀得大筆款項用以支持《民報》及資助章太炎赴印度研究佛學爲誘餌，把章太炎也拉下水。章太炎面臨《民報》經費極度困難，急於籌款，曾以願意出家爲僧作藉口要張之洞或端方拿出三萬元，並一次付給。端方耽心人財兩空，堅持要章太炎先剃度出家，且錢只能按月支付。章太炎沒有跨進這一陷阱，堅持原議，雙方交涉於是終結。1908年初，劉光漢、何震相繼返東京，章太炎以爲他們向端方交涉，同端方往來是籌集大筆款項所必須採用的策略，並不懷疑有他。可是，同住在這裏的蘇曼殊從劉光漢夫婦相互談話中察覺了他們同端方的秘密關係，劉光漢懷疑章太炎可能也有所察覺，感到章太炎繼續同住，非常不便。正巧，章太炎這時無意中發現汪公權與何震私通，悄悄告訴劉光漢，劉光漢乘機大鬧起來，指責章太炎不該離間他們夫婦關係，汪公權更氣勢洶洶地叫嚷要白刀子進去，紅刀子出來，逼迫章太炎只好遷回《民報》社居住。

直到這時，章太炎也沒有醒悟，以爲劉光漢只是一時受蒙蔽和欺騙，因此，特地寫信給身在國內的前輩學者孫詒讓，請他出面調解。他在信中寫道：「儀徵劉生，江淮之令，素治古文《春秋》，與麟同術，情好無間。獨苦年少氣盛，喜受浸潤之譖。自今歲三月後，讒人交構，莫能自主，時吐謠詠，棄好崇仇。一二交游，爲之講解，終勿能濟。先生于彼，則父執也，幸被一函，勸其弗爭意氣，勉治經術，以啟後生，與麟戮力支持殘局，度劉生必能如命。」[24]不料孫詒讓已經去世。而劉光漢、何震與汪公權這時爲了打擊章太炎、搞垮《民報》，則施展了一系列新的陰謀，他們忽而僞造章太炎不日即延高僧剃度、超出凡塵的聲明，忽而僞造章太炎給雲貴總督錫良的電報，當日本當局下令封禁

---

[24] 章太炎：〈與孫仲容書〉，《制言》第三十期。

《民報》時，汪公權於1908年11月26日及30日受清廷駐日使館指使，兩次潛入民報社在飲食中下毒，社員湯增璧飲茗，幾乎死去，但章太炎始終無恙。

1908年冬，劉光漢、何震、汪公權在東京立足不住，跑回上海，經常出入於江浙革命黨人在滬革命機關，爲端方探聽情報，同時，將章太炎給端方的幾封信印成照片寄給黃興，謊稱章太炎早已無心於革命，他們一直反對並不斷從中破壞，方才使章太炎投靠端方一事未能成功，在同盟會領導層中挑起猜疑和不信任。

但是，劉光漢等人的叛徒面目終不免要暴露。1909年夏，陳其美、張恭、王金發等江浙兩省革命者在上海集會，籌劃起義事宜，劉光漢等向端方密告，端方命上海道向租界當局交涉，出動警吏查抄黨人機關。結果，張恭被捕，起義計畫不得不中止。王金發偵知是劉光漢等所爲，將汪公權擊斃，劉光漢以保全張恭爲條件免去一死，隨卽跑到南京去公開作了端方的幕僚。

對於劉光漢的墮落，章太炎深爲惋惜。當汪公權被擊斃後，爲了使劉光漢迷途知返，他非常懇切地給劉光漢寫了一封公開信。曉以利益，動之以情。信中寫道：

> 與君學術素同，蓋乃千載一遇。中以小釁，翦爲仇讎，豈君本懷，慮亦爲人詿誤。兼以草澤諸豪，素昧問學，夸大自高，陵懱達士，人之踐忿，古今所同，鋌而走險，非獨君之過也。天美其衷，公權隕命，君以權首，衆所屬目，進無搏擊強禦之用，退乏山林獨善之地。彼帥〔指端方〕外示寬弘，內懷猜賊，開之游徼之門，致諸干掫之域，臧

轂扈養，由之任使，賃舂執爨，莫非其人，猜防積中，菹醢在後，悲夫，悲夫，斯誠明哲君子所爲嗟悼者也。㉕

但是，劉光漢並未悔悟，他跟隨端方從南京到天津，任直隸督轅文案和學部咨議，1911年又隨端方經武漢入蜀。武昌起義後，端方被所部鄂軍官兵殺死，劉逃往成都。

在這一時刻，章太炎也沒有忘記這個罪孽很重的舊友。1912年1月11日，他在上海《大共和日報》上刊出一則〈求劉申叔通信〉，云:

劉申叔學問淵深，通知今古，前爲宵人所誤，陷入範籠。今者，民國維新，所望國學深湛之士提倡素風，任持絶學。而申叔消息杳然，死生難測。如身在地方，尚望先一通信於國粹學報館，以慰同人眷念。

他還發表過一則宣言，說:「今者文化陵遲，宿學凋喪，一二通博之材，如劉光漢輩，雖負小疵，不應深論。若拘執黨見，思復前仇，殺一人無益于中國，而文學自此掃地，使禹城淪爲夷裔者，誰之責耶?」㉖顯然，他仍希望提供一個機會，使劉光漢在學術上的長處得到發揮。可是，劉光漢已無顏與章太炎重結舊好。他先是留在四川任教，後至太原任閻錫山的高等顧問，1915年又到袁世凱門下任公府咨議，參與發起籌安會，和幽囚中的章太炎又一次站在完全敵對的兩個方面。他們的友誼也就完全結

㉕ 章太炎:〈再與劉光漢書〉，《太炎文錄初編》文錄卷二。
㉖ 〈章太炎宣言〉，1911年12月1日《民國報》。

束了。

四、章太炎與吳稚暉

吳稚暉是章太炎愛國學社時的同事，爲《蘇報》案及其後主義上的分歧，倆人打了幾十年筆仗。

吳稚暉，原名朓，一名敬恒，江蘇武進人，1865年生，比章太炎年長四歲。他的舊學根柢也相當好，曾就讀於江陰南菁書院，中過舉。甲午戰後，他先後擔任過天津北洋學堂教習、上海南洋公學學長。戊戌元旦，他上書左都御史瞿鴻禨，要求轉呈光緒皇帝，籲求變法。1901年東渡日本，中途一度返國，1902年再次赴日。是時，江蘇、浙江、江西一批自費生爲進入日本陸軍學校成城學校就讀，要求駐日公使蔡鈞按例保送，蔡鈞卻多方留難，吳稚暉得知，幫助學生向蔡鈞力爭，被日本警察當局逮治並驅逐回國。押解途中，他投水自盡，被日警救起。回到上海以後，他擔任了愛國學社學監，主辦《童子世界》雜誌，在張園經常發表演說，鼓吹革命，很有影響。

當時，人們倡導革命，都有一股狂氣。鄒容來到愛國學社，尊稱章太炎爲東帝，自稱西帝。吳稚暉性格外向，待人處事常常鋒芒畢露而又特別敏捷靈活。他擅長言辭，出口多詼諧尖刻，也很有一點玩世不恭的狂勁。在章太炎眼中，這卻是嘩眾取寵，言談鄙俗。因之，他們雖同在愛國學社，平時關係並不密切。

隨著《蘇報》日漸革命化，形勢日趨緊張。5月27日以後短短一個月內，工部局捕房便六次傳訊章太炎、蔡元培、黃宗仰、吳稚暉等人。而這時，愛國學社與教育會卻爲經費問題發生糾紛，吳稚暉支持愛國學社脫離中國教育會而獨立，蔡元培憤而宣布辭職，北走青島，轉赴德國。章太炎對吳稚暉這一舉措異常反感。正在這時，兩江總督魏光燾派候補道俞明震專程來滬辦理捕拿革命黨人一案，俞將吳稚暉約到自己寓所，讓他看了魏光燾遵照上諭着上海道拿辦蔡元培、吳稚暉、章太炎、鄒容、陳範、黃宗仰六人的密令，示意吳稚暉早日離滬去國外走避。吳稚暉未將此事如實告訴他人，匆匆將放在愛國學社中的舖蓋連夜拿走，引起章太炎的懷疑。後來，章太炎見到巡捕房發下的拘票上沒有吳稚暉的名字，疑竇轉深。章太炎、鄒容被捕後，包括章太炎在內，許多人都對吳稚暉同俞明震會見一事產生懷疑。身在美國的梁啟超當時也聽說此事，他在給蔣觀雲的信中曾就此事寫道：

> 公最後之函所論吳某事，弟初睹甚駭怵，然不怡于中者累日，然猶冀其中或有他種曲折，欲爲吳解免也。今得濱中來書，並抄寄枚叔獄中書，乃知其鬼蜮手段乃至此極！嗚呼！不敢復相天下士矣。似此事而可爲，則更何事不可爲耶？[27]

章太炎出獄後，爲紀念鄒容，1907年3月在宮崎寅藏等人創辦的《革命評論》第十號上發表了敍述鄒容生平的〈鄒容傳〉。在敍述《蘇報》案發生經過時，他寫道：

> 時愛國學社教員吳朓，故依附康有爲。有爲敗，乃自匿入

---

[27] 丁文江、趙豐田編《梁啟超年譜長編》，上海人民出版社1983年8月版，第327～328頁。

盛宣懷之門。後在日本，與清公使蔡鈞不協，逐歸，憤發言革命排滿事。……會清政府遣江蘇候補道俞明震窮治愛國學社昌言革命事。明震故愛眺，召眺往，出總督札曰：「余奉命治公等，公與余昵，余不忍，願條數人姓名以告，令余得覆命制府。」卽出《革命軍》及《斥康有爲》上之曰：「爲首逆者，此二人也。」遽歸，告其徒曰：「天去其疾矣，爾曹靜待之。」

吳稚暉在巴黎見到此文，對於同俞明震相見一事向章提出責問，認爲這是想當然，並指出，這樣做是「將奴隸可貴之筆墨，報復私人之恩怨。」㉘章太炎接信，卽寫了一封復信，並發表於《民報》㉙。這封信詞鋒極爲銳利，首先說明見俞明震屈膝請安、吃麵及勸吳善爲謀等事，本是吳氏自述；繼而說明之所以要暴露此事，絕非爲洩私憤，而是使世人對吳有所了解，免得爲他舞文弄墨所愚。

僕于康、梁諸立憲黨，詆諆未嘗過甚；今于無政府黨如足下者，摘發奸回，如彼其至！蓋主義之是非與心術之是非，二者不可同論。且以敗羣之羊，不可不擯。普天同志，猶未分明，故不得不明著表旗，以示天下。豈以個人之私怨而誣足下哉？

矛頭所向，形式上是吳稚暉，實際上是《新世紀》所倡導的

㉘ 見《新世紀》第二十八號。
㉙ 見《民報》第十九號。

無政府主義，他們表面上非常激進，其實政治面目很可疑。

章太炎在信中直斥吳稚暉爲「康有爲門下之小史，盛宣懷校內之洋奴」，「外作疏狂，內貪名勢，始求權藉，終慕虛榮」，由此更進而指出，他大講無政府主義，其實是「浮夸影響，不中事情，于今日中國社會情形，如隔十重雲霧：有所記敍，則猶二簧之歷史也；有所褒貶，則猶兒童之說是非也」。

吳稚暉閱後，立卽回覆一信，指責章「不應自終於書院課生之結習，與人三日居，稍不如意，卽忮恨忌刻，隨意入人以死無葬身之地之罪名。」㉚ 章太炎又立刻答覆一書，要吳「善箝而口，勿令舐癰，善補而袴，勿令後穿。」㉛ 吳再答一書，稱章「直欲以善詆爲生活」，「信用一失，必不齒於人類。」㉜ 章太炎又去書一封，稱吳爲「牛棆馬裾之洋奴」，說信中使用穢詞，本發端於《新世紀》以穢詞排斥異己，並特別抨擊了吳以中國古書爲野蠻的論點，指出：「夫東西洋道德倫理，根本不同，固不容是丹非素，惟醉心歐化恨不得爲白人牧圉者，乃往往以彼蔑此。」說吳正是這樣：

> 足下特一租界買辦之材，略能作一二旁行書，驢非驢，馬非馬，而引此語以自蔑鄉邦，是謂不知恥，是謂不知分量，是謂鼀黽不知日月光明，是謂盲龜跛鼈不知天地高厚。㉝

㉚ 見《新世紀》第四十四號。
㉛ 見《民報》第二十二號。
㉜ 見《新世紀》第四十四號。
㉝ 見吳稚暉〈回憶蔣竹莊先生之回憶〉，《上海研究資料續編》第135頁。

當年的疑忌與隔閡至此已完全演化成爲互相毒詈。當然，這時雙方的意氣之爭成分已越來越重，甚至可以說，已壓倒了原先主義上的歧異。但究其導因，其實還是在一系列革命基本理論與基本策略問題上雙方見解勢同水火。

章太炎當時同日本幸德秋水、堺利彥等交往，同倡導無政府主義最力的張繼一直保持著友好的關係，他並非對無政府主義橫加排斥，相反，無政府主義者對資本主義經濟制度的批判，對資產階級代議制度的抨擊，都爲他所欣賞所歡迎，而無政府主義者所鼓吹的暗殺、總同盟罷工等直接行動方法，更爲他所推崇。但是，這一切在他這裏都是爲了推進正在進行中的反對淸王朝腐朽統治的民族革命，而不是爲了打擊或否定這場革命。他在爲張繼所譯的《總同盟罷工論》所寫的序中談到中國現實時指出：

> 自功利之說行，人思立憲，摭《周官》、《管子》素王眇論之說，以言保富，……驅儈攘臂，訟言國政，齊民乃愈以失所，……哲人又往往東走，礦冶阡陌之利日被鈔略，邦交之法空言無施，政府且爲其胥附，民遂束手無奈之何！

針對此，他認爲總同盟罷工這一方法中國可以採用，因爲這樣做所付出的代價要遠比不起來進行鬪爭小得多。「若迟橈畏死，一卻畏死，百金以下之民，必與牛駒同賤，以貧病箠撻死者，視以罷工橫行死者，一歲之中，數常十倍。孰與鋌而走險，始忍數日之饑、一創之痛，以就大名，而有捊多益寡、稱物平施之利?」[34]

這一態度，和巴黎《新世紀》以無政府主義來反對國內正在進行的實際鬪爭恰好互相對立。《新世紀》視民族主義是崇拜帝王、崇拜祖宗、仇視異族，是棄中國社會政治現實於不顧。《新世紀》不贊成暴力行動，而贊成先行致力於教育等事，更是置身於國內現實鬪爭之外，品頭論足，胡亂指揮。章太炎認爲這些人「陽托名於無政府，而陰羡西方琛麗，一睹其士女車馬宮室衣裳之好，魂精泄橫，懼不得當，欲爲順民，復懼人之我誚，乃時吐譎觚之語，以震蕩人。」[35]儘管這只是夸夸其談，對於正在進行中的鬪爭危害卻很大，正因爲如此，他寫了許多文章加以反駁。但是，僅僅在學理上論爭，他自知有許多罅漏，力量不足，所以，他找到了吳稚暉這個靶子，從政治品質這一角度想給《新世紀》一大打擊。

章太炎與吳稚暉之間這種互相毒詈的緊張關係，一直到準備發動二次革命時方才略微和緩。當時，爲了使民黨一致對外，由章士釗出面，在他家中請章、吳一道吃飯，大家心照不宣，舊事不再重提，客客氣氣。此後，兩人偶爾見面，也說說笑笑。袁世凱死後，在孫中山、李烈鈞等處，兩人也曾一道議事。

但是，這筆舊賬並未就此了結。1923年吳稚暉在《章氏叢書》中仍收有〈鄒容傳〉，其中有一段仍涉及他：「會虜遣江蘇候補道俞明震檢察革命黨事，將逮愛國學社教習吳朓，朓故恚容、炳麟，又幸脫禍，直詣明震，自歸，且以《革命軍》進。明震緩

[34] 見《太炎文錄初編》文錄卷二。
[35] 章太炎：〈臺灣人與《新世紀》記者〉，《民報》第二十二號。

眺，眺逸。遂名捕容、炳麟。」[36]怒火又冒了出來，于是立即寫了一篇對章嘻笑怒駡極盡嘲諷之能事的文章，發表於1924年1月11日《民國日報》，稱「彼之抱殘守缺，當世除已死之劉申叔外，幾無與抗手。」這一次還是章士釗出面，說:「吳章交惡，爲革命黨中一大不幸事，至今迹仍未泯，不幸尤甚。釗於兩方，皆有厚誼，曾以調人自居，俾成和解。」他說了一下吳稚暉1903年《蘇報》案中並無通款之嫌，重申「鬩牆之迹，醜詆之詞，張之祇益益吾羞」，使這場新的衝突平息了下來。不過，時過十年之後，因爲蔣維喬寫了一篇〈中國教育會之回憶〉，略涉章、吳兩人在愛國學社中的齟齬，吳立即寫了一篇一萬五千餘字的長文〈回憶蔣竹莊先生之回憶〉[37]，對章太炎進行了一場總攻。儘管這一次重提此事與章太炎本人無關，吳稚暉卻利用這一機會對章報了當年一箭之仇。文章中還有一段特別說:

> 從十三年到今，我是在黨裏走動，人家看了好像得意。他不願意投青天白日的旗幟之下，好像失意。我若此時去同他相打，終好像我仗勢欺人。今後他也鼎鼎大名的在蘇州講學了，黨裏的報紙也盛贊他的讀經主張了。說不定他亦要投青天白日旗的下面來，做什麼國史館總裁了。那末，我也準備著皮鞋候他。

對章太炎的忌恨溢於言表。但章太炎並沒有做國史館總裁，

---

[36] 見《太炎文錄初編》文錄卷二。
[37] 蔣維喬文與吳稚暉文俱見上海通社編《上海研究資料續集》，中華書局1937年版。

也沒有像吳稚暉那樣投青天白日旗的下面，他面對著民族危亡的新的烽火，胸中充滿憂慮離開了人世。

五、章太炎與吳承仕

章太炎門弟子中，學有專長、卓然成家者不少，但得章太炎思想之神髓，與乃師精神相通、在哲學層次上產生共鳴者，恐只有吳承仕這位辛亥以後方才受業於章門，並且直到章太炎去世都同他一直保持著密切關係的門人。

吳承仕，字檢齋，又作絸齋，1884年生於安徽歙縣山村一個書香大家，和劉光漢同年，亦小於章太炎十五歲。1901年，吳承仕和他的父親同時應試，同榜中秀才；1902年他又應試中舉，1907年保和殿舉貢會考被列爲一等第一名，被點爲大理院主事，辛亥革命後，在民國政府中任司法部僉事。他在經學、小學、三禮名物、歷代典章制度方面有很札實的功底。章太炎被袁世凱幽囚於北京期間，吳承仕傾慕章太炎道德、學問、文章，虛心前來問學，成爲章太炎的入室弟子。

吳承仕奉侍章太炎之時，袁世凱正在暗中醞釀籌劃復辟帝制，尊孔復古之風播蕩全國。章太炎寫了〈駁建立孔教議〉，早已表明了自己的態度。吳承仕前來隨侍，爲的是研治國學。章氏所倡導的國學與時俗有什麼區別，究竟應該如何研治？相識伊始，他就在給吳承仕的一封長達七紙的信中對此作了明確的說明:

僕輩生于今世，獨欲任持國學，比于守府而已，固不敢高自賢聖以嘩世取名也。揚摧清代儒先所爲，佗佗不舍者，志亦若是而已。……僕所爲夙夜孜孜以求維持于不敝者，復不能盡與前修同術。何者？

繁言碎義，非欲速者所能受也；蹈常襲故，非辯智者所能滿也；

一于周、孔，而旁棄老、莊、釋迦深美之言，則蔽而不通也；專貴漢師，而剽剝魏、晉，深慜洛、閩者，則今之所務有異于向時也。

大氐六藝、諸子，當別其流，毋相紛糅，以侵官局。樸學稽之于古，而玄理驗之于心。事雖繁嘖，必尋其原，然後有會歸也；理雖幽眇，必徵諸實，然後無遁辭也。

以是爲則，或上無戾于古先民，而下可以解末世之狂酲乎？㊳

章太炎在這裏提出的「樸學稽之于古，而玄理驗之于心」、事尋其原、理徵諸實、囊括各派各代深美之言等原則，正是以後二十多年中他與吳承仕師生情誼堅實的思想與學術基礎。

吳承仕初從章太炎問學，主要請教有關玄理，特別是佛學方面的問題。第一項成果，就是他將章太炎口述的內容逐日筆錄，彙集整理成《菿漢微言》一書，刊刻問世。吳承仕書首有小記：「此中所述，餘杭章先生口義百六十七首，起自乙卯，訖于丙辰

㊳ 見吳承仕藏：《章炳麟論學集》，北京師範大學出版社1982年5月版，第347～348頁。是書將此函繫於1911年，誤，應爲1914年。《太炎先生自定年譜》民國三年：「三月，……歙吳承仕檢齋時爲司法部僉事，好說內典，來就余學。」

之初，就所臆持，次弟疋記。凡諸眇義，古近希有，不自私利，布之世間，亦檀度之行也。」章太炎於卷末有識語：「是册作于憂憤之中，口授弟子司法僉事吳承仕，令其筆述，雖多玄理，亦有諷時之言。身在幽囚，不可直遂，以爲覽者自能知之也。」這項成果顯示了吳承仕佛學和哲學上深厚的功柢，這是章門其他弟子都遠遠不及的。

第二項成果是吳承仕的《王學雜論》。1917年5月章太炎致書吳承仕，專論標舉陽明之學的意義：

> 今之所患，在人格墮落，心術苟偸。直授大乘所說，多在禪智二門，雖云廣集萬善，然其語殊簡也。孔、老、莊生，應世之言頗廣。然平淡者難以激發，高遠者仍須以佛法疏證，恐今時未足應機，故今先舉陽明以爲權說。下者本與萬善不違，而激發稍易；上者能進其說，仍入華梵聖道之門。……要之，標舉陽明，只是應時方便，非謂實相固然。足下以爲何如？㊴

在章太炎啟廸下，吳承仕撰成《王學雜論》一册，送請章太炎審閱。章認爲是論「所見大致無差」，再次強調「王學不宜于布政，……良知乃匹夫游俠之用，異乎爲天下渾其心者」，但「今者士氣消沉，非是莫能振發。」㊵ 吳承仕隨卽將是論作了修改，交北京大學《國故月刊》發表。

樸學方面，經章太炎指導與師生共同切磋，教學相長，吳承

㊴ 吳承仕藏：《章炳麟論學集》，第373～374頁。
㊵ 同上書，第377頁。

仕在小學、三禮名物及羣經諸子研究上都取得了可觀的成就。

小學方面，他在1919～1920年間輯成《經籍舊音》二十五卷，將舊存各家音切分別鈔錄，將各家音系依次一一梳理清楚，再參以典籍原文，作出辨析。在此基礎上，他精選其中 533事，編爲《經籍舊音辨證》七卷並《經籍舊音序錄》一卷，于1923年印行。章太炎爲該書作題辭，敍述了吳承仕在自己指導下搜集資料、撰寫此書的經過，評定此書。「其審音考事皆甚精，視寧人之疏，稚存之鈍，相去不可以度量校矣。」㊶

三禮名物方面，撰有《三禮名物略例》，另有《三禮名物筆記》手稿二十二册。吳承仕分禮之事類爲四：禮意、禮制、禮器、禮節，認爲考迹舊事者，應以名物爲本。書中剖析《儀禮》、《周禮》、《大戴禮》與《小戴禮》的關係，至爲精確。他在《三禮名物略例》中自述：「余以寡昧之姿，生無妄之世，年過四十，始敦說禮經。傷舊學之思微，懼名物之難理，欽念本師章君之所磬欬，鄉先正江（永）、戴（震）、金（榜）、凌（廷堪）諸子之所締構，不有纘述，則姬漢文物之遺，先民閎美之術，將及斯而斬。」章太炎多次長函與吳承仕討論禮制問題，並充分肯定他爲學篤實，此爲黃侃亦所不及。

羣經諸子方面，吳承仕研治《尚書》、《周易》、《三體石經》、《淮南子》、《論衡》均用力甚勤，與章太炎討論亦多。

章太炎與吳承仕眞摯而深切的師生情誼不僅使他們學術上在成爲同道，而且使他們在政治上成爲知音。章太炎在1916年曾致

㊶ 見《太炎文錄續編》卷二之下。寧人之疏，指顧炎武作《唐韻正》，「考辨雖詳，不暇求思理」；稚存之鈍，指洪亮吉《漢魏音》，「洪氏不知音，拘於漢法，獨著直言，而反語俄空焉」。

書吳承仕，專論改革政治的重要：

> 邇者士人多以人心偷薄，欲改良社會，以遏貪競之原，時時來請講學，鄙意以爲時未可也。大抵人心所以偷薄者，皆由政治不良致之。清之末造，業多敗壞，及袁政府跳梁五歲，鷄鳴狗盜，皆作上賓，賭博吸烟，號爲善士，于是人心頹靡，日趨下流。……若中央非有絶大改革，雖日談道義，漸以禮法，一朝入都做官，向惡如崩，亦何益乎？㊷

1925年8月9日他致書吳承仕，耽心溥儀出宮後反得自由，「陰謀恐未有艾」，主張「殲厥渠魁」，以振風紀，否則，「簧鼓所及，使文學之子，皆化爲背叛之人」，「及今不圖，則滋蔓將甚矣。」㊸

吳承仕1927年因營救被張作霖逮捕的李大釗等人未成，4月27日李大釗等二十餘人被用絞刑殺害，28日，他即憤然辭去司法部僉事之職。章太炎得知其事，已經是幾個月之後，本人這時正在被通緝之中，悲喜何似之中復書吳承仕：

> 足下辭去法部事務，可謂竟信其志。其實南方之強，更甚于北方也，僕今歲唯閑居自適，……時以宋明儒書爲樂。㊹

㊷ 見吳承仕藏：《章炳麟論學集》第365頁。
㊸ 同上書，第453～454頁。
㊹ 同上書，第 462頁。該函應是1927年所寫，《章炳麟論學集》繫是書于1926年，誤。

吳承仕1927年後陸續任北京師範大學國文系主任、中國大學國學系主任，1930年後研讀馬克思主義著作，開始運用唯物史觀研究古代禮制和古代文化。1934年創辦《文史》，陸續發表了〈五倫說之歷史觀〉、〈中國古代社會研究者對於喪服應該認識的幾個問題〉、〈語言文字之演進過程與社會意識形態〉、〈布帛上的周代的封建制與井田制〉等文，以其雄厚的樸學基礎，運用唯物史觀對這些問題加以剖析，產生很大影響。在這些問題上，吳承仕的見解當然與章太炎有了不小的差異，但是，對這位老師他仍十分諒解。1936年2月他在自己創辦的《盍旦》雜誌第一卷第五期上發表一文〈特別再提出章太炎的救亡路線〉，對提倡〈大學〉、〈孝經〉、〈論語〉、〈喪服〉的章太炎的眞實用意作了剖析。文章指出：

> 對于語言文字學、經學、諸子學有絕大開發、絕大貢獻的章太炎先生，本來是個精通佛學的絕對唯心論者，在他功成名立年將七十的晩年，自然而然的會走上那「復古運動」的掙扎之途；從表面看來，似乎與現時的規復祀孔、整理祭田、提倡四維八德等是互相唱和着的，更使前進的青年們，對他發生不快之感。但是我們應該知道：他的民族意識，是最敏感最堅固最徹底的；同時他那不屈不撓的節操，經過坐牢三年、軟禁一年、絕食七日種種艱苦，到現在仍舊保持不變。由于前者，他認識抗戰是民族解放的出路；由于後者，他認識當局某種藉口是摧殘救國運動的工具而敢于揭破他。

文章並指出:

> 他老先生的救亡主張和對于當局的態度，是一貫的而非枝節的，是必至的而非偶發的……從另一方面，他對于喪權失地的憤慨是大眾的，而表達這憤慨的文字，卻是貴族的，不能不說是他一個無法避免的矛盾。

這些見解表明，吳承仕對自己的這位老師了解是深切的、清醒的。

章太炎去世，吳承仕趕往蘇州奔喪。返京以後，他談自己的感想:「當然沉痛，但也解放了些。」同時，他又說:「太炎先生對我們樸學是有精湛研究和新樹建的，太炎學識淵博，我只是從他學得一點東西。」㊺這是眞實的感受。吳承仕晚年已不再以章太炎的衣缽爲滿足，但仍極爲尊重自己這位老師，聽取他的教誨，一些歧異要作解釋也頗爲難。最後有這種解放之感是自然的。但是，章太炎的民族氣節和敢于抗爭的精神，在吳承仕身上卻充分體現了其影響，七七事變後，他堅持抗戰立場，迭遭日寇、漢奸追捕而仍堅持鬪爭，孤懸敵區，努力啟蒙，最後病困而亡。

六、章太炎與魯迅

㊺ 史立德:〈憶吳檢齋師于「一二九」運動前後數事〉，《吳承仕同志誕生百周年紀念文集》，北京師範大學出版社，1984年二月版，第90頁。

在章氏門人中，思想上與學術上同章太炎分離最遠而畢其生對章太炎又執弟子禮甚恭者，當無過於魯迅即周樹人。

魯迅，浙江紹興人，對於章太炎這位浙江名人早已熟知。當然，木版的《訄書》，他讀不斷，也看不懂。像當時大多數青年一樣，他之知道中國有個章太炎，並非因爲章氏的經學和小學，而是因爲他高屋建瓴，所向披靡地爲革命申張正義，駁斥康有爲，給《革命軍》作序，竟被監禁於上海的西牢，因爲章太炎〈獄中贈鄒容〉、〈獄中聞沈禹希見殺〉等詩作令他感動，「英雄一入獄，天地亦悲秋；臨命須摻手，乾坤祇兩頭」等詩句使他銘刻不忘。

章太炎主編《民報》期間，魯迅從《民報》接受了章太炎很大影響。1908年他又參加了特別班聽章太炎講授《說文解字》，隨便談笑中接受了章太炎思想更多的熏染。

1908 年 8 月出版的《河南》第七期上的迅行的〈文化偏至論〉，1908 年12月出版的《河南》第八期上的迅行的〈破惡聲論〉，是魯迅早期的兩篇力作。這兩篇文章，很淸楚地表明他的思想當時多麼緊密地追踪着章太炎。

〈文化偏至論〉的中心是所謂「棓物質而張靈明，任個人而排眾數」，要求「漸悟人類之尊嚴」、「頓識個性之價值」，「所當希求，能于情意一端，處現實之世，而有勇猛奮鬪之才，雖屢踣屢僵，終得現其理想。」〈破惡聲論〉反對以「科學、適用、進化、文明」四大理由來「滅裂個性」，要求「人各有己，不隨風波」，認爲屆時中國方得眞正自強自力。這些文章的主旨同章太炎〈建立宗教論〉、〈答鐵錚〉、〈四惑論〉幾乎如出一轍。

章太炎推重魏、晉名理之文。魯迅早期受嚴復、林紓文章風格的影響，宗法桐城派古文，在讀到章太炎抨擊桐城古文的許多文章以後，特別是章太炎本人效魏、晉之持論，重名實，剪華辭，爲他作了楷模，魯迅轉向崇尚魏、晉文章。認爲魏、晉文章清峻、通脫，爲此，還曾親自校勘和考訂《嵇康集》。

東京期間，章太炎和魯迅等相處甚爲融洽。二十多年後，魯迅寫信給曹聚仁，仍念念不忘「太炎先生對于弟子，向來也絕無傲態，和藹若朋友然。」[46]章太炎當時要學習梵文，專門請了一位印度教師教學，以魯迅及其兄弟周作人一道學習，師生又成了同學。周作人還保留章太炎約他們弟兄二人同去聽課的一封信，是這段佳話的一個見證：

> 豫哉、啟明兄鑒：數日未晤，梵師密史邏已來，擇於十六日上午十時開課。此門人數無多，二君望臨期來赴。麟頓首。十四。[47]

事實上，章太炎這一時期的思想對魯迅的影響，更多的部分當時還不顯著，直到後來方才逐漸顯露出來。在社會和政治觀方面，對資本主義工商業發展所帶來的後果的耽憂，對立憲、國會變成以眾凌寡，市儈肆虐的工具的抨擊，對農民命運的關注，等等，多少可以看出章太炎《民報》上有關論著的影子。在學術與思想上，對孔子的不敬，對老、莊的注意，對主觀奮鬪精神的呼

---

[46] 魯迅：〈致曹聚仁〉，見《魯迅全集》第十二卷第185頁。
[47] 周作人：《知堂回憶錄》，三育圖書文具公司1980年11月版，第223頁。

喚，對邪惡勢力的憎惡與抗爭，則處處都不難窺見章太炎的精靈。

辛亥革命以後，魯迅作了教育部僉事。當他的老師被袁世凱幽囚之時，他曾一次又一次去探視、安慰。1915年6月17日，他得到章太炎手書條幅一幀：「變化齊一，不主故常。在谷滿谷，在阬滿阬。塗郤守神，以物爲量。書贈豫材。章炳麟。」彷彿置身無邊無際的荒原之中而又無可措手，他抄古碑，收拓片，讀佛經，搜集漢畫像，輯集和校勘古小說和《謝承後漢書》、《嵇康集》，則又是因爲他有着同自己的老師相近的孤寂、苦悶、憤懣而又百無聊奈的心境。

魯迅研治文學，這使他面向人生，面向社會下層，他終於從近乎絕望中走到了新文化運動，終於逐漸同章太炎政治上、思想上、學術上都逐漸分離，並幾次婉轉地對這成爲活的純正的先賢拉車屁股向後以及參與投壺的老師提出批評。但儘管如此，他對這位老師仍然保持着尊敬的態度，每逢提起，總嚴肅地稱他爲太炎先生。而章太炎1932年在北京，還關切地特別問起「豫才現在如何」。

對於國民黨當局迫害章太炎及某些文人乘機落井下石，魯迅一直很憤慨。1933年6月18日他在給曹聚仁的信中寫道：

> 古之師道，實在也太尊，我對此頗爲反感。我以爲師如荒謬，不妨叛之，但師如非罪而遭冤，卻不可乘機下石，以圖快敵人之意而自救。太炎先生曾教我小學，後來因爲我主張白話，不敢再去見他了，後來他主張投壺，心竊非之，但當國民黨要沒收他的幾間破屋，我實不能向當局作

媚笑。以後如相見，仍當執禮甚恭，自以爲師弟之道，如此已可矣。㊽

1936年1月1日吳稚暉在《東方雜誌》第三十三卷第一號上發表〈回憶蔣竹莊先生之回憶〉，挖苦章太炎說不定也要投到青天白日旗下面來，章太炎本人未有回應，魯迅倒看不過，出來爲乃師打抱不平。針對1907～1908年章太炎與吳稚暉那場筆戰，他在〈因太炎先生而想起的二三事〉中寫道：

這筆戰愈來愈凶，終至夾着毒詈，今年吳先生譏刺太炎先生受國民政府優遇時，還提起這件事，這是三十餘年前的舊賬，至今不忘，可見怨毒之深了。但先生手定的《章氏叢書》內，卻都不收錄這些攻戰的文章。先生力排清虜，而服膺于幾個清儒，殆將希踪古賢，故不欲以此等文字自穢其著述——但由我看來，其實是吃虧、上當的，此種醇風，正使物能遁形，貽患千古。㊾

章太炎去世，魯迅心中不釋良久。抱病之中，寫下了〈關於太炎先生二三事〉，以爲「先生的業績，留在革命史上的，實在比在學術史上還要大。」

考其生平，以大勳章作扇墜，臨總統府之門，大詬袁世凱的包藏禍心者，並世無第二人；七被追捕，三入牢獄，而

㊽ 見《魯迅全集》第十二卷第185頁。
㊾ 見魯迅《且介亭雜文末編》。

革命之志，終不屈撓者，亦並世無第二人。這才是先哲的精神，後生的楷範。近有文儈，勾結小報，竟也作文奚落先生以自鳴得意，眞可謂「小人不欲成人之美」，而且「蚍蜉撼大樹，可笑不自量」了。

魯迅在文中說：「戰鬪的文章，乃是先生一生中最大最久的業績，假使未備，我以爲是應該一一輯錄，校印，使先生和後生相印，活在戰鬪者的心中的。」[50]章太炎地下有知，看到這位遠離了自己思想與學術的門弟子對他竟作了這樣的蓋棺論定，也該含笑於九泉了吧！

---

[50] 同上書。

年　表

清同治七年（1868）

十一月三十日（1869年1月12日）生於浙江杭州府餘杭縣東鄉倉前鎮。父名濬，字輪香，時正在杭州府知府譚鍾麟幕中。母朱氏。兄箴、籛。

初名學乘，後改名炳麟，字枚叔，號太炎。主要別號、筆名：章絳、章燐、章緇、梅叔、膏蘭室主人、劉子政私淑弟子、劉子駿之紹述者、西狩、日本西狩祝予、臺灣旅客、窮荒孤客、亡是公、獵胡、牛馬走、夜叉、葑漢閣主、章氏學、支那夫、支拉夫、陸沉居士、獨立生、蕭海琳、末底、絳叔、獨角、毛一、戴角、知拙夫等。

同治八年（1869）

譚鍾麟擢授河南按察使，章濬返餘杭任縣學訓導，兼杭州詁經精舍監院。

同治十二年（1873）

開始入塾就讀。

餘杭縣知縣劉錫彤挾嫌報復，製造了楊乃武與小白菜（畢秀姑）通奸毒死其夫葛品連的寃案，楊氏家屬向浙省臬司、藩司、撫臺衙門投狀告寃，後又至京告狀。章濬與劉錫彤友善，曾出面讓人作僞證，爲劉彌縫。

光緒二年（1876）

外祖父朱有虔從海鹽來親自課讀，根據清代漢學由聲音、文字以求訓詁、由訓詁以求義理的治學要求，對外孫嚴格要求，使他從小便在文字音韻方面受到嚴格訓練。

光緒三年（1877）

清廷發佈諭旨，爲楊乃武、小白菜平反，處理前此承辦該案的成員。章濬因此被革去訓導一職。

光緒六年（1880）

外祖父課讀四年後返回海鹽。父親親自督教，課以律詩及科舉文字。

光緒七年（1881）

讀到蔣良騏的《東華錄》，見到清代文字獄的記錄，心中憤激，時發狂論：「明亡於滿清，不如亡於李自成！」

光緒九年（1883）

奉父命赴餘杭縣應童子試，這是爲取得生員即秀才資格而舉行的初級考試。考試中途，癲癇症突然發作，不得不退出。此後，父親同意他不再耗費精力去作八股制義，他因此得以專心學業。

光緒十年（1884）

初讀《史記》、《漢書》、《後漢書》、《三國志》、《文選》及《說文解字》，通過了解字義、訓詁了解史傳。

光緒十一年（1885）

讀顧炎武《音學五書》、王引之《經義述聞》、段玉裁《說文解字注》、郝懿行《爾雅義疏》等一批文字音韻學方面的權威性著作，在其兄章籛指導下，一意治經，文必法古。

光緒十二年（1886）

從這一年開始，用了兩年時間通讀了《學海堂經解》一百八十八種共一千四百零八卷。

得《明季稗史》十七種和王夫之《黃書》，受到明末清初反滿思想很深影響。

光緒十四年（1888）

通讀《南菁書院經解》二百零九種一千四百三十卷，兼治老、莊、荀、韓諸子著作及史傳。

光緒十六年（1890）

父親去世。離家赴杭，進入詁經精舍從俞樾學習，並向高治平問經，向譚獻問文辭法度。

始讀《通典》，其後反覆研讀七、八遍。

光緒十七年（1891）

開始撰寫《膏蘭室札記》，對《管子》、《墨子》、《呂氏春秋》、《淮南子》等諸子諸作及《詩》、《禮》、《易》、《春秋》等經書進行考釋駁論。由是書可知，在此期間，他已相當認眞而廣泛地閱讀了江南製造局、同文館、廣學會所出版的西學書籍，故札記中多處引用歐幾里得《幾何原本》、侯失勒《談天》、雷俠兒《地學淺釋》等書。札記共四册，約用三年左右時間寫成，生前未刊刻。

光緒十八年（1892）

開始撰寫《春秋左傳札記》，所見輒錄，不隨經文編次。該書歷時五年方寫成。

光緒二十一年（1895）

母去世。

《詁經精舍課藝文》第七集刊刻問世，內收錄章文十七篇，俱光緒十六年至十九年之作。

光緒二十一年（1895）

十月（11月），康有爲在滬設立上海強學會，章納會費十六圓加入。

光緒二十二年（1896）

撰成《春秋左傳札記》，更名爲《春秋左傳讀》，共九卷九百則，詮釋古言古字、典章名物，疏證《左傳》體例、傳授統系。另撰《駁箴膏盲評》等。

七月（8月），《時務報》在滬創刊，梁啟超任主筆，汪康年任經理。章氏爲該刊撰稿，並被邀於歲末離開詁經精舍至滬任《時務報》筆政。

光緒二十三年（1897）

春，因閱西報，知倫敦使館有逮捕孫文之事，對孫蓄志傾覆滿清政府心甚壯之。

三月（4月），因不同意康、梁昌言建立孔教，與時務報館內康氏門徒大哄，憤而離開時務報館。返杭撰《新學僞經考駁議》。

《詁經精舍課藝文》第八集刊成，內收章氏課藝二十一篇，係光緒二十年至二十二年間所作。

五月（6月），在杭州與宋恕、陳虬等發起成立興浙會，號召振興浙江，進而振興中國、振興亞洲。

七月（8月），與宋恕等創刊《經世報》，任總撰述，發表〈變法箴言〉等文。

八月（8月），與王仁俊等創刊《實學報》，任主筆，後因與王思想不合，便不再爲該刊供稿。

十月（10月），與惲積勳、董康等組織譯書公會，創刊《譯書公會報》，任主筆。

光緒二十四年（1898）

年初，爲德軍強占膠州灣、俄軍侵入旅順港、英法等國乘機覬覦息壤，瓜分之形日著，上書李鴻章，要求聯合日本以阻遏俄、英、德、法勢力的擴張。

三月（3），赴武昌，應張之洞之邀擬主持《正學報》。因不贊成張之洞「中學爲體，西學爲用」的主張，流露了反對清王朝統治的情緒，被逐返滬。

七月（9月），汪康年將《時務報》改名爲《昌昌報》，章被聘爲主筆。

八月（9月），慈禧太后發動政變，使百日維新失敗，譚嗣同等六君子被殺。章氏打算設奠黃埔，寫了〈祭維新六賢文〉，並發表了〈書漢以來革政之獄〉，結合歷史總結改革運動失敗經驗。

十月（12月），因被淸廷列名通緝，離滬赴臺北，任《臺灣日日新報》特約撰述。

光緒二十五年（1899）

春，同康有爲、梁啟超等書信往還，在梁啟超主編的《淸議報》上發表詩文多篇，其中以〈儒術眞論〉、〈菌說〉、〈客帝論〉爲最重要。

五月（6月），應梁啟超及留日學生監督之邀，東遊日本，首次會見孫中山。

七月（8月），由日返滬，並由滬轉浙。

夏秋間，編定論學論政的第一部專著《訄書》，包括文五十篇，由梁啟超題名，木刻印行。

孟冬，北游天津，但餓莩滿陵原，猛獸據關隘，他愈加深切感到不進行推翻滿清統治的革命，中國必難以振興。

光緒二十六年（1900）

年初，因被列名各省寓滬紳商反對立大阿哥及廢黜光緒的通電，又一次被緝捕。

五年（6月），八國聯軍進軍津、京，清廷決定宣戰，劉坤一、張之洞等商定「東南互保」。章太炎致書李鴻章、劉坤一，策動他們據兩廣、兩江獨立。

七月（7月），唐才常在上海召集中國議會，推容閎、嚴復為正副會長。章氏反對以勤王為目標，並剪去辮髮，公開與清廷及保皇主義決裂。

七月（8月），唐才常組織自立軍漢口起事失敗，章氏因曾列名自立會與中國議會，又一次被指名追捕。

光緒二十七年（1901）

正月，在餘杭家中度歲，因捕者跟踪而至，避走僧寺，復出上海，居友人家中。

夏，為駁斥梁啟超〈積弱溯源論〉，撰〈正仇滿論〉，發表於東京出版的《國民報》。

七月，赴蘇州至東吳大學論教，繼續宣傳革命。

光緒二十八年（1902）

正月朔旦，正在家中過年，獲悉清廷捕者即至，匆匆經滬附日本舟東渡走避。

三月（4月），與秦力山、孫中山等在東京舉行中夏亡國二百四十二年紀念會，為日本警方阻撓，改在橫濱舉行。

在日停留三月，與孫中山密切往還，共商革命大計。

四月（5月），由日返國，潛回鄉里，刪革《訄書》，著手編寫《中國通史》，並爲廣智書局潤飾譯稿。

光緒二十九年（1903）

二月（3月），應蔡元培之邀，赴滬至愛國學社任教，參加中國教育會活動，經常至張園發表革命演說。

三月（4月），留學日本的鄒容、張繼、陳獨秀因強行剪去湖北留學生監督姚文甫的辮子，懸於留學生會館示眾，被迫秘密回國。章太炎與他們相識，並同鄒容、張繼及由南京陸師學堂退學來愛國學社的章士釗結爲兄弟。

四、五月（5、6月），撰〈駁康有爲論革命書〉，爲鄒容《革命軍》作序，將《蘇報》變成宣傳革命的喉舌，引起強烈社會反響。

閏五月（6、7月），清廷與租界當局勾結，逮捕章太炎、鄒容等，製造了震動中外的《蘇報》案。章太炎、鄒容等在法庭上堅持鬪爭。

十月（12月），會審公廨額外公堂判處章、鄒二人永遠監禁，輿論大譁，領事團被迫宣佈判決無效。

光緒三十年（1904）

四月（5月），清外務部會同各國公使共同決定章監禁三年，鄒監禁二年，罰作苦工，期滿驅逐出租界。章、鄒被移送上海西牢關押。

在獄中的章、鄒從事苦役，並受到獄卒虐待。爲此，他們絕食抗議，堅持七日，後改事裁縫役作，並獲准閱讀《瑜珈師地論》、《因明入正理論》、《成唯識論》等書籍。

冬，推動蔡元培、陶成章建立光復會。

《訄書》修訂本由日本東京翔鸞社於 4 月鉛印出版，10月加圈點重印，隨後又多次重印。修訂後的《訄書》，包括前錄二篇，正文六十三篇，由鄒容題寫書名。

光緒三十一年（1905）

二月二十九日（4 月 3 日），鄒容暴卒於獄中。章太炎獄中境遇引起輿論關注。在各方調護下，章氏改任炊務。

光緒三十二年（1906）

五月八日（6 月29日），三年監禁期滿出獄，當晚即在同盟會總部派來迎接的代表陪同下，離滬赴日。

五月十六日（7 月 7 日），由孫中山主盟，孫毓筠介紹，加入同盟會，接任同盟會機關報《民報》總編輯和發行人。

九月（10月），孫中山由南洋返回日本，章氏與孫中山、黃興每日相聚，共同制定革命方略。

夏、秋間，建立國學振起社，舉辦國學講習會，作了〈論語言文字之學〉、〈論文學〉、〈論諸子學〉等講演。

是年，在《民報》發表〈演說錄〉、〈俱分進化論〉、〈無神論〉、〈革命之道德〉、〈建立宗教論〉、〈箴新黨論〉、〈人無我論〉、〈軍人貴賤論〉等一批重要論文。

光緒三十三年（1907）

三月（4 月），與幸德秋水、保什等倡導組織亞洲和親會，參加者有中、日、印、安南、菲律賓等國志士，以反抗帝國主義，期使亞洲已失主權之民族各得獨立爲宗旨。

七月（8 月），劉師培、張繼等創辦社會主義講習會，發刊《天義報》，章氏積極支持，並在講習會中作了〈國家論〉

等演講。

春、夏間，因日本當局迫令孫中山離境，參加同盟會的八名日本人互相克伐，在同盟會領導層中挑起了誤會與糾紛，章氏曾與張繼等要求罷免孫同盟會總理職務，因黃興等力謀調解，波暫時平息。

十一月（12月），因腦病發作，辭《民報》總編輯職，《民報》第十九號至第二十二號改由張繼、陶成章總編。

是年，在《民報》發表〈社會通詮商兑〉、〈討滿洲檄〉、〈中華民國解〉、〈五無論〉、〈定復仇之是非〉、〈國家論〉等論文。

撰《新方言》，在《國粹學報》連載，

光緒三十四年（1908）

春、夏間，復任《民報》總編輯兼社長。除揭露清廷僞立憲外，還同《新世紀》展開論戰。這期間，在《民報》上發表了〈排滿平議〉、〈駁神我憲政說〉、〈駁中國用萬國新語說〉、〈哀陸軍學生〉、〈革命軍約法問答〉、〈四惑論〉、〈代議然否論〉、〈規新世紀〉等一批論文和多篇時評。

二月至九月（3月至10月），爲留學生開設講座，講授《說文》、《莊子》、《楚辭》、《爾雅》等。爲朱希祖、錢夏（玄同）、周樹人、周作人、龔寶銓、許壽裳等單獨開設一班，另行講授。

九月（10月），日本政府爲誘使清廷在東北作出更多讓步，接受清廷要求，勒令《民報》停止發賣。章氏向日本內務大臣及警察總監等提出強烈抗議。

十月（11月），日本當局對章氏威脅利誘不成，由東京地方裁判所對章開庭審訊。12月12日判決《民報》禁止發行。

完成《新方言》一書。

宣統元年（1909）

繼續在東京講學，撰寫《莊子解詁》、《小學答問》等著作。

七月（8月），《新方言》刊於日本東京。爲在南洋籌款受挫，陶成章遷怒於孫中山，於是月向同盟會總部提出罷免孫中山總理職務的要求。章氏表示同情。

九月（10月），汪精衛從南洋到東京秘密籌備《民報》復刊，自行編輯出版了《民報》第二十五號和第二十六號。章太炎見自己完全被排斥於事外，撰寫了〈僞民報檢舉狀〉，斥責汪精衛，詞連孫中山。由此，以章太炎、陶成章爲一方，以孫中山、黃興爲一方，雙方在報刊上互相攻訐，彼此傷害，導致同盟會組織上逐步分裂。

宣統二年（1910）

正月（2月），光復會在東京重新建立，章太炎任會長，陶成章任副會長，以《教育今語雜識》爲公開的對外聯絡機關，在南洋成立行總部，代總部行事。

夏，黃侃創辦《學林》雜誌，刊登章太炎〈文始〉、〈五朝學〉、〈封建考〉、〈信史〉、〈思鄉愿〉、〈秦政記〉、〈秦獻記〉、〈醫術平議〉等許多重要論著。

是年，撰定《文始》、《齊物論釋》。編定《國故論衡》，由日本秀光社鉛字排印出版，上卷小學十篇，中卷文學七篇，下卷諸子學九篇。

是年，還對《訄書》再次修訂，原件現存北京圖書館。

宣統三年（1911）

繼續在東京講學。

八月十九日（10月10日），武昌起義。消息傳到東京，章氏中斷講業。

九月五日（10月25日），以中國革命本部名義在東京發佈〈中國革命宣言書〉。在此前後，還發佈〈致滿洲留日學生書〉、長篇論文〈誅政黨〉及〈支那革命黨及秘密會社序〉等。

九月十三日（11月3日），上海光復。章氏聞訊後，即離東京赴神戶，於11月11日乘輪離日返滬，11月15日回到上海。

十、十一月（11、12月），章氏返國後，勸說吳淞都督李燮和去都督稱號，改稱總司令，奉程德全爲江蘇全省都督，結束江蘇一省五都督的局風；積極支持攻寧、援鄂；要求承認武昌軍政府爲中央臨時政府，在民選總統前，首領只宜稱元帥、副元帥；建議以黎元洪爲元帥，黃興爲副元帥；與程德全共同倡議建立中華民國聯合會；爲反對以一黨組織政府，致電各省代表會議議長譚人鳳，倡導「革命軍興，革命黨消，天下爲公，乃克有濟」。

中華民國元年（1912）

1月3日，中華民國聯合會在上海江蘇教育總會開成立大會，正式成立，章太炎、程德全分任正、副會長。次日，《大共和日報》創刊，章氏任社長。

1月14日，陶成章在滬被刺身死。其先，因浙江都督湯壽潛被任命爲南京臨時政府交通總長，章太炎推薦陶成章繼任浙督。陶死，光復會勢力大挫。

2月初，孫中山任命章氏爲總統府樞密顧問。2月7日，章氏至南京與孫中山晤面，旋即返滬。不久，即爲反對以將漢冶萍公司改爲中日合辦爲條件向日本財團借款，以及反對建都南京而要求繼續以北京爲首都，同孫中山發生衝突。

3月2日，中華民國聯合會改組爲統一黨，章太炎、張謇、程德全、熊希齡、宋教仁當選爲理事。主張統一全國建設，強固中央政府，促進完美共和政治。

4月9日，被袁世凱聘爲總統府高等顧問。

4月下旬，離滬抵京，在京活動。

5月9日，統一黨與共和建設討論會、民社等合併組成共和黨，黎元洪當選爲理事長，張謇、章太炎、伍廷芳、那彥圖爲理事。

6月5日，章氏在北京重組統一黨，被推爲該黨總理。

7月下旬至8月中旬，訪武漢，會見黎元洪，答應擔任共和黨理事，邀請黎元洪擔任統一黨名譽總理。

8月下旬，因不滿共和黨、統一黨現狀，宣佈脫黨，並要求袁世凱、黎元洪、孫中山三人都超然於所有黨派之外。

10月，沙俄加緊脅迫外蒙當局簽訂〈俄蒙協約〉與其附約〈商務專條〉，日本亦加緊經營東北。章氏赴東北奉天、長春、哈爾濱等處就此進行考察，返京後上書袁世凱，要求加強漠北與塞外的建設，但未有結果。

12月1日，發表〈發起根本改革團意見書〉，要求推進政治革命，認爲「革命小成，力未及于政治則亂；革命大成，力已及于政治則治」。

12月下旬，袁世凱任命章氏爲東三省籌邊使，但一不撥給經費，二不給予編制，只是一個虛名。

民國二年 (1913)

1月3日，章太炎離京赴長春，於舊道署衙門設籌邊使署，率領很少幾名隨員到處勘查，擬定發展東北實業計畫書，但處處受到掣肘，無法有所作爲。

1月27日，返京向袁面陳東三省情形，毫無成效。

2月中旬，再度赴長春，率員實地測量運河開鑿線路。

3月20日，宋教仁在滬被刺身死，章氏要求查究元凶。

4月17日，章氏從長春趕回上海，與孫中山、黃興等共謀解決宋案對策，要求鏟除腐敗、專制。

5月上旬，通電要求罷黜四凶：梁士詒、趙秉鈞、陳宧、段芝貴，翦除袁世凱羽翼。

5月中旬，赴武漢游說黎元洪。

5月下旬，袁世凱下令授予章氏勳二位。章氏到京與袁面爭。

6月4日，離京南返回上海。

6月15日，由蔡元培主婚，與湯國梨在哈同花園舉行婚禮。

6月18日，致電袁世凱及國務院，辭去東三省籌邊使職務。

7月12日，李烈鈞在江西興師討袁，二次革命爆發，旋即失敗。黃興、孫中山先後離滬赴日，再度流亡。

8月，章氏不願再次亡命，爲推動國民黨、共和黨議員合作，利用國會制定憲法及選舉總統的機會同袁世凱一搏，決定冒危入京。

8月11日，章太炎抵達北京，住化石橋共和黨本部。袁氏黨羽立即派四名巡警對章氏出入行動嚴密監視。

9月下旬，發表〈駁建立孔教議〉，反對定孔教爲國教。

10月，袁世凱強迫國會選舉他爲正式大總統，章太炎痛駡袁賊。幾次欲南歸，都被軍警阻止。

11月，袁世凱企圖以國史館總裁及開設弘文館爲餌，誘使章氏緘口，爲章所嚴詞拒絕。袁氏所派軍警加緊對章監視。

12月，在共和黨本部會議廳開辦國學會，由章主講經學、史學、玄學、小學。

民國三年（1914）

1月，章太炎決定冒死出京。7日晨，他隻身一人赴總統府要求面見袁世凱。總統府秘書長梁士詒、國務總理熊希齡出面與章虛與委蛇。延至下午，章將招待室器物擊毀幾盡，被憲警押往石虎胡同軍事教練處拘禁起來。消息傳出，輿論譁然。

2月20日，被移送南下窪龍泉寺，由京師警察廳總監吳炳湘負責監視。關於時局的所有文字均禁止外傳。

6月上旬，因幽居五個月，深爲憤疾，開始絕食，持續七、八日。引起各方關切。

6月16日，被移至本司胡同鐵如意軒醫院，表面上撤走軍警，章始復食。

7月24日，經黎元洪等再三疏解，遷入東四牌樓錢糧胡同一家民房，由巡警充當門衛。但黃侃、錢玄同、吳承仕、周樹人、朱希祖、許壽裳、馬裕藻等一批學生獲准可以前來探視。獲得一定讀書和寫作的條件。

秋、冬，開始修訂《訄書》，改名爲《檢論》。

12月，因爲與章氏同住的黃侃突然被警察強制遷走，章氏再次絕食。經弟子再三勸解，吳炳湘答應放鬆對章氏門人及友朋入訪的限制，他方才復食。

民國四年（1915）

4月，上海國學書室出版錢須彌編《太炎最近文錄》，收錄章氏辛亥以來文電演說。章太炎對此書深爲不滿。

5月，《國故論衡》增訂完畢。《檢論》定稿，共分九卷，正文六十篇，附錄七篇，大半爲新寫或據《訄書》舊稿重新寫定。

7月，上海右文社出版《章氏叢書》，鉛字排印，共兩函二十四册，包括《春秋左傳讀敍錄》一卷、《劉子政左氏說》一卷、《文始》九卷、《新方言》十一卷附《嶺外三州語》一卷、《小學答問》一卷、《說文部首韻語》一卷、《莊子解故》一卷、《管子餘義》一卷、《齊物論釋》一卷、《國故論衡》三卷、《檢論》九卷、《太炎文錄初編》文錄二卷別錄三卷。

8月，楊度、孫毓筠等成立籌安會，要求改共和國體爲帝制。章太炎用七尺宣紙篆書「速死」二字高懸于壁，表示決不與帝制共存。

冬，口述玄理，令吳承仕筆述整理，是爲《菿漢微言》。爲反對袁世凱復辟帝制，秘密聯絡張謇、黎元洪等，籌劃倒袁事宜。

民國五年（1916）

春，完成《菿漢微言》

1月，護國戰爭爆發，章太炎大爲興奮，圖謀出京，未成。

4 月，爲阻遏南軍中以袁世凱退位爲息兵條件的妥協傾向，撰寫一份〈對於時局之意見書〉，託日本正金銀行職員携出，轉交南軍，要求南軍不要半途而廢。

5 月18日，在日本海軍軍官安排下，以看病爲名，換上和服，企圖乘火車去天津轉道南下，被監視的巡警發現，中途被強行截回。

6 月 6 日，袁世凱殞命。7 日，黎元洪繼任大總統。由於身爲內務總長的王揖唐多方留難阻撓，至16日方才獲得自由。26日離京南下。

7 月，返回上海，復返杭州。一再通電，反對取消南方各省獨立和軍務院，要求清除盤踞于中央的「國蠹」。但這些呼籲都未能奏效。

7 月中、下旬，與孫中山、黃興等在滬相會，強調帝制餘孽猶未剷除，墨吏貪人布滿朝列，非震以雷霆霹靂之威，不足以廓清。

8 月下旬，南下兩廣護國軍都司令所在地廣東肇慶會見岑春煊、李根源等，責問他們餘孽猶在，段祺瑞專恣，大難未已，何以輕于收束若是。見南方無可與謀者，遂出遊南洋羣島。

12月初，由南洋返滬。時黃興已去世，馮國璋被選爲副總統。知大亂之將作，便留住于滬。

民國六年（1917）

1 月，拒絕擔任國史館館長一職。

2 月，致電黎元洪，反對加入協約國參加第一次世界大戰。

3 月，在上海發起成立亞洲古學會，以研究亞洲文學、聯絡感情爲宗旨。

5月，爲參戰事，黎元洪與段祺瑞矛盾激化，黎免去段總理職務。章太炎與孫中山等多次通電支持黎。

7月，張勳擁廢帝溥儀復辟，段祺瑞起兵「討逆」，馮國璋取代黎爲總統。章氏與孫中山等離滬赴粵，發動護法戰爭。

8月25日，齊集於廣州的議員舉行非常國會。

9月1日，軍政府於廣州成立，孫中山爲大元帥，章太炎爲秘書長。

9月，被任命爲軍政府總代表，經越南轉道去昆明，賫送軍政府元帥印信給唐繼堯，說服唐支持護法。

11月，唐繼堯組織滇黔聯軍進軍四川，章氏被任命爲聯軍總參議，隨營行動。

12月4日，滇黔聯軍攻占重慶。孫、章一再要求唐率軍順流東下，皆爲唐所拒絕，章遂離開唐繼堯駐地雲南畢節赴東川。

民國七年（1918）

春，在重慶等地講學。爲推動唐繼堯所統領的滇、川、黔三省靖國聯軍和譚浩明所率領的湘桂聯軍進攻武漢，繼續不斷努力，俱無成效。

5月，護法軍政府改組爲七總裁合議制，岑春煊任主席。孫中山辭軍政府大元帥職、離粵返滬。章太炎見護法事已無可爲，離川入鄂，至利川蔡濟民部駐地。欲歸鄉里，中阻宜昌，遂轉往恩施唐克明軍部駐地，在該地考察達兩月。

7月，由恩施去來鳳，在吳醒漢屯兵處逗留考察達兩月。

9月，離恩施進入湘西，自沅陵出常德，渡洞庭，至夏口。

10月11日，返歸上海。

12月初，發表長信，歷述自己爲唐繼堯等參議的經過，揭露西南軍閥所持乃「部落主義」，割據一方，斷言「西南與北方者，一丘之貉而已」。

民國八年（1919）

2 月，在滬組織護法後援會。

2 月至 5 月，北洋政府徐世昌總統派遣朱啟鈐同護法軍政府總代表唐紹儀在滬會談議和。章太炎不斷揭露徐世昌陰謀，八次致書唐紹儀，道其隱情，堅決反對同北洋政府妥協和議。五四運動中，上海國民大會指責南北和議爲附賊，使和議不得已中斷。

8 月以後，南北議和恢復，章氏繼續持反對態度。

《章氏叢書》浙江圖書館刊本問世，較上海右文社版新增《齊物論釋》重定本、《太炎文錄初編》補編、《菿漢微言》三種，校勘頗精，改正了右文社版不少差錯。

民國九年（1920）

1 月至 3 月，身患黃疸，病臥。

4 月，勸導川軍熊克武與湘軍譚延闓互爲唇齒援，建立川、湘同盟。是爲倡導聯省自治之先河。

6 月，熱病大作，幾死。病中聞湘軍克長沙，喜甚，秉以藥治，熱病尋愈。念軍政府勢力日衰，倡導建立各省自治同盟，以抗拒北洋軍閥。接受章士釗建議，易自治同盟名爲聯省自治。

9 月，以病愈返餘杭舊居探視。

9 月至10月，應譚延闓之邀至長沙，以聯省自治說其人士，並勸說川軍將領支持這一主張。

11月，發表〈聯省自治虛置政府議〉。

民國十年（1921）

1月，發表與各省區自治聯合會電，主張以各省自治爲第一步，聯省自治爲第二步，聯省政府爲第三步。

1月至2月，支持四川劉湘、但懋辛實行川省自治。

5月，廣東選舉孫中山爲非常大總統。孫邀請章太炎赴粵相助，章堅持聯省自治主張，未應聘。

6月，浙江督軍盧永祥宣布自治，章太炎認爲盧只宜宣布自主，惟有浙人方可昌言自治。之所以如此，是因爲章認爲，盧並無眞正進取之心。

《太炎學說》上、下卷由四川觀鑒廬印行，上卷爲章氏1918年在四川講演記錄，包括〈說新文化與舊文化〉、〈說今日青年的弱點〉、〈說求學〉、〈說眞如〉、〈說忠恕之道〉、〈說道德高于仁義〉、〈說職位〉、〈說音韻〉、〈說自心之思想遷變〉；下卷爲一批書札。

《章太炎的白話文》由泰東圖書館出版，係將《教育今語雜識》上所發表的演講彙集編成。

民國十一年（1922）

4月至6月，應江蘇省教育會之邀，主講國學，每周一次，共十次，講題爲〈國學大概〉、〈治國學之法〉、〈經學之派別〉、〈哲學之派別〉、〈文學之派別〉、〈國學之進步〉。聽講者多至三四百人，最少時亦七八十人。講演記錄有兩個版本，一爲曹聚仁所編《國學概論》，一爲張冥飛所編《章太炎先生國學講演集》。

5月至6月，直系軍閥曹錕、吳佩孚爲反對徐世昌，擬讓黎元洪復大總統職。章致電曹、吳，指出他們不毅然廢巡閱使，以自治還付省民，擁護黎元洪復位，「是謂囚堯」。又秘密致書黎元洪，要黎堅持以廢督裁軍爲復位條件。但黎很快就宣布復總統職。

6 月，通電反對以法統已恢復爲名壓迫南方各省，支持孫中山爲南方自爭生存而北伐。

6 月15日，致書柳詒徵，感謝柳對自己先前詆孔之論所作的批評。

6 月25日，提出〈大改革議〉，建議以聯省自治取代中央集權，以聯省參議院取代國會，以委員制取代總統制。

7 月，參加上海八團體國是會議國憲草議委員會，力謀在憲法草案中貫徹自己的主張。

7 月至 8 月，籌備建立聯省自治促進會，負責宣言及章程等修改定稿事宜。

8 月29日，黎元洪發佈大總統令，授章氏以勳一位。

10月，發表〈時學箴言〉。

民國十二年（1923）

2 月，孫中山南下，於廣州建立大元帥大本營。章認爲此舉于大局有益無害。

4 月，爲反對直系軍閥武力統一主義，以孫文、唐繼堯等西南各省領袖名義發表通電，聲明自今以後，西南各省決以推誠相見，共議圖存，以抗直系。此電係章起草，徵詢孫中山等同意後發出。

5 月，返杭一周，參加浙江省教育會召開的五四紀念會，發表演說。

6 月，直系軍閥逼使黎元洪辭大總統職，控制北京政權。章一再通電抗議，建議黎元洪與國會議員南下。

8 月，發起在滬召集各省代表會議，未成。

9 月，創刊《華國月刊》，在滬出版。

10月，曹錕賄選爲總統。章太炎建議西南或再設軍政府，或建立各省攻守同盟，與北京政府相抗。

民國十三年（1924）

1 月，發表〈與章行嚴論改革國會書〉，主張以選舉元首、批准憲法之權還之國民，監督政府當規復給事中，監督官吏當規復監察御史。

7 月，聯省自治促進會在滬開第三次籌備會，章爲主席，要求打破舊有一切團體，以聯治主義爲結合之中心。

8 月，於《華國月刊》發表〈救學弊論〉。

11月，馮玉祥倒戈使曹錕被逐後，章太炎發表改革意見書，認爲統一不如分治，中央實行總統制不如改行委員制。同時，倡導長江流域之鄂、贛、閩、皖、蘇、浙六省自治。

12月，段祺瑞函聘章太炎爲執政府高等顧問，章將原聘書退回。

冬，與馮自由、居正、田桐等共同發出〈護黨救國公函〉，要求同盟舊人重新集合團體。

《清建國別記》撰成印行。《猝病新論》四卷完成。上海古書流通處印行《章氏叢書》。

民國十四年（1925）

1 月，段祺瑞邀請章氏赴京出席善後會議，章拒絕參加。

2 月，與唐紹儀等組織辛亥同志俱樂部。

6 月，發出〈爲上海英租界巡捕慘殺學生通電〉，要求收回租界市政。發表談話，支持實行經濟絕交，說明軍閥已不可恃，所可恃者惟吾民眾。

9 月，應湖南省長趙恒惕之邀，赴長沙主考知事。中途在漢口會見蕭耀南，在岳陽會見吳佩孚。

10月，吳佩孚在漢口就任十四省聯軍總參議，聘章氏爲總參議，章辭謝，建議吳順從民意，實行聯省自治。

11月，發起召開蘇、浙、皖、閩、贛五省協會，輔助及監督五省總司令之行動，商討五省興革之事。

12月，發表外交政策通電，反對馮玉祥聯俄。

民國十五年（1926）

1 月，發表對時局意見，認爲國內之問題，打倒赤化較之護法倒段爲更引人注意。

2 月，應五省聯軍總司令孫傳芳之邀赴寧商議時局問題。

4 月，在滬組織反赤救國大聯合，任理事。又參與發起成立國民外交協會，任名譽會長。

6 月，任國民大學校長。

7 月，與太虛法師等組織佛化教育會。

8 月，應孫傳芳及江蘇省長陳陶遺之邀，到南京就任修訂禮制會會長，行雅歌投壺禮。

8 月13日，通電全國，反對蔣介石組織北伐。

民國十六年（1927）

5 月至 6 月，被指爲第一名學閥由上海特別市黨部臨時執委會呈請國民黨中央加以通緝。

7 月至11月，居同孚路賃寓，終日宴坐，兼治宋明儒學，借以懲忿，如是四個月。蔡元培欲章往南京參預教育，張靜江求爲其父作墓表，皆拒絕之，表示寧作民國遺民。

民國十七年（1928）

撰寫《自定年譜》，止於民國十一年。除作詩寫字外，餘更無事。

6 月，黎元洪死於天津。章氏輓聯下署「中華民國遺民章炳麟哀挽」。

11月，在招商局輪船公司招待新聞界席上抨擊國民黨以黨治國乃是以黨員治國，攫奪國民政權，主張國民應起而討伐之。上海市黨務指導委員會要求按照懲戒反革命條例對章氏加以通緝。

民國十八年（1929）

終年閉門杜客，「故書適一啟，蠹食殊無綅。」對國事、學術俱保持緘默。

民國十九年（1930）

撰《春秋疑義答問》。

民國二十年（1931）

繼續蟄居。

九一八事變後，通信中多次議論時事，對蔣介石、張學良拱手將奉、吉讓予日本不滿，也不滿粵方乘機倒蔣，以爲蔣爲秦檜，粵則石敬塘。

民國二十一年（1932）

1 月，與熊希齡、馬相伯等組織中華民國國難救濟會，通電要求國民黨各派系或聯合全民總動員，收復失地，或歸政全民，召集國民會議，產生救國政府，俾全民共同奮鬭。

2月下旬，離滬北上。在天津與段祺瑞討論時局。

3月，在北京會見張學良、吳佩孚。堅持對日本之侵略惟有一戰，號召全國輿論一致督促政府實現此事。同時，在燕京大學、北京師範大學演講。

4月，致書顧維鈞，要他和國際聯盟調查團同到東北，以彰日人之暴行，啟國聯之義憤。

5月，將《章氏叢書續編》稿本交弟子錢玄同等，令其梓行。

5月下旬，離京赴濟南，至青島，在青島大學等處演講。

6月，返滬。盛暑中撰成《太史公古文尚書說》等。秋，赴蘇州講學，講〈儒行要旨〉、〈大學大義〉等，爲期一月。

民國二十二年（1933）

1月，國學會在蘇州成立，李根源爲主任幹事，章列名會籍，並撰〈國學會會刊宣言〉。

同月，馮玉祥派代表來滬與章氏聯絡，章給予支持，並在給馮信中批評蔣介石置外患於不顧，西上剿共，係步西太后「寧送朋友，不送家奴」之後塵。

2月，與馬相伯聯合發表宣言，痛斥日本製造僞滿洲國，說明東三省歷來是中國領土。

3月3日，發表呼籲抗日電，批評國民政府成立以來，勇於私鬭，怯於公戰，九一八以來，繼續以剿匪爲名，自圖卸責，致使熱河又復淪陷，此乃自絕於國人，甘心於奴隸者。

3月中旬，赴無錫，在無錫國學專門學校講演，提倡讀史，注意全國之興亡。

4月1日，與馬相伯、沈恩孚聯合宣言，反對當局陽示抵抗以息人言，陰作妥協以受敵餌。

4月上旬，張繼受命勸告章氏安心講學，勿議時事，章覆信指責張這樣做是「效厲王之監謗」，悲憤地說：「唯望以中華民國人民之名表吾墓道，乃今亦幾不可得」。

4月27日，與馬相伯聯合通電，警告國人毋幸喜峰口小勝，警告當局「勿幸小勝而忘大虞，勿狃近憂而忽遠慮」。

5月，與馬相伯聯合通電，支持馮玉祥發動察哈爾抗戰。

10月10日，作〈民國光復〉講演，說明政治至今只有紛亂而無改良，革命尚未成功。

10月下旬，赴無錫國學專門學校講學。

《章氏叢書續編》於6月在北京印行，收錄著作七種：《廣論語駢枝》一卷、《體撰錄》一卷、《太史公古文尚書說》一卷、《古文尚書拾遺》二卷、《春秋左氏疑義答問》五卷、《新出三體石經考》一卷、《菿漢昌言》六卷。

民國二十三年（1934）

春、夏間，國民黨當局加緊取締抗日言論，章發起成立光復學會，意在以學術振起人心。

秋，由上海遷居蘇州。

冬，發起開辦章氏國學講習會。

民國二十四年（1935）

春，李烈鈞、居正等舉薦章氏爲南京政府高等顧問，章請李根源代爲婉辭。陳濟棠邀請章氏赴廣州講學，章適逢鼻菌作衄，未能成行。

3月，蔣介石派丁維汾至蘇州慰問，並贈萬元爲療疾費。章即將此款移作章氏國學講習會經費。

4月，開辦章氏星期講演會，共九期，講題爲《說文解字序》、《白話與文言之關係》、《論讀經有利而無弊》、《論經史實錄不應無故懷疑》、《再釋讀經之異議》、《論經史儒之分合》等，一一都有記錄單行出版。

6月，答張季鸞問政書，號召提倡民族主義之精神。

9月，章氏國學講習會於蘇州錦帆路五十號章氏宅邸正式開辦，學生一百多人。同月，《制言》半月刊創刊，由章任主編。其宗旨是研究中國固有文化，造就國學人才。

12月，北京學生於九日、十六日示威，平津衛戍司令宋哲元發出告學生書，指責有共黨分子欺騙煽動，表示對他們決予以適當之制止。章氏致電宋哲元:「學生請願，事出公誠。縱有加入共黨者，但問今之主張何如，何論其平素?」上海學生赴南京請願，列車過蘇州，章派代表慰勞，要求當局不應貿然加以共產頭銜，武力制止。

民國二十五年（1936）

冬、春間，於章氏國學講習會講授《小學略說》、《經學略說》、《史學略說》、《諸子學略說》，俱有講演記錄刊行。續講《尚書》。

3月，發起由四十年間及門弟子組織一學會。

5月，《尚書》講畢，新開《說文部首》。鼻衄病急，仍手定《古文尚書拾遺定本》，堅持講課。

6月4日，致書蔣介石，以爲今之國計，領土未亡者不可不加意顧全。建議驅使共黨出塞，即以綏遠一區處之，姑以民軍視之，使之與日軍相抗。要求蔣氏開誠布公，以懸羣眾，使將相之視樞府，猶手足之扞頭目。

6 月上旬，病勢彌重。草遺囑，僅二語：「設有異族入主中夏，世世子孫毋食其官祿。」

6 月14日，因鼻衄病和膽囊炎於晨 8 時去世。時人評爲革命元勳，國學泰斗。國民政府 7 月 9 日發佈國葬令，稱：「宿儒章炳麟，性行耿介，學問淹通。早歲以文字提倡民族革命，身遭幽繫，義無屈撓。嗣後抗拒帝制，奔走護法，備嘗艱險，彌著堅貞。居恒研精經術，抉奧鉤玄，究其詣極，有逾往哲。所至以講學爲事，巋然儒宗，士林推重。」

根據章太炎生前願望，墓址選擇杭州西湖畔張蒼水墓側。因七七事變爆發，戰火逼近蘇州，靈柩暫厝於家邸花園利用原魚池做成的墓穴內。直至1955年 4 月 3 日方遷葬於杭州南屏山北麓張蒼水墓東南。1966年秋被掘墓暴尸，墓地後被闢爲菜圃。1981年10月找到遺骨，墓被修復。墓碑係章氏被袁世凱囚繫期間所自書「章太炎之墓」。

主要參考文獻

一、章太炎主要論著

1. 《章氏叢書》。上海右文社1915年版。

   浙江圖書館1919年版。

   上海古書流通處1924年版。

2. 《章氏叢書續編》。北京1933年版。

3. 《章太炎全集》，1－6卷。上海人民出版社1982年至1986年版。

4. 《訄書》。上海1900年刻本，增補附錄二篇本;

   上海圖書館藏1901年手改本;

   東京翔鸞社1904年4月修訂本;

   東京翔鸞社1904年10月句讀本;

   東京翔鸞社1906年7月章太炎校勘本;

   東京翔鸞社1906年9月無句讀本;

   上海人民出版社1972年大字線裝本;

   上海古籍出版社1985年影印原刻手寫底本。

5. 《國學講習會略說》。東京秀光社1906年版。

6. 《國學振起社講義》。東京秀光社1906年版。

7. 《國故論衡》。東京秀光社1910年版。

   章氏叢書增訂本。

8. 《春秋左傳讀》。坊間石印本;

   潘承弼復印本;

章太炎全集重新編次本。

9. 《章太炎文鈔》。上海中華圖書館1914年版。

10. 《太炎最近文錄》。上海國學書室1915年版。

11. 《太炎教育談》。四川觀鑒廬1920年版。

12. 《太炎學說》。四川觀鑒廬1921年版。

13. 《章太炎的白話文》。泰東圖書館1921年版。

14. 《國學概論》。泰東圖書館1922年版。

15. 《章太炎先生國學講演集》。平民印書局1922年版。

16. 《清建國別記》。上海中華書局代售1924年印本。

17. 《太炎先生自定年譜》。章氏國學講習會排印本。

上海書店1986年影印本，

包括初稿本、清稿本等。

18. 《章太炎先生講演集》。章氏國學講習會刊本。

19. 《太炎文錄續編》。章氏國學講習會排印本。

章太炎全集本。

20. 《章氏星期講演會》1－9期。章氏國學講習會刊本。

21. 《章氏國學講習會講演記錄》1－8期。章氏國學講習會刊本。

22. 《章太炎先生家書》。上海中華書局1962年影印本。

23. 《章炳麟論學集》。北京師範大學出版社1982年版。

24. 《章太炎先生學術論著手迹選》。北京師範大學出版社1986年版。

25. 《章太炎書札》。溫州圖書館抄本。

26. 《說文解字札記》。《魯迅筆記》。上海博物館1988年影印本。

27. 《章太炎政論選集》。中華書局1977年版。

二、章太炎著作注疏本

1. 《國故論衡疏證》。華西大學國學叢書1940年版。

2. 《齊物論釋注》。繆篆注。油印本。

3. 《齊物論釋訓注》。荒木見悟注。日本九州大學文學部哲學研究會《哲學年報》第29～31輯，1970～1972年。
4. 《章太炎詩文選注》。上海人民出版社1976年版。
5. 《章太炎選集（注釋本）》。姜義華等注。上海人民出版社1981年版。

三、章太炎主編或主持的報刊

1. 《時務報》。參與編輯。
2. 《經世報》。
3. 《實學報》。
4. 《譯書公會報》
5. 《昌言報》。
6. 《臺灣日日新報》。特約撰述。
7. 《蘇報》。
8. 《民報》。
9. 《國粹學報》。參與筆政。
10. 《教育今語雜識》。
11. 《學林》。
12. 《大共和日報》。
13. 《華國月刊》。
14. 《制言半月刊》。

四、章太炎手稿與檔案

1. 手稿，以北京圖書館、上海圖書館、章氏家屬、杭州章太炎紀念館收藏較多。
2. 檔案，日本外務省外交史料館有關章氏流亡於東京時檔案；南京第二歷史檔案館有關章氏民國時期檔案；長春檔案館有關章氏任東三省籌邊使時檔案。

五、研究著作

1. 侯外廬;《中國近代思想學說史》，生活書店1947年版。
2. 湯志鈞:《章太炎年譜長編》，中華書局1979年版。
3. 張玉法:《章太炎》(《中國歷代思想家》)，臺北1978年版。
4. 高田淳:《章炳麟・章士釗・魯迅》，東京龍溪書社1974年版。
5. 高田淳:《辛亥革命と章炳麟の齊物哲學》，東京研文出版1984年版。
6. 姜義華:《章太炎思想研究》，上海人民出版社1985年版。
7. 李潤蒼:《論章太炎》，四川人民出版社1985年版。
8. 唐文權、羅福惠;《章太炎思想研究》，華中師範大學出版社1986年版。
9. 何成軒:《章太炎的哲學思想》，湖北人民出版社1987年版。
10. 謝櫻寧:《章太炎年譜摭遺》，中國社會科學出版社1987年版。
11. 小野川秀美:《清末政治思想研究》，みすず書房1969年版。
12. 島田虔次:《中國革命の先驅者たち》，筑摩書房1970年版。
13. 近藤邦康:《中國近代思想史研究》，勁草書房1981年版。
14. 河田悌一:《中國近代思想と現代》，研文出版1987年版。
15. 章念馳編:《章太炎生平與思想研究文選》，浙江人民出版社1986年版。
16. 章念馳編:《章太炎生平與學術》，生活・讀書・新知三聯書店1988年版。
17. 章太炎紀念館編:《先驅的踪迹》，浙江古籍出版社1988年版。

人名索引

八 畫

九 畫

十　畫

十一畫

十二畫

十三畫

十四畫

十五畫

十六畫

十七畫

十八畫

十九畫

二十畫

二十三畫

主題索引

十二畫

十三畫

十四畫

十六畫

十七畫

書籍報刊索引

三　畫

四　畫

五　畫

六　畫

十 二 畫

十 三 畫

十 四 畫

十五畫

十六畫

十七畫

十八畫

二十畫

二十二畫

二十三畫以上

世界哲學家叢書(一)

書名	作者	出版狀況
董仲舒	韋政通	已出版
程顥、程頤	李日章	已出版
王陽明	秦家懿	已出版
王弼	林麗真	已出版
陸象山	曾春海	已出版
陳白沙	姜允明	撰稿中
劉蕺山	張永儁	撰稿中
黃宗羲	盧建榮	撰稿中
周敦頤	陳郁夫	已出版
王充	林麗雪	排印中
莊子	吳光明	已出版
老子	劉笑敢	撰稿中
張載	黃秀璣	已出版
眞德秀	朱榮貴	撰稿中
顏元	楊慧傑	撰稿中
墨子	王讚源	撰稿中
邵雍	趙玲玲	撰稿中
賈誼	沈秋雄	撰稿中
孟子	黃俊傑	撰稿中
朱熹	陳榮捷	已出版
王安石	王明蓀	撰稿中
揚雄	陳福濱	撰稿中
劉勰	劉綱紀	已出版
淮南子	李增	撰稿中
袾宏	于君方	撰稿中

世界哲學家叢書(二)

書名	作者	出版狀況
永明延壽	冉雲華	撰稿中
宗密	冉雲華	已出版
方以智	劉君燦	已出版
章太炎	姜義華	已出版
李覯	謝善元	排印中
戴震	張立文	排印中
吉藏	楊惠南	已出版
惠能	楊惠南	撰稿中
玄奘	馬少雄	撰稿中
龍樹	萬金川	撰稿中
智顗	霍韜晦	撰稿中
竺道生	陳沛然	已出版
慧遠	區結成	已出版
僧肇	李潤生	已出版
知禮	釋慧嶽	撰稿中
大慧宗杲	林義正	撰稿中
世親	釋依昱	撰稿中
道元	傅偉勳	撰稿中
西田幾多郎	廖仁義	撰稿中
伊藤仁齋	田原剛	撰稿中
貝原益軒	岡田武彥	已出版
山崎闇齋	岡田武彥	已出版
楠本端山	岡田武彥	排印中
山鹿素行	劉梅琴	已出版
吉田松陰	山口宗之	已出版

世界哲學家叢書㈢

書名	作者	出版狀況
荻生徂徠	劉梅琴	撰稿中
富永仲基	陶德民	撰稿中
李退溪	尹絲淳	撰稿中
李栗谷	宋錫球	撰稿中
休靜	金煐泰	撰稿中
知訥	韓基斗	撰稿中
元曉	李箕永	撰稿中
狄爾泰	張旺山	已出版
哈伯馬斯	李英明	已出版
巴克萊	蔡信安	撰稿中
呂格爾	沈清松	撰稿中
柏拉圖	傅佩榮	撰稿中
休謨	李瑞全	撰稿中
胡塞爾	蔡美麗	已出版
康德	關子尹	撰稿中
海德格	項退結	已出版
洛爾斯	石元康	已出版
史陶生	謝仲明	撰稿中
卡納普	林正弘	撰稿中
奧斯汀	劉福增	撰稿中
洛克	謝啟武	撰稿中
馬塞爾	陸達誠	撰稿中
約翰彌爾	張明貴	已出版
卡爾巴柏	莊文瑞	撰稿中
赫爾	馮耀明	撰稿中

世界哲學家叢書㈣

書名	作者	出版狀況
漢娜鄂蘭	蔡英文	撰稿中
韋伯	陳忠信	撰稿中
奎英	成中英	撰稿中
馬克斯・謝勒	江日新	已出版
馬克思	許國賢	撰稿中
雅斯培	黃藿	撰稿中
聖奧古斯丁	黃維潤	撰稿中
聖多瑪斯	黃美貞	撰稿中
梅露・彭廸	岑溢成	撰稿中
黑格爾	徐文瑞	撰稿中
盧卡契	錢永祥	撰稿中
亞里斯多德	曾仰如	已出版
笛卡兒	孫振青	已出版
盧梭	江金太	撰稿中
馬利丹	楊世雄	撰稿中
柯靈烏	陳明福	撰稿中
維根斯坦	范光棣	撰稿中
魯一士	黃秀璣	撰稿中
高達美	張思明	撰稿中
希克	劉若韶	撰稿中
祁克果	陳俊輝	已出版
德希達	張正平	撰稿中
懷德黑	陳奎德	撰稿中
史賓格勒	商戈令	排印中
斯賓諾莎	洪漢鼎	撰稿中

世界哲學家叢書(五)

書　名	作　者	出版狀況
費　希　特	洪　漢　鼎	撰　稿　中
卡　西　勒	江　日　新	撰　稿　中
珀　爾　斯	朱　建　民	撰　稿　中
詹　姆　斯	朱　建　民	撰　稿　中